职业教育城市轨道交通专业教材

城市轨道交通自动售检票系统及票务管理（第2版）

主　编　张　燕　张锦惠
副主编　胡媛媛　李宁川
主　审　徐安雄

电子工业出版社
Publishing House of Electronics Industry
北京·BEIJING

内 容 简 介

本教材是"职业教育城市轨道交通专业教材"之一。教材的内容以城市轨道交通运营企业站务人员岗位需求、学生的认知规律及教师的教学积累为依据，按 1+X 城市轨道交通站务职业技能等级证书标准及不同岗位票务工作任务对职业技能的要求，讲解了相关的理论与实践知识。经过与城市轨道交通运营企业专家深入、细致、系统的分析，本教材最终确定了 7 个项目共 24 个任务，比较全面地概括了城市轨道交通自动售检票系统的功能、操作及业务管理，车站车票和现金管理，车站异常的票务事务处理，特殊情况下的票务应急处理，票务安全管理。

本教材可作为职业院校城市轨道交通专业及相关专业的教学用书，也可作为城市轨道交通运营企业职工的参考资料和培训用书。

未经许可，不得以任何方式复制或抄袭本书之部分或全部内容。
版权所有，侵权必究。

图书在版编目（CIP）数据

城市轨道交通自动售检票系统及票务管理 / 张燕，张锦惠主编. —2 版. —北京：电子工业出版社，2023.6
ISBN 978-7-121-45331-1

Ⅰ. ①城… Ⅱ. ①张… ②张… Ⅲ. ①城市铁路－旅客运输－售票－铁路自动化系统－高等职业教育－教材 Ⅳ. ①U293.22

中国国家版本馆 CIP 数据核字（2023）第 055608 号

责任编辑：徐　玲　　文字编辑：张　彬
印　　刷：三河市鑫金马印装有限公司
装　　订：三河市鑫金马印装有限公司
出版发行：电子工业出版社
　　　　　北京市海淀区万寿路 173 信箱　邮编　100036
开　　本：787×1 092　1/16　印张：18.25　字数：467.2 千字
版　　次：2014 年 12 月第 1 版
　　　　　2023 年 6 月第 2 版
印　　次：2023 年 7 月第 2 次印刷
定　　价：48.00 元

凡所购买电子工业出版社图书有缺损问题，请向购买书店调换。若书店售缺，请与本社发行部联系，联系及邮购电话：（010）88254888，88258888。
质量投诉请发邮件至 zlts@phei.com.cn，盗版侵权举报请发邮件至 dbqq@phei.com.cn。
本书咨询联系方式：xuling@phei.com.cn。

前言 Introduction

一、教材编写背景

近年来，我国城市轨道交通建设发展取得突破性进展，同时，新设备、新技术、新规范在城市轨道交通运营管理中不断应用，城市轨道交通运营管理企业对高素质技术技能型人才的需求也大幅度增加。而《城市轨道交通票务组织》出版距今已有时日，有些内容必须再版进行更新，以适应现今城市轨道交通行业发展的需求。

基于此，我们紧跟时代步伐，将党的路线、方针、政策融入编写理念，组织编写了《城市轨道交通自动售检票系统及票务管理（第2版）》。本教材为职业教育城市轨道交通运营管理专业教学资源库核心课程"城市轨道交通票务组织"的配套教材。在教材编写过程中，以党的二十大报告中的"实施科教兴国战略，强化现代化建设人才支撑"的思想为理念，使学生掌握站务岗位相关票务工作任务和应具备的技能，培养学生的实际动手能力，从而使学生适应新时代城市轨道交通运营管理各岗位的票务工作要求。

本教材分为7个项目，每个项目可分解为若干具体的任务，任务中包含若干知识点和技能，分别以理论模块、实操模块、拓展模块等内容体现。

二、本教材的特点

1. 融入思政，提升城市轨道交通专业课程的思政育人作用

本教材在编写过程中充分考虑城市轨道交通行业在人才思想品质需求方面的特殊性，通过在各个任务的学习目标中设置"素质目标"、在主体内容中设置"知识链接"、在目标检测中设置"素质目标检测"等栏目，巧妙地将规则意识、服从指挥、遵章守纪等行业必需的思政元素融入教材（见表0-1），实现"德技并修"的育人目的。

表0-1 本教材课程思政教学设计

项　　目	建议学时	思政元素	思政元素融入方法
项目一 自动售检票系统认知	6	民族自信、家国情怀	分析自动售检票系统从线路式到分级集中式架构的变化、特点及适用性，引出我国城市轨道交通发展迅猛，科技发展带来国民经济实力提升、城市居民出行质量和生活水平提高，激发民族自信和家国情怀
项目二 自动售检票系统票务管理	6	文化自信、制度自信、规则意识、服从指挥	分析规则管理中票价规则、优惠政策等票务政策制定过程中应考虑的因素，融入中国共产党"全心全意为人民服务"的根本宗旨、融入中华民族"尊老爱幼"的传统文化，激发文化自信和制度自信；分析规则管理的内容，融入规则意识

续表

项　目	建议学时	思政元素	思政元素融入方法
项目三 自动售检票系统终端设备操作	14	吃苦耐劳、精益求精、责任担当、创新意识	通过实操训练自动售检票系统终端设备操作能力，在操作过程中认识爱护公共财物及遵守操作流程的重要性，认识要具备吃苦耐劳及精益求精的工匠精神才能完成相应工作任务；通过分析自动售检票系统终端设备简单故障的发生原因和处理方法，融入故障发生时应及时解决的责任担当及创新意识
项目四 车站车票和现金管理	12	安全意识、吃苦耐劳、精益求精、诚信为本、遵章守纪	学习车票与现金的安全管理，模拟操作车票分类存放和现金安全存放的方式，融入安全意识；实操训练车票与现金的清点、交接和报表填写，融入在清点现金时必须具备的吃苦耐劳和精益求精的工匠精神；在分析备用金管理和票款收入结算管理时，以企业实际发生的备用金被挪用及钱箱现金被盗等典型案例融入诚信为本和遵章守纪的职业素养
项目五 车站异常的票务事务处理	8	诚信做人、实事求是、换位思考、人文关怀	分析乘客乘车时发生的票务事务原因和处理方法，以情景模拟的教学方式融入诚信做人和实事求是的优良品质；分析乘客购票时终端设备发生卡币、卡票和少找零的原因，以情景模拟处理的教学方式融入换位思考和人文关怀的服务理念
项目六 特殊情况下的票务应急处理	6	吃苦耐劳、服从指挥、责任担当	模拟训练自动售检票系统终端设备故障的应急处理，以吃苦耐劳、服从指挥为根本融入责任担当意识。在不可抗力等自然灾害应急处理方面，中国共产党从人民群众的根本利益出发进行抗灾救灾，体现我国社会主义制度的优越性
项目七 票务安全管理	4	遵章守纪、敬畏法律、廉洁奉公	分析产生票务违章的原因，融入遵章守纪的责任感，运用企业实际发生的典型票务违章案例造成的后果体现票务违章处理的原则性、票务监督检查的重要性，再融入敬畏法律、廉洁奉公的基本做人原则

2. 校企合作，融合城市轨道交通行业企业新设备、新技术及新规范

本教材再版得到成都地铁运营公司的大力支持。通过深入成都地铁、重庆轻轨等运营公司进行调查，分析企业现阶段对城市轨道交通运营各岗位票务工作知识和技能的新需求；调查城市轨道交通行业新设备、新技术及新规范，分析未来人才需求，把相关标准及规范内容融入教材。为了确保本教材质量，特别邀请成都地铁运营公司总经理徐安雄进行审核。

3. 课证融通，依据城市轨道交通运营岗位标准、竞赛标准及证书标准编写

本教材采用项目下设任务的结构编排，每个任务都是依据城市轨道交通运营企业票务领域典型工作任务，并融入城市轨道交通岗位标准、竞赛标准及证书标准（见表 0-2）而编写的，内容注重实用性、操作性、实践性。通过"学习引入"和"知识链接"激发学生的学习兴趣，通过二维码链接内容、"拓展模块"和"目标检测"帮助学生拓宽专业视野、夯实专业技能。

前　言

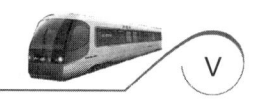

表 0-2　本教材知识点与岗位标准、竞赛标准及证书标准主要内容的对接

教材知识点	岗位标准主要内容		竞赛标准主要内容	证书标准主要内容	
自助购票设备的结构、功能及使用引导	售票岗站务员（售票员）	购票引导	运营设计	自动售检票系统终端设备布局及优化	1+X 城市轨道交通站务职业技能等级证书标准	自动售票机开关站作业
自动检票设备的结构、功能及使用引导		进出自动检票机引导				自动检票机开关站作业
车票异常的乘客票务事务引导及处理		乘客票务事务引导				半自动售票机的使用
自动售检票系统终端设备简单故障处理、自动售票机补币和补票等	客运值班员	自动售检票系统终端设备运行保障	运营技术管理	自动售票机的开关站、票箱的处理、纸币钱箱的处理、硬币钱箱的处理	城市轨道交通服务员国家职业技能标准	能操作自动售检票系统终端设备、正确引导乘客正常购票及进出自动检票机
现金的封装、票务钥匙的管理、票务物品的管理、票款收入管理		现金、票据及钥匙备品管理	—	—		安全管理车票及现金
自动售票系统终端设备故障票务事务处理		乘客票务事务处理	—	—		—
自动售票机、自动检票机故障处理及补充钱、票	值班站长	自动售检票系统终端设备运行保障	—	—		—
车票管理、现金管理（与外部的现金交接）		现金、票据及钥匙备品管理	—	—		—
特殊情况下的票务应急处理		乘客票务事务处理	—	—		—
城市轨道交通自动售检票系统的概念、类型、基本架构、层级构成及功能	票务专工岗位	自动售检票系统终端设备操作	—	—		—
降级运营模式的类型及其设备表现；运营故障模式、进出站免检模式、时间免检模式、日期免检模式、超程免检模式、紧急放行模式下的应急处理规定		应急事务处理	—	—		—

4. 在线开放，打造线上与线下混合式教学

本教材有配套的微课、动画、虚拟仿真实训操作视频及文档资料（课程标准、电子教案、学习指南、习题库、案例库等），读者可以扫描教材中的二维码查看和登录华信教育资源网免费注册后下载或按链接进入学习平台中的"城市轨道交通票务组织"课程学习。通过线上与线下混合式教学，便于学生进行移动化、碎片化学习。

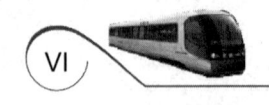

三、教材编写团队

本教材由成都工业职业技术学院张燕、张锦惠担任主编，负责确定教材提纲及整体框架；由成都工业职业技术学院胡媛媛、李宁川担任副主编，负责统稿。本教材参编由成都工业职业技术学院、四川建筑职业技术学院的专业教师共同组成，具体分工如下：项目一和项目三的任务三由胡媛媛编写，项目二由李宁川编写，项目三的任务一和任务二由成都地铁运营公司线网指挥中心总经理刘江林编写，项目三的任务四和任务五由四川建筑职业技术学院廖小琴编写，项目四和项目七由张燕编写，项目五的任务一由成都工业职业技术学院杨亚编写、项目五的任务二由成都工业职业技术学院陈茜编写，项目六由张锦惠编写。

本教材在修订过程参阅了近年来专家、学者有关城市轨道交通的专著，受益匪浅。在此我们向专家、学者表示衷心的感谢。由于水平有限，难免有不当之处，敬请读者不吝赐教。

编　者

目录 Contents

项目一　自动售检票系统认知　　1

任务一　自动售检票系统的架构………………………………………1
任务二　自动售检票系统的层级………………………………………11
任务三　车票认知………………………………………………………20

项目二　自动售检票系统票务管理　　30

任务一　自动售检票系统票务管理认知………………………………30
任务二　票卡管理………………………………………………………36
任务三　规则管理………………………………………………………44
任务四　运营模式与运营监督管理……………………………………53
任务五　信息与账务管理………………………………………………58

项目三　自动售检票系统终端设备操作　　64

任务一　自动检票机操作………………………………………………64
任务二　自动售票机操作………………………………………………79
任务三　半自动售票机操作……………………………………………110
任务四　自动验票机操作………………………………………………128
任务五　车站计算机操作………………………………………………135

项目四　车站车票和现金管理　　154

任务一　车站车票和现金的安全管理…………………………………154
任务二　车站车票和现金的交接………………………………………169
任务三　票款收入结算…………………………………………………180
任务四　票款差错及非标准币处理……………………………………197

项目五　车站异常的票务事务处理　　203

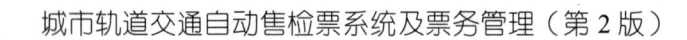

任务一　车票异常的票务事务处理 203
任务二　自动售检票系统终端设备异常的票务事务处理 212

项目六　特殊情况下的票务应急处理　　219

任务一　自动售检票系统终端设备故障的票务应急处理 219
任务二　非正常运营情况下的票务应急处理 236

项目七　票务安全管理　　249

任务一　票务安全认知 249
任务二　票务违章处理 258
任务三　票务稽查 272

项目一　自动售检票系统认知

项目描述

城市轨道交通自动售检票系统（以下简称"自动售检票系统"）是处理城市范围内众多轨道交通线路售检票业务的管理系统，涉及路网业务、线路业务、车站处理、终端处理、车票媒介等方面的内容。根据业务和层次的不同，自动售检票系统的基本架构多种多样，系统架构的选择与轨道交通网络的结构、售检票方式、清分需求和车票媒介等相关。本项目主要介绍自动售检票系统的5种基本架构，重点分析分级集中式架构各层级的功能。

任务一　自动售检票系统的架构

学习目标

[知识目标]

（1）掌握自动售检票系统的概念。
（2）了解自动售检票系统的基本架构。

[技能目标]

（1）能判断不同自动售检票系统架构类型。
（2）能画出自动售检票系统分级集中式架构层级图，并能分析特点。

[素质目标]

（1）培养分析问题及解决问题的能力。
（2）培养民族自信及家国情怀。

教学环境

多媒体教室或合作式教室。

学习引入

同学们平时乘坐地铁时是如何购买车票，又是如何检票进站的呢？自动售检票系统除了能售检票，还有其他什么功能呢？自动售检票系统是城市轨道交通运营服务中非常重要的核心系统之一，在地铁线路成网运营的过程中，扮演着怎样的角色，其功能又是如何实现的呢？

理论模块

一、自动售检票系统（AFC）概述

（一）自动售检票系统的概念及类型

党的二十大报告指出，"要建设现代化产业体系"。随着技术的进步和人们生活方式的改变，人们对轨道交通的乘用方式，特别是对信息的应用和管理效率的要求也发生了变化，使得以往的一些技术模式和操作方案已难以适应。

自世界上第一条铁路首次正式办理客运服务、进行乘客售检票以来，售检票系统就成为轨道交通运营收费的重要子系统之一。因此，自动售检票系统作为城市轨道交通向公众提供服务的窗口，是城市轨道交通系统运营服务的核心子系统。

自动售检票系统通过计算机技术、网络技术、现代通信技术、自动控制技术、智能卡技术、大型数据库技术、机电一体化技术、模式识别技术、传感技术、机械制造技术、统计、财务等专业知识的综合运用，来实现城市轨道交通售票、检票、计费、收费、统计、清分和结算等全过程的自动化，能大大减少票务工作人员的工作量，提高运行效率和效益，使乘车收费更趋合理，减少逃票情况的发生。同时，自动售检票系统可大大减少现金流通，减少人工售检票过程中的各种漏洞和弊端，避免售票找零的烦琐，方便乘客。

自动售检票系统按票卡介质的不同可分为一次性磁票自动售检票系统、重复使用磁票自动售检票系统、接触式智能卡自动售检票系统、非接触式智能卡自动售检票系统。由于信息技术的发展，现阶段自动售检票系统引入移动终端扫码、人脸识别等技术，可以不再依托实体票卡为乘车凭证，提高了乘客进出站的效率。

知识链接

随着大数据、人工智能技术的发展，自动售检票系统也随之更加智能化、人性化，从而奠定了智慧地铁车站的诞生，提高了车站的运营管理效率。

请扫码 1-1 观看视频，了解智慧轨道交通车站在客运组织、设备管理及乘客服务、人员管理等方面的管理效率，体会技术发展给人们的工作和生活带来的便利。

1-1 智慧地铁车站管理

（二）自动售检票系统的组成及工作内容

自动售检票系统由路网中央计算机系统（又称清分系统）、线路中央计算机（LCC）系统、车站计算机（SC）系统、终端设备、车票媒介等设备及网络、各种接口和运作制度组成。其主要工作内容如下。

（1）实现中央计算机系统、线路系统、车站系统和终端设备之间的数据传输和处理。

（2）完成运营规则制定、车票制作、售票、检票、票务统计分析等工作。

（3）及时、准确地进行客流、票务数据的收集、整理、汇总和分析。

（4）实现轨道交通收益方的清分和结算及与关联系统等外部接口之间的清分和结算，同时可通过银行等金融机构实现账务划拨。

二、自动售检票系统的基本架构

在多条线路组成的城市轨道交通路网中，根据投资主体、运营管理、换乘方式、轨道交通线路的构成，以及票务处理、票务分析和票务结算系统的需求，自动售检票系统的基本架构一般有线路式架构、分散式架构、区域式架构、完全集中式架构和分级集中式架构5种。目前我国常见的是分级集中式架构，因此，本书将详细介绍分级集中式架构，对前4种架构只进行简要介绍。

知识链接

分级集中式架构适用于由多线路组成的城市轨道交通路网。

从北京地铁第一条线路1971年贯通试运营至今，我国城市轨道交通走过了50多年不平凡的岁月。特别是21世纪后，随着城市化进程的加快与经济的高速发展，我国城市轨道交通日新月异。

1-2 成都地铁发展历程

请扫码1-2观看视频，了解成都地铁发展历程，感受我国经济的快速发展、城市轨道交通的蓬勃发展、人民生活水平的不断提高。

（一）线路式架构

线路式架构的自动售检票系统符合运营线路独立管理自动售检票系统和票务的设想。

在线路式架构中，每条运营线路建有一套独立的自动售检票系统，包括中央计算机（LCC）系统、车站计算机系统、终端设备和车票媒介。中央计算机系统完成线路自动售检票的管理、票务统计和票务结算，并单独与外部卡清分中心连接，实现与外部卡清分中心的交易数据转发、对账和结算等。不同线路之间的自动售检票系统是彼此独立的，票务信息不能共享，无法满足站内跨线换乘的票务清分应用需要。由于彼此信息独立，对路网运营管理（如运营模式改变等指令的请求发出和跨线实时下发等）都带来了一系列管理上的问题，因此不能适应全路网管理和路网线路不断发展的自动售检票运营管理及票务管理的实际需要。其架构形式如图1-1所示。

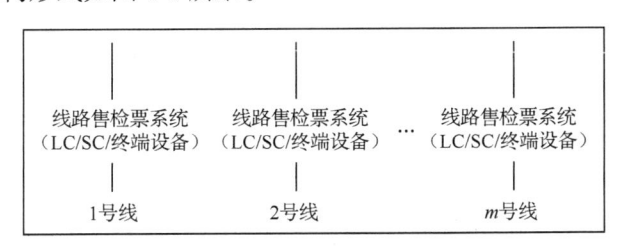

图1-1 线路式架构形式

（二）分散式架构

城市轨道交通网络由若干区域构成，每个区域由若干线路组成，但各个区域相互独立，完成本区域线路的票务处理和运营管理，构成分散式架构。

分散式架构的自动售检票系统包括多套独立的区域中心，每个区域之间相互独立，每个区域仅能对本区域的线路实现票款、客流统计、收支分离等方面的管理，每个区域的清分中心负责相应区域线路的清分，区域中心与外部卡清分中心连接，交换外部卡交易数据和清分结果。由于清分中心是相互独立的，所以清分中心之间不能实现互联，乘客不能跨区域直接换乘，但能够在区域内直接换乘。其架构形式如图 1-2 所示。

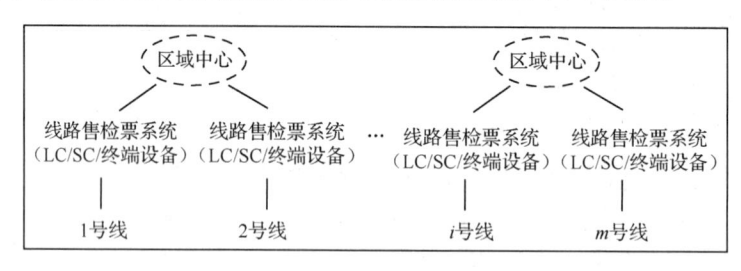

图 1-2 分散式架构形式

（三）区域式架构

区域式架构在线路式架构和分散式架构的基础上设置一个路网中心。该路网中心直接与独立线路的售检票系统连接，同时与区域中心连接，区域中心直接与所管辖线路的售检票系统连接。区域中心负责获取所管辖线路的交易数据，确定其管辖范围内各线路的换乘清分方式和结算，并对所管辖范围内各线路的跨线交易数据进行实时清分。路网中心负责获取全路网交易数据，确定区域中心和其余各线路的换乘结算方式和数据公共接口，并对区域中心和其余线路的跨线交易数据进行实时清分，具有与外部卡清分中心的接口，用于转发数据、对账和结算等。其架构形式如图 1-3 所示。

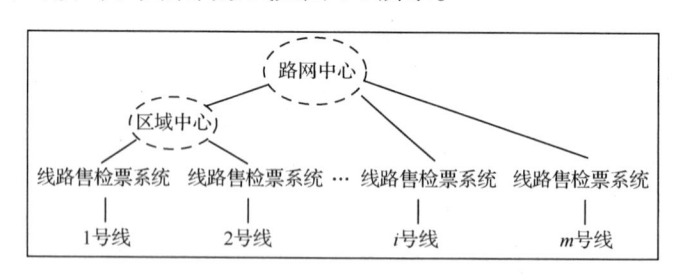

图 1-3 区域式架构形式

（四）完全集中式架构

完全集中式架构将城市轨道交通网络中所有的线路拟为一条路网式线路，设置一个路网中心，线路上的车站计算机系统集中后通过通信设备直接与路网中心连接，即不设置线路中央计算机系统进行相应的清分处理。

完全集中式架构的自动售检票系统的路网中心与各独立线路的车站计算机系统直接

连接，路网中心相当于自动售检票系统的中央数据处理系统，负责获取全路网的所有交易数据及对各线路的清分、统计和管理，同时负责线路的运营管理。此种模式建设成本更低，后期进行维护时亦可节约成本（节省了中央计算机系统层级建设、维护成本）；同时，由于管理层级减少，管理效率得以提高。其架构形式如图 1-4 所示。

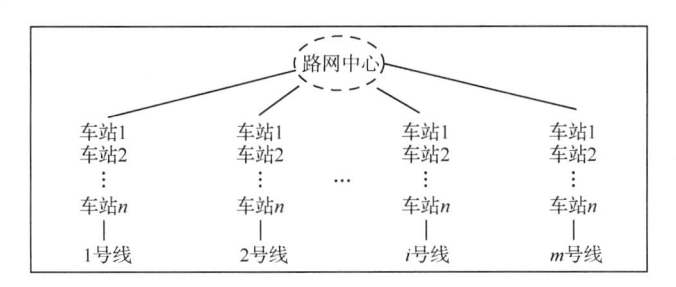

图 1-4　完全集中式架构形式

（五）分级集中式架构

1. 架构形式

分级集中式架构是传统的架构形式，就是在线路式架构的基础上设置一个路网中心。该路网中心负责获取全路网交易数据，确定各线路换乘结算方式的数据公共接口，并对各线路的跨线交易数据进行实时清分。

分级集中式架构的自动售检票系统的路网中心直接与各独立线路售检票系统的线路中央计算机系统连接，负责对各独立线路进行清分、统计和管理。其架构形式如图 1-5 所示。

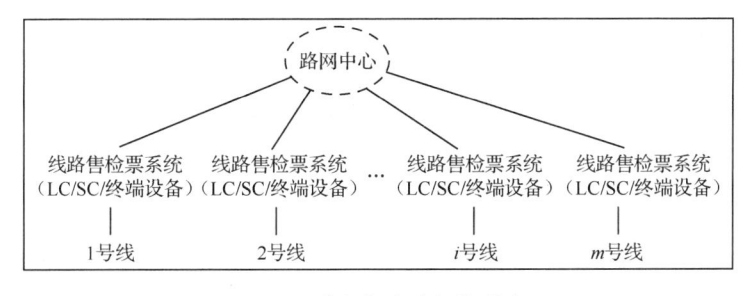

图 1-5　分级集中式架构形式

2. 特点分析

从技术角度来看，分级集中式架构清晰，可以实现路网不同线路的换乘清分，满足路网捷运化和信息化的需求。但在分级集中式架构的票务管理系统中，由于乘客换乘的路径较多，跨线换乘票务清分规则的确定和计算较复杂。

从运营管理角度来看，分级集中式架构的售检票系统可以实现对全路网票款、客流的全面管理，可实施收支分开管理。

从投资角度来看，分级集中式架构的自动售检票系统由多套线路售检票系统和一个路网中心构成，路网中心负责与线路售检票系统的连接，同时也负责与外部卡清分中心的连接。由于只建设一个路网中心（考虑主备系统），所以相应的投资也较少，即采纳此架构建设的自动售检票系统在总投资上相对较少。

3. 适用性

分级集中式架构的自动售检票系统能够满足城市轨道交通网络化的基本需求。

实操模块

[实训任务]

画出某城市轨道交通自动售检票系统架构图，小组讨论、分析该架构的优缺点，以及选择该架构的主要原因。

[实训目的]

掌握各架构的组成部分及特点。

[实训环境]

多媒体教室或合作式教室。

[实训指导]

教师指导学生依据某城市轨道交通运营线路画出架构图。

拓展模块

我国城市轨道交通自动售检票系统的发展历程是怎样的？

我国大陆地区城市轨道交通运营始于1971年1月——北京地铁一期工程线路开始试运营。在其后的近20年时间里，乘客在国内乘坐地铁使用的都是纸质车票，没有自动售检票设备，一切都靠人工进行（见图1-6）。直到20世纪80年代末，上海地铁运营公司开始自主研制自动售检票系统，并在1号线的徐家汇等车站成功试用，结束了人工售检票服务的时代，我国自动售检票系统之路正式启程。

经过多年的建设和发展，我国大陆轨道交通自动售检票系统从无到有，从引进到国产化，再到当下运用"互联网+"的多元化新型支付方式，自动售检票系统的快速发展极大地丰富了自动售检票系统运作模式，让乘客更加快捷、方便，让地铁运营管理者更加轻松、精确。与城市轨道交通的其他系统相比，在认知水平、技术水平和管理水平上，自动售检票系统的技术更新速度更快，国产化程度更彻底，前沿新兴技术应用程度更高。

从自动售检票系统发展角度来看，我国走过的发展历程可以分为3个阶段，一是引进+合作发展阶段，二是国产化蓬勃发展阶段，三是"互联网+"发展阶段。

（一）引进+合作发展阶段（1993—2003年）

20世纪80年代末，城市轨道交通自动售检票系统概念在中国还是一片空白，人们也还看不到该系统在轨道交通大系统中的重要性和必要性。直到90年代初，在广州地铁1号线可行性研究报告中，票务系统是采用人工方式还是自动收费方式仍是一个重要内容。

在这个阶段，城市轨道交通运营企业需要以相当大的篇幅对人工收费和自动收费的利弊进行分析，以说明自动收费的重要性。那时对自动售检票系统的功能设置以学习国外成功系统经验为主，在此期间，我国香港地铁运营公司给予了内地同行许多帮助，将他们宝贵的建设和运营经验传授给内地；同时，国际著名的自动售检票系统和终端设备专业厂家，如美国的寇比克（CUBIC）、法国的CGA［后来被泰雷兹（Thales）收购］和日本信号（Nippon Signal）等，也通过系统和终端设备的推介，把其自动售检票系统的许多好的技术特性推荐给了国内城市轨道交通运营企业，这些都为广州地铁和上海地铁的自动售检票系统在建设之初就拥有严谨和基本完善的系统框架奠定了基础。

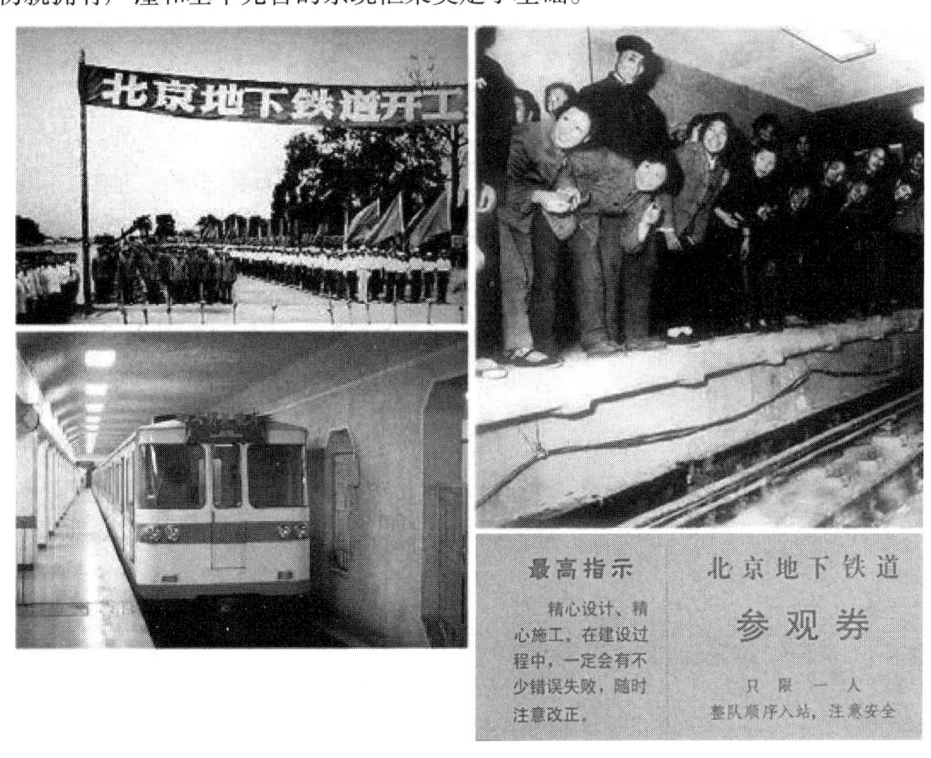

图1-6　早期的北京地铁

1988年，上海地铁运营公司广泛收集资料，艰难地开始了自动售检票系统和终端设备的试制。1989—1992年，经过3年的努力，上海地铁运营公司研制出了6台样机（2台检票机、2台售票机、1台补票机和1台分拣机），并于1993年获得上海市科技进步三等奖；1993—1996年又研制出了39台功能样机，并在上海地铁1号线南段5座车站试用，实现了该项目的扩大试验。但从功能样机到产品还必须经过至少4~5年的时间，而当时上海地铁1号线已全线开通运营，2号线也开始开工建设，已没有时间再进行进一步的研究。于是，经过上海市政府的批准，同意由国内自行开发转为引进。当时，上海地铁1、2号线花了将近2800万美元，购买了美国寇比克公司的自动售检票系统终端设备。国内在20世纪90年代开通的自动售检票系统都采用磁卡技术（见图1-7）。

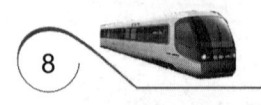

图1-7　磁卡

随着2000年前后国内第一轮城市轨道交通建设高潮的到来，北京、上海、广州、大连、天津、深圳、武汉、重庆和南京的城市轨道交通项目陆续上马。在这一轮建设大潮中，自动售检票系统不再是"豪华配置"，而是成为"标配"。其建设有两个特点，一是车票的介质从磁卡逐步变成了IC卡，二是在系统建设时要考虑与公交（市政）一卡通的对接。

当时，国内的业主一方面基于建设资金贷款问题的需要，而选择贷款国的厂家；另一方面考虑系统成熟度和规避建设风险的需要，而采用全盘引进的方式。例如，2000年，上海明珠线（3号线）采用西班牙英德拉公司的设备；2003年，北京地铁13号线采用日本信号的产品。虽然全盘引进的国外系统技术成熟、稳定，但却存在造价昂贵、运营费用高、技术对外方依赖性强、功能与国内运营和管理要求匹配度低等问题，因此，对降低成本、本土化的需求逐渐呈现出来。

（二）国产化蓬勃发展阶段（2003—2015年）

1999年，国务院办公厅转发国家计委《关于城市轨道交通设备国产化实施意见的通知》时明确规定：城市轨道交通项目，无论使用何种建设资金，其全部轨道车辆和机电设备的平均国产化率要确保不低于70%，对自动售检票系统的国产化提出了明确的要求。

经过几年的建设和运营实践后，自动售检票系统行业的从业者，不管是业主还是供货商都在总结经验和教训，并逐渐形成共识——必须建立统一的自动售检票系统规范和标准，才能避免在轨道交通大建设的高潮中出现新旧线路不兼容或建新线改旧线的情况出现，这样才能保证自动售检票系统的健康发展。于是，2003年，国家发布了《地铁设计规范》（GB 50157—2003），其中第十八章就是"自动售检票系统"，明确规定了自动售检票系统的功能和接口要求；2006年发布的《城市轨道交通自动售检票系统工程质量验收规范》（GB 50381—2006），明确了自动售检票系统的工程质量规范，以及验收流程和标准；2007年发布的《城市轨道交通自动售检票系统技术条件》（GB/T 20907—2007），明确了自动售检票系统的五层架构体系，以及各层架构的技术条件和接口要求；2011年发布的《城市轨道交通自动售检票系统检测技术规程》（CJJ/T 162—2011），明确了五层架构体系下自动售检票系统终端设备单机测试和联机测试的规程。上述规范的制定，使自动售检票系统在国家层面上形成了一套涵盖设计、建造、检测和验收全过程的标准体系。此外，北京、上海等城市还发布了有关自动售检票系统的地方标准，广州、深圳等城市的轨道交通运营企业也制定了有关自动售检票系统的企业标准，规定和统一了自动售检票系统和终端设备的功能需求、技术标准和数据接口规范，使自动售检票系统和终端设备成为相对标准化的产品。

在这样的环境下，国内的自动售检票系统企业蓬勃发展，凭借着与外国自动售检票系统厂商合作的经验及在金融、公交等领域的技术积累，快速崛起，打破了外国厂商的垄断，并逐步从市场的配角变成主角，国外企业在竞争下逐步退出国内自动售检票系统市场。

在自动售检票系统国产化过程中，政府与城市轨道交通项目业主单位发挥了主导作用。在国产化工作起步阶段，政府强化产业政策的导向作用，通过制定产业发展规划、提供研发资金、出台优惠的税收政策等一系列措施，给国内企业以大力扶持。城市轨道交通项目业主单位则积极为国内企业创造条件，提供参与建设的机会，促成其与国外企业的合作，学习国外的成熟技术和先进经验，进而开展自主研发工作，以尽快提高国产化产品质量。

经过了十余年的发展，国内企业已经掌握了自动售检票系统的核心技术，能够自主开发全套应用软件，具备专用设备的整机与模块的设计和生产能力。

（三）"互联网+"发展阶段（2015年以后）

2008年7月，广州地铁与中国移动合作，研究在自动检票机上开通手机支付，乘客使用支持近场通信（NFC）功能的手机或装有特制SIM卡的手机直接刷手机进站，但是出于各种原因，这个项目没有向乘客全面推广使用。

"互联网+"与自动售检票系统技术的融合，不仅是技术发展的趋势，更是乘客和地铁运营者乐于接受的。乘客能免去现金兑换和找零烦恼，缩短排队时间，方便、快捷了不少；地铁运营者则简化了设备，减少了车站的现金管理，同时能整合消费数据，打造增值服务平台，留存乘客实名信息，提高安保效率，大大提升服务水平。

"互联网+"时代下的自动售检票系统将会给城市轨道交通的运营和管理带来更多的精彩和期待。

资料来源：节选自《我国城市轨道交通AFC系统的发展报告》

目标检测

[知识目标检测]

1. 填空题

（1）自动售检票系统按票卡介质的不同可分为_____自动售检票系统、_____自动售检票系统、_____自动售检票系统、_____自动售检票系统。

（2）自动售检票系统由路网中央计算机系统（又称清分系统）、线路中央计算机（LCC）系统、_____、_____、车票媒介等设备及网络、各种接口和运作制度组成。

2. 选择题

（1）我国常见的自动售检票系统的架构模式为（　　）。
　　A. 线路式架构　　　　　　　　　　B. 区域式架构
　　C. 完全集中式架构　　　　　　　　D. 分级集中式架构

（2）自动售检票系统涉及的售检票业务包括（　　）。
　　A. 车站处理　　B. 线路业务　　C. 路网业务　　D. 车票媒介

（3）将城市轨道交通网络中所有的线路拟为一条路网式线路，设置一个路网中心，线路上的车站计算机系统集中后通过通信设备直接与路网中心连接，即不设置线路中央计算机系统进行相应的清分处理的架构模式为（　　）。
　　A. 线路式架构　　　　　　　　　　B. 区域式架构
　　C. 完全集中式架构　　　　　　　　D. 分级集中式架构

3. 判断题

（1）区域式架构的自动售检票系统包括多个独立的区域中心，每个区域之间相互独立，每个区域仅能对本区域的线路实现票款、客流统计、收支分离等方面的管理。（　　）

（2）在分级集中式架构的票务管理系统中，由于乘客换乘的路径较多，跨线换乘票务清分规则的确定和计算较复杂。（　　）

[技能目标检测]

根据前述实训任务，分组汇报，以此来检测技能目标的达成度。具体检测项目、评分标准及得分如表 1-1 所示。

表 1-1　技能目标检测

序号	检 测 项 目	评 分 标 准	得分
1	自动售检票系统架构图（40分）	架构合理（20分）；制图标准（10分）；图面干净整洁（10分）	
2	优缺点分析（30分）	分析合理、全面（20分）；语言表达流畅（10分）	
3	原因分析（30分）	分析合理、全面（20分）；语言表达流畅（10分）	

[素质目标检测]

由教师根据学生课前预习情况、课中小组讨论及独立思考情况、课后作业及小组共同完成学习任务情况，以及技能目标检测环节的表现进行素质目标检测，如表 1-2 所示。

表 1-2　素质目标检测

序号	检 测 项 目	评 分 标 准	得分
1	学习能力的提升度（20分）	课前预习（5分）；课中主动回答问题（5分）；课后作业（5分）；小组作业（5分）	
2	团队协作的配合度（20分）	小组讨论发言频率（10分）；小组成员之间的配合度（10分）	
3	语言表达的清晰度（20分）	汇报问题的逻辑性（10分）；语言表达的流畅性（10分）	

续表

序号	检测项目	评分标准	得分
4	思想意识的认知度（40 分）	国家繁荣昌盛、科技发展迅速认知度（20 分）；民族自信的认知度（20 分）	

课后复习题

1. 自动售检票系统的概念。
2. 自动售检票系统的类型。
3. 自动售检票系统的基本架构形式。
4. 分级集中式自动售检票系统的架构特点。

任务二　自动售检票系统的层级

学习目标

[知识目标]

（1）了解路网中央计算机系统的构成及功能。
（2）熟悉线路中央计算机系统的构成及功能。
（3）掌握车站计算机系统的构成及功能。

[技能目标]

（1）能描述车站计算机系统的功能。
（2）能描述车站自动售检票系统终端设备的构成及功能。

[素质目标]

（1）培养分析问题及解决问题的能力。
（2）培养创新意识。

教学环境

多媒体教室或合作式教室。

学习引入

从 20 世纪末开始，我国自动售检票系统的发展经历了从无到有的过程，随着计算机技术和软件的发展，自动售检票系统技术已达到国际先进水平。综合考虑我国城市轨道交通发展和建设的现状，国家发布文件，明确了自动售检票系统的五层架构体系。这五层分别是什么呢？各自的作用又是什么呢？

理论模块

从自动售检票系统的架构形式中可以看出，分级集中式架构的自动售检票系统能够满足轨道交通网络化的基本需求，因此以分级集中式架构为例分析自动售检票系统各层的构成及功能。

一、分级集中式自动售检票系统的构成及功能

分级集中式架构的自动售检票系统根据功能分为 5 个层次：第一层是路网层，第二层是线路层，第三层是车站层，第四层是终端设备层，第五层是车票层。其结构如图 1-8 所示。

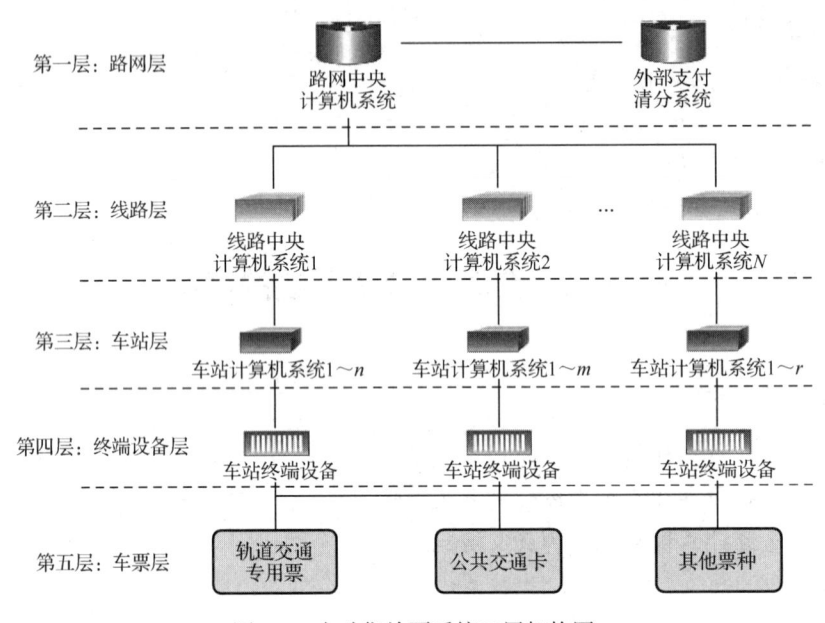

图 1-8 自动售检票系统五层架构图

（一）路网中央计算机系统

1. 构成

路网中央计算机系统是全路网票务管理系统的汇集层，是负责路网运营管理的主要信息管理系统，包括清分计算机（服务器和工作站）、网络设备、车票编码分拣机、不间断电源和打印机。

2. 功能

路网中央计算机系统主要负责全路网所有线路售检票系统单程票/储值票换乘交易数据的收集、处理、清分和结算；负责路网所有线路外部卡交易数据的收集、转发、处理、清分和结算；负责路网车票的统一编码和管理；负责与外部卡清分中心的统一接口处理。其基本功能如下。

（1）设置和下发运行参数、票价表、降级运营模式、交易清分数据、黑名单及车票调配信息。

（2）向城市公共交通清分系统上传一卡通的原始交易数据，并接收其下发的黑名单。

（3）对车票进行跟踪管理，并提供车票交易的历史数据和车票余值等信息的查询及黑名单数据管理。

（4）管理系统时钟同步。

（5）管理系统密钥。

（6）车票编码分拣机对系统发行的车票进行初始化、编码、分拣和管理。

（7）接收和处理线路中央计算机系统上传的各类车票交易数据。

（8）对所采集到的数据进行分类处理，完成各种统计分析报告和报表打印。

（9）具有系统及数据的自动备份和恢复功能。

（10）对系统中各种参数的设置和更新业务进行管理。

3．性能

（1）大型数据库应采用关系型数据库，符合 SAG、开放式数据库互连（ODBC）工业级标准，支持 SQL-92 结构化查询语言和 RAC 集群及并行处理技术。

（2）应能保存不少于 13 个月的业务数据。

（3）支持系统 24 小时连续在线实时运行。

（二）线路中央计算机系统

1．构成

线路中央计算机系统是各线路票务管理系统的线路中央层，负责线路运营管理的主要信息管理系统，是整个系统承上启下的重要环节，主要由结算系统、线路运营管理系统、数据交换系统、报表管理系统、网络管理系统、网络设备及各部门操作工作站（包括票务管理、财务管理、计划管理、审核管理等终端工作站）、打印机等组成。

2．功能

线路中央计算机系统主要负责线路交易数据的收集、处理、分析和管理，并与路网中心交换数据；清分交易数据的管理由路网中心与线路中央计算机系统共同完成。其基本功能如下。

（1）接收、发送清分系统的运行参数、票价表、降级运营模式、交易结算数据、账务清分数据、黑名单及车票调配信息。

（2）向清分系统上传各类原始数据。

（3）接收和处理系统各类车票的原始交易数据、设备状态数据、设备维修数据等。

（4）对所采集到的数据进行分类处理，完成各种统计分析报告和报表打印。

（5）具有系统及数据的自动备份和恢复功能。

（6）设置和管理本线路系统和终端设备的操作权限。

（7）对系统中各种参数的设置和更新业务进行管理。

（8）与系统时钟同步，并将时钟信息下发到车站计算机系统。

3．性能

（1）大型数据库应采用关系型数据库，符合 SAG、ODBC 工业级标准，支持 SQL-92 结构化查询语言。

（2）应能保存不少于 6 个月的业务数据。

（3）支持系统 24 小时连续在线实时运行。

（4）具备每日处理不少于 400 万笔交易量和每秒处理 5000 条交易数据的能力。

（5）实时查询车站设备的状态及数据，在 5 秒内下达查询命令并返回查询结果。

（6）对保存的数据进行统计及报表查询，在 30 秒内显示并返回查询结果。

（7）在运营结束时，应能在 4 小时内完成当日运营作业程序的统计。

（三）车站计算机系统

1. 构成

车站计算机系统的主要设备是车站计算机，设置在车站控制室及票务管理室，可对所在车站的自动售检票系统终端设备进行实时监控，并能自动生成相关票务报表，包括服务器、操作工作站（监视管理工作站、票务工作站、维修工作站）、交换机等。

2. 功能

车站计算机系统主要负责对本车站内部的所有自动售检票系统终端设备进行实时监控，并对车站自动售检票系统运营、票务、收益、维修等功能进行集中管理。其基本功能如下。

（1）接收线路中央计算机系统的运行参数、运营模式及黑名单等，并下发给车站终端设备。

（2）采集车站终端设备的原始交易数据和设备的状态数据，并上传给线路中央计算机系统。

（3）对车站终端设备进行实时监控，并能显示设备的通信、运行状态及故障等信息。

（4）完成车站各类票务的管理工作，按运营日自动处理所有数据和文件，并生成定期的统计报告。

（5）进行车站业务处理，包括票务处理、数据处理、业务统计、实时监视系统运营、接收和发送运营指令，以及设备监控、时钟同步。

（6）保存不少于 7 个运营日的业务数据和系统数据，并应有数据备份。

（7）记录、审核与应用系统和数据库安全性有关的事件。

（8）接收线路中央计算机系统下发的设备更新信息，通过车站系统网络对车站终端设备的软件进行更新。

3. 性能

（1）车站计算机系统中的服务器应为工业级计算机。

（2）支持系统 24 小时连续在线实时运行。

（3）断电时应具有系统和数据自动保护功能。

（4）具备每日处理不少于 30 万笔交易量和每分钟处理 5000 条交易数据的能力。

（5）实时查询车站设备的状态及数据，在 5 秒内下达查询命令并返回查询结果。

（6）对保存的数据进行统计及报表查询，在 30 秒内显示并返回查询结果。

（7）车站计算机下达的系统命令应能在 5 秒内下达到车站所有设备。

（8）在运营结束时，应能在 15 分钟内完成当日运营作业程序的统计。

（四）终端设备

1. 构成

自动售检票系统终端设备包括自动售票（充值）机（TVM）、自动检票机（AGM）、半自动售票机（BOM）、自动验票机（TCM）等。

> **知识链接**
>
> 自动售检票系统可实现轨道交通售票、检票、计费、收费、统计、清分、管理等全过程的自动处理，由线路控制中心、车站控制中心、终端设备3个主要部分组成，其中常见的终端设备有自动售票机、半自动售票机、自动检票机等。
>
> 请扫码1-3观看视频，了解自动售检票系统终端设备的组成。
>
> 1-3 自动售检票系统终端设备组成

2. 功能及性能

自动售检票系统终端设备是实现具体售检票业务，进行车票发售、进站检票、出站检票、充值、车票分析等读写交易处理的设备。它们按不同的功能各自独立运行，设备内配有独立的就地控制装置，在与系统通信中断的情况下，现场自动售检票系统终端设备能独立运行，并保存一定时间范围内的设备运营数据。

（五）车票

车票是乘客乘车的凭证。自动售检票系统的车票通常采用非接触式IC卡。随着信息技术在自动售检票系统中的应用，乘客乘车凭证从实体车票向电子凭证转变，如成都地铁乘车凭证有实体车票与乘车二维码。

二、分级集中式自动售检票系统的网络结构

城市轨道交通的传输系统是自动售检票系统运行的业务平台，自动售检票系统的中央计算机局域网和车站局域网通过传输系统连接在一起，构成自动售检票系统的网络系统。

（一）传输系统

自动售检票的传输系统包括路网传输系统、线路传输系统和中央计算机系统与外部系统连接的外网传输系统。

1. 路网传输系统

路网传输系统是在路网范围内连接所有线路的自动售检票系统，负责中央计算机系统与线路传输系统之间的信息传输。路网传输系统是轨道交通的专用传输系统，在线路传输上负责所有线路传输系统的连接。

2. 线路传输系统

线路传输系统是指每一条线路上车站的售检票信息向线路中央计算机系统传输的系统。

3. 外网传输系统

外网传输系统负责路网自动售检票系统的中央计算机系统与外部相关系统的连接，如公共交通卡清分系统和银行结算系统，负责清分和结算信息的传输。

（二）局域网

在车站范围内，车站的计算机系统与售检票终端及其他终端的连接是通过计算机局域网实现的。另外，中央计算机系统和线路系统内部的计算机也是通过局域网连接的。

中心局域网是整个计算机网络的核心，担负着整个计算机系统的数据存储、网络管理、业务分析、资源共享等核心业务，对设备的可靠性和安全性有极高的要求。

车站局域网同样要求安全、可靠，当网络发生故障时，只影响数据的上传及计算中心对车站终端设备的实时监控，各终端设备仍能独立运行一段时间，不会使售检票系统陷入瘫痪。车站网络系统不考虑过多的冗余处理，只担负本站的票务管理、统计分析报表及终端设备的监控，业务数据保存的时间较短。

实操模块

[实训任务]

分小组绘制分级集中式自动售检票系统的构成及功能的思维导图，正确描述该结构中各个层次的作用，并分析层次之间的工作关联。

[实训目的]

掌握分级集中式自动售检票系统的层级及其各层的构成及功能。

[实训环境]

多媒体教室或合作式教室。

[实训指导]

教师指导学生依据理论知识来学习分级集中式架构各层的功能。

拓展模块

> 先进的自动售检票系统终端设备是怎样的？

随着我国互联网技术的发展，各城市轨道交通运营企业接入了银联闪付、手机 NFC、支付宝、微信、地铁官方 App 甚至刷脸等各种支付方式。新的支付技术有效地解决了购票效率低、客流高峰期排队购票时间长、车票单次使用成本大等问题，同时也为不常用地铁出行的乘客提供了更便捷的出行体验。

（一）支持银联闪付

乘客可使用绑定了银联卡的手表、手机、手环，或任一银行发行的带有闪付标志的银联 IC 卡（包括借记卡和信用卡），靠近自动检票机读卡器感应区，即可进出站，乘车费用直接从相应的银联卡账户中扣除，如图 1-9 和图 1-10 所示。全国城市轨道交通自动检票机陆续接入银联闪付业务，如2012年3月，成都地铁实现金融IC卡乘坐地铁功能，此为金融IC卡在国内首次实现地铁应用；2017年12月，杭州地铁全线自动检票机接入银联闪付业务；2019年4月，南宁地铁全线自动检票机接入银联闪付业务；2020年12月，北京地铁23条线路（含机场线）自动检票机全部接入银联闪付业务；2022年2月，武汉地铁自动检票机正式接入银联闪付业务。

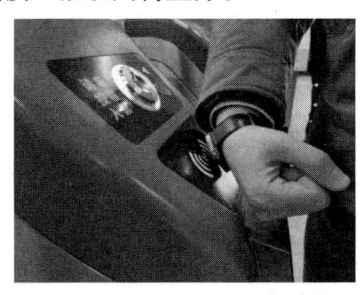

图1-9　手表、手机闪付进出站

图1-10　带有闪付标志的银联IC卡

（二）支持二维码扫码支付

乘客可使用支付宝或相关App的二维码扫码进出站，出站时按实际乘车区间结算乘车费用，如图1-11所示。

图1-11　二维码扫码进出站

（三）支持人脸识别及生物识别无感支付

2018年，上海、南宁和深圳等城市的轨道交通运营企业分别开始测试人脸识别（见图1-12）、生物识别无感进出站，这是城市轨道交通自动售检票系统发展的趋势。乘客只需开通人脸识别功能，在自动检票机前刷脸就可进出站。2020年1月，西安地铁实现全线网部分自动检票机通道刷脸乘车；2021年9月，成都地铁实现全线网所有自动检票机通道刷脸乘车，且支持戴口罩刷脸乘车。同时，运营者也可以将生物识别与网络实名制结合在一起，与地铁智慧安检结合起来使用。另外，国际移动用户标志（IMSI）认证技术在实施手机实名制登记和使用支付绑定以后，也能实现乘客的无感进出站。

图1-12 人脸识别系统

自2015年互联网取票机上线后，"互联网+"在自动售检票系统上的应用发展迅猛，实现了互联网支付功能，包括互联网购/取票、二维码扫码等。以互联网支付技术应用为契机，各城市轨道交通运营企业或选择自建互联网票务平台与官方App，或选择利用主流互联网支付方式。互联网支付功能还包括移动支付购票、充值，例如，成都地铁2017年即实现所有自动售票机、半自动售票机支持移动支付，而且是对原有设备进行的技术改造，而非新增互联网购/取票机。

随着互联网取票、移动支付购票和手机扫码进出站的应用，自动售检票系统终端设备也发生了相应的变化，出现了云检票机、云售票机或互联网取票机、智能客服机和云票务平台等新设备和新系统。

目标检测

[知识目标检测]

1. 填空题

（1）分级集中式架构的自动售检票系统根据功能分为5个层次：第一层是路网层，第二层是线路层，第三层是_____，第四层是_____，第五层是_____。

（2）城市轨道交通路网中央计算机系统通常又称_____。

（3）_____是各线路票务管理系统的线路中央层，负责线路运营管理的主要信息管理系统。

（4）车站计算机系统的主要设备是车站计算机，设置在_____及车站_____。

（5）自动售检票的传输系统包括_____、_____和中央计算机系统与外部系统连接的外网传输系统。

2．选择题

（1）主要负责全路网所有线路售检票系统单程票/储值票换乘交易数据的收集、处理、清分和结算的是（　　）。

A．清分系统　　　　　　　　　　B．路网中央计算机系统
C．车站计算机系统　　　　　　　D．自动售检票系统终端设备

（2）主要负责线路交易数据的收集、处理、分析和管理，并与路网中心交换数据的是（　　）。

A．清分系统　　　　　　　　　　B．线路中央计算机系统
C．车站计算机系统　　　　　　　D．自动售检票系统终端设备

（3）主要负责对本车站内部的所有自动售检票系统终端设备进行实时监控，并对车站自动售检票系统运营、票务、收益、维修等功能进行集中管理的是（　　）。

A．清分系统　　　　　　　　　　B．线路中央计算机系统
C．车站计算机系统　　　　　　　D．自动售检票系统终端设备

（4）以下不属于自动售检票系统终端设备的是（　　）。

A．TVM　　　　B．AGM　　　　C．LCC　　　　D．BOM

3．判断题

（1）路网中央计算机系统只负责城市轨道交通运营企业发售的单程票/储值票换乘交易数据的收集、处理、清分和结算，不能对非城市轨道交通运营企业发售的外部卡交易数据进行清分。（　　）

（2）清分系统和线路中央计算机系统具有系统及数据的自动备份和恢复功能。（　　）

（3）在自动售检票系统通信中断的情况下，其终端设备应能独立运作，并保存一定时间范围内的设备运营数据。（　　）

（4）自动售检票系统的路网传输系统需要与外部相关系统（如公交卡系统）进行清分，所以需要与外网连接。（　　）

[技能目标检测]

根据前述实训任务，分组汇报，以此来检测技能目标的达成度。具体检测项目、评分标准及得分如表1-3所示。

表1-3 技能目标检测

序号	检 测 项 目	评 分 标 准	得分
1	思维导图（40分）	架构合理（20分）；制图标准（10分）；图面干净整洁（10分）	
2	各层级功能分析（30分）	分析合理、全面（20分）；语言表达流畅（10分）	
3	结构与功能之间的关联分析（30分）	分析合理、全面（20分）；语言表达流畅（10分）	

[素质目标检测]

由教师根据学生课前预习情况、课中小组讨论及独立思考情况、课后作业及小组共同完成学习任务情况，以及技能目标检测环节的表现进行素质目标检测，如表1-4所示。

表1-4 素质目标检测

序号	检 测 项 目	评 分 标 准	得分
1	学习能力的提升度（30分）	课前预习(5分)；课中主动回答问题(5分)；课后作业(10分)；小组作业（10分）	
2	团队协作的配合度（40分）	小组讨论发言频率（20分）；小组成员之间的配合度（10分）；发言中的批判性思维及创新思想（10分）	
3	语言表达的清晰度（30分）	汇报问题的逻辑性（20分）；语言表达的流畅性（10分）	

课后复习题

1. 自动售检票系统分级集中式架构路网层的构成及功能。
2. 自动售检票系统分级集中式架构线路层的构成及功能。
3. 自动售检票系统分级集中式架构车站层的构成及功能。
4. 自动售检票系统分级集中式架构终端设备层的构成及功能。

任务三 车票认知

学习目标

[知识目标]

（1）了解车票媒介与售检票方式之间的关系。
（2）掌握车票的分类。
（3）掌握智能卡车票的特性。
（4）掌握不同车票的概念及功能。

[技能目标]

（1）能正确区分不同类型的车票。

（2）能描述不同车票的使用特点及其功能。

[素质目标]

（1）培养分析问题及解决问题的能力。
（2）培养逻辑思维能力及创新意识。
（3）提升我国科技与经济发展带来的民族自信。

教学环境

多媒体教室及合作式教室。

学习引入

在了解了自动售检票系统的构成及功能后，可知车票也是自动售检票系统的组成部分，车票类型对应着不同的自动售检票系统。那么，车票有哪些类型呢？不同类型的车票在车站售检票过程中又有哪些特点呢？未来车票的发展趋势又是怎样的呢？

理论模块

车票是乘客的乘车凭证，记载了乘客从购票开始，完成一次完整旅行所需要和产生的费用、时间、乘车区间等信息，因而又称车票媒介。

不同的车票媒介记载信息的方式和数量不同，识别方式也不同。不同的车票媒介对应不同的识别系统，即不同的车票媒介对应不同的售检票方式。

一、车票媒介与售检票方式

根据信息认读方式的不同，车票媒介可分为视读和机读两种认读方式；信息记录介质有印刷、磁记录和数字记录3种；售检票方式分为人工方式、半自动方式和自动方式3种，每种售检票方式都要涉及不同的车票媒介和识别技术。

（一）车票的分类

1. 按存储介质和构造的不同，车票可分为纸质、磁卡和智能卡车票

（1）纸质车票。事先在车票上印刷相关信息的车票称为纸质车票，由人工方式或自动方式售票，通过视读或扫描仪确认票面信息。如图1-13所示为北京地铁早期使用的纸质车票。

图1-13　北京地铁早期使用的纸质车票

（2）磁卡车票。磁卡是一种磁记录介质卡片，由高强度、耐高温的塑料或纸质涂覆塑料制成，防潮、耐磨，且有一定的柔韧性，携带方便，使用较为稳定。磁条可用来记载字母、字符及数字信息。如图 1-14 所示为我国首张地铁纸质磁卡车票。

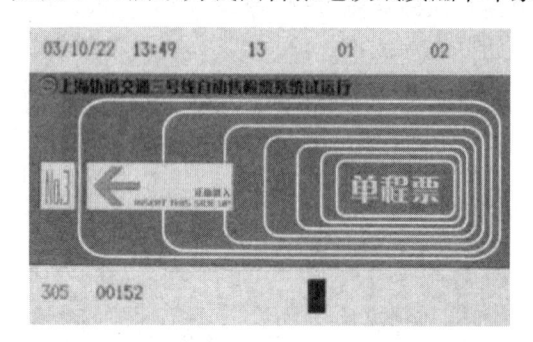

图 1-14　我国首张地铁纸质磁卡车票

（3）智能卡车票。智能卡是 IC 卡的一种。将一个专用的集成电路芯片镶嵌于符合标准的塑料基片中，封装成外形与磁卡类似的卡片形式，即制成一张 IC 卡车票（卡片型）；也可以封装成纽扣、钥匙、饰物等特殊形状（筹码型）。如图 1-15 所示为常见的 IC 卡车票。

（a）卡片型　　　　　　（b）筹码型

图 1-15　常见的 IC 卡车票

智能卡车票又可分为接触式 IC 卡车票和非接触式 IC 卡车票。目前，大多数自动售检票系统均采用智能卡车票。

2. 按使用性质不同，车票可分为单程票、储值票、许可票或特种票

（1）单程票。单程票是指乘客以一定金额购得一次服务旅行承诺，只可进行一次进站和一次出站行为的车票。单程票按使用功能的不同又可分为普通单程票、应急单程票、优惠单程票和纪念单程票。

（2）储值票。储值票是指车票内预存一定资金，在金额足够的情况下，可多次使用的车票，每次使用时根据相应的计价规则扣除乘车费用，出站不回收。储值票可分为记名储值票和不记名储值票。

记名储值票卡内保存有持卡人的个人信息，如持卡人姓名、性别、身份证号码等；票面也可根据需要印刷持卡人的姓名、性别、身份证号码、照片等信息；记名储值票可挂失，

可以享用信用消费和信用增值及其他特殊服务。

不记名储值票票面没有持卡人的信息，使用后如果无污损，通常可以将车票退还给票卡发行单位以便重新发行使用。

储值票按使用功能的不同又可分为普通储值票、优惠储值票和纪念储值票。

（3）许可票或特种票。许可票是一种不同于单程票和储值票的特殊票种，由城市轨道交通运营企业根据某种特殊需要，针对某些群体的特殊要求，以吸引或方便他们来乘坐地铁为目的而发行的、赋予特定的使用许可的某种车票，在限定的条件下具有一定的优惠。许可票或特种票根据用途不同又可分为车站工作票、测试票、出站票、乘次票、日票和月票。

（二）车票媒介与售检票方式

不同的售检票方式需要的车票媒介是不同的，而且车票媒介的信息量及读写方式也会影响售检票系统的运作方式。不能进行机器识别的车票媒介只能采取人工售检票方式，如部分纸质车票只能采取人工售检票方式；磁卡车票及智能卡车票则采用自动售检票方式，但对机器识别要求高的车票媒介会影响识别效率和系统建设投资。

在城市轨道交通系统中，其售检票方式取决于票卡媒介和识别设备。目前世界上常见的售检票方式有印制纸质车票人工售检票系统、印制纸质车票半自动售检票系统、一次性磁票自动（半自动）售检票系统、重复使用磁票自动（半自动）售检票系统、接触式智能卡自动（半自动）售检票系统、非接触式智能卡自动（半自动）售检票系统。

二、车票的基本要求和特性

（一）车票的基本要求

1. 车票的尺寸规格

（1）卡片型车票的尺寸规格应符合表 1-5 的规定。

表 1-5　卡片型车票的尺寸规格

种　类	长（毫米）		宽（毫米）		厚（毫米）		切角半径（毫米）	
	最小	最大	最小	最大	最小	最大	最小	最大
单程票	85.47	85.72	53.92	54.03	0.40	0.58	2.88	3.48
储值票					0.68	0.84		

（2）筹码型车票的尺寸规格及质量应符合下列要求。

直径：（30±0.3）毫米。

厚度：I 型（2±0.2）毫米；II 型（3±0.3）毫米。

筹码型车票的质量偏差应不大于 5%。

2. IC 卡车票芯片的容量要求

（1）单程票芯片的存储容量应不小于 512bit。

（2）储值票芯片的存储容量应不小于 1KB。

（二）车票的特性

1. 车票的物理特性

（1）卡片型车票封装后的物理特性应符合《识别卡物理特性标准》ISO/IEC 7810—2003的规定。

（2）封装成筹码型或其他形式的车票的物理特性也应符合 ISO/IEC7810—2003 的规定。

（3）单程票芯片的读写次数应大于10000次；储值票芯片的读写次数应大于100000次。

2. 车票的电气特性

（1）车票的电气特性应符合 ISO/IEC14443.2 的规定。

（2）车票应具有防冲突的功能。

（3）完成一次车票读写的处理时间：单程票应不大于 200 毫秒；储值票应不大于 300 毫秒。

3. 车票的安全特性

（1）密钥管理。车票主密钥的生成及安全认证模块应按规定程序管理。在车票发生交易时，应由设备内的安全模块根据车票的特性判定合法性。车票在每次操作时，应经过密钥验证；车票的应用密钥应根据车票的唯一码、认证码及交易过程中产生的变量，按规定的加密算法生成。

（2）车票的通信安全。车票应具有数据通信加密并双向验证密码系统。单程车票与读写器通信可使用握手式半双工通信。在通信过程中，不得明文传输密钥。

三、车票的主要功能

不同的车票具有不同的功能，本书主要介绍自动售检票系统按不同性质划分的各种车票的功能。

（一）单程票

单程票采购回来后，首先要经过初始化工作，在票内写入密钥，并在数据应用区写入票卡类型、有效期等信息；其次，配发到车站，通过自动售票机和半自动售票机进行发售，乘客出站时由出站自动检票机回收，回收后的车票可在车站循环使用。

1. 普通单程票

普通单程票是单程票中使用较广的一种车票，乘客购票时完成对票卡的赋值，当日当站（按参数设置）、限时限距使用，出站回收。

2. 应急单程票

应急单程票有两种形式：一种是预制单程票（以下简称"预制票"），另一种是应急编码票。预制票是指经过编码分拣机或半自动售票机预先赋值的单程票，通过人工售卖弥补大客流情况下或售票设备出现故障时售票能力不足的问题。预制票的特点是已赋予一定的金额；有较长的使用期限；在有效期内每个车站都可以使用；使用方法和普通单程票相同，只是由于对车票预先赋值，在资金及票卡的管理上更为严格。应急编码票是将车票进行应急专用编码,在进站时发放给乘客,乘客在到达站根据乘坐情况补票,出站时回收。应急编码票主要用于避免进站大客流对部分车站的购票或进站产生冲击,采取先放行进站,分散到出站口时再进行补票的方式。

3. 优惠单程票

优惠单程票是根据条件给予一定折扣和优惠的车票,如批量购买或针对某项活动时给予一定的优惠。

4. 纪念单程票

纪念单程票是为某种题材专门制作的纪念性单程票卡,可供收藏,另定价发售,在有效期内按规定使用,但出站不回收。

(二) 储值票

1. 普通储值票

普通储值票是储值票中使用较多、较广的一种车票。它由专门的发卡单位制作,通过发卡单位营业网点或代理机进行发售,发售时根据储值票的成本收取一定的押金。普通储值票在有效期内限单人使用,可反复使用,每次使用时根据计价规则扣费,余值不足时可进行充值。普通储值票一般为不记名储值票,所以不可挂失。

2. 优惠储值票

优惠储值票是根据需要给予一定折扣优惠的储值车票,如老人票、学生票等。不同的城市轨道交通运营企业根据本城市乘客的特点对不同的乘客给予不同的折扣优惠。优惠储值票一般为记名储值票。

3. 纪念储值票

纪念储值票是为某种题材专门制作的纪念性储值票卡,可供收藏,另定价发售,使用时和普通储值票一样根据乘车时限和乘车距离,依据一定的计价规则扣费。

(三) 许可票或特种票

1. 车站工作票

该票种是供轨道交通相关从业人员工作使用的车票。例如,车站员工票、车站外服卡等。

2. 测试票

该票种是一种对自动售检票系统终端设备进行维护诊断用的特殊车票,只能在设备处于测试或维护模式由维护人员测试或维护设备时使用。

3. 出站票(包括免费和付费)

该票种是在特殊情况下,如丢失单程票、单程票损坏等,由工作人员处理后免费或付费发给乘客,用于当站出站的票卡。为了减轻工作人员的工作强度,有些城市的地铁运营公司发行了车站通行卡,其具有免费出站票的功能。

4. 乘次票

该票种是一种被赋予固定乘次许可,在规定的时间及许可范围内可以重复使用,未使用的次数不能累加到下一个周期使用的车票。通常该票种在使用时只计次数，不计里程。例如，有些城市的地铁运营公司发行的纪念票就是乘次票；由于某些大型活动的需要，有些城市的地铁运营公司发行了具有一定乘次的展商卡，规定在大型活动期间使用。

5. 日票和月票

为了方便外地游客，有些城市的地铁运营公司还发行了日票和月票。日票有一日票、三日票、五日票。日票和月票是指在规定的有效期内，不限乘坐地铁的次数或乘车里程，可以任意乘坐地铁的车票。

实操模块

[实训任务]

查找至少两个城市的地铁，分析两家城市轨道交通运营企业发行的车票的类型及其功能、特点有什么不同。

[实训目的]

掌握不同车票的类型及功能、特点。

[实训环境]

多媒体教室或合作式教室。

[实训指导]

教师指导学生依据所学知识来分析这些城市轨道交通运营企业发行的车票与其他城市轨道交通运营企业发行的车票的区别及依据。

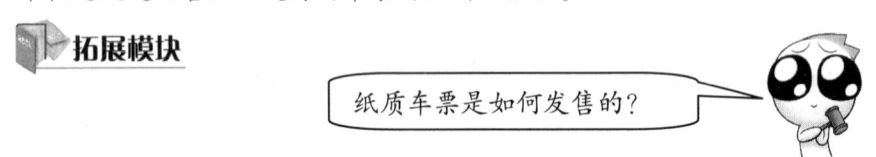

拓展模块

纸质车票是如何发售的？

应按编号顺序发售纸质车票，以便清点和统计。

（一）人工售检票模式下的纸质车票发售

纸质车票一般是在人工售检票模式下发售的。在人工售检票模式下，由车站客服中心人工向乘客发售纸质车票，并在进出站口设置检票点，持票乘客经工作人员检票后进/出车站。具体检票方式可分为进站检票、出站检票、进出站均需检票3种。

进站检票是指车站只在进站口安排检票人员，出站时不再检票，乘客可以自由出站，适用于单一票价的城市轨道交通系统。

出站检票是指乘客可自由进入付费区乘车，车站只在出站口安排检票人员，对出站乘客进行检票出站，适用于单一票价的城市轨道交通系统。

进出站均需要检票则是指车站在进出站口都安排检票人员，对乘客进出付费区都实行检票作业，适用于非单一票价的城市轨道交通系统。

（二）自动售检票模式下特殊情况的纸质车票发售

目前的城市轨道交通均采用自动售检票模式，但在某些情况下也会发售纸质车票，具体情况如下。

（1）当车站自动售票机、半自动售票机全部出现故障或停电导致车站无法发售IC卡单程票时，可由站长决定发售纸质车票。

（2）在对全线预制票进行合理调配后，且将售完的情况下，乘客经车站工作人员引导后自动售票能力仍不足时，可由站长根据客流情况决定发售纸质车票。

（3）大客流情况下票务管理系统无法应付或其他特殊情况下，可由站长决定发售纸质车票。

（4）有些城市轨道交通运营企业在正常情况下会将纸质车票作为儿童票和行李票发售。

目标检测

[知识目标检测]

1．填空题

（1）售检票系统中，_____是乘客的乘车凭证。

（2）根据信息认读方式的不同，车票媒介可分为_____和_____两种认读方式。

（3）按存储介质和构造的不同，车票可分为纸质、_____和_____车票。

（4）单程票按使用功能的不同可分为普通单程票、_____、_____和纪念单程票。

（5）储值票按使用功能的不同可分为普通储值票、_____和_____。

2．选择题

（1）由人工方式或自动方式售票，通过视读或扫描仪确认票面信息的车票为（　　）。

A．纸质车票　　　　　　　　　　B．磁卡车票
C．接触式IC卡车票　　　　　　　D．非接触式IC卡车票

（2）深圳地铁的筹码型车票属于（　　）。

A．纸质车票　　　　　　　　　　B．磁卡车票
C．硬质车票　　　　　　　　　　D．智能卡车票

（3）在金额足够的情况下，可多次使用，出站不回收的车票类型为（　　）。

A．单程票　　　B．储值票　　　C．出站票　　　D．工作票

（4）在大客流情况下或售票设备出现故障，售票能力不足时，通过人工售卖方式可缓解该情况的车票类型为（　　）。

A．普通单程票　　B．预制票　　C．出站票　　D．应急编码票

（5）在特殊情况下，如丢失单程票、单程票损坏等，由工作人员处理后免费或付费发给乘客的车票为（　　）。

A．单程票　　　B．乘次票　　　C．出站票　　　D．测试票

（6）广州地铁发行了一种三日票，在车票启用的72小时内，可以随意乘坐地铁，没

有时间和次数的限制。这种车票属于（　　）。

　　A. 单程票　　　　　　B. 储值票　　　　　C. 出站票　　　　　D. 特种票

（7）预制票在（　　）情况下可以获得指令后使用。

　　A. 突发进站大客流　　　　　　　　　B. 突发出站大客流

　　C. 所有出站自动检票机发生故障　　　D. 列车停运

3. 判断题

（1）售检票方式分为人工方式和自动方式。（　　）

（2）现代的自动检票设备可以识别各种不同类型的车票。（　　）

（3）普通储值票一般为记名车票，所以乘客丢失后可办理挂失。（　　）

[技能目标检测]

阅读以下材料。

2016年7月21日，深圳地铁11号线开通不到一个月，商务舱和普通舱出现了"寥寥数人与摩肩接踵"的冰火两重天情况。深圳地铁11号线设计了两种票价，一种针对商务舱，另一种针对普通舱，商务舱票价是普通舱票价的3倍，导致每趟车两种车厢乘客数出现天壤之别，如图1-16所示。工作人员称，平时商务舱乘客确实不多，但是到了周末，也是爆满的。

图1-16 深圳地铁11号线的冰火两重天情况

阅读材料后请完成以下练习。

（1）分小组讨论，在站务员不增加、进出站自动检票机设置在站厅的前提下，深圳地铁是如何实现商务舱与普通舱的区别检票上车的？

（2）设计商务舱乘客购票、检票、上车流程，并分析该流程中的薄弱环节。

（3）每小组选择一位同学进行展示及汇报。

根据上述练习检测技能目标的达成度。具体检测项目、评分标准及得分如表1-6所示。

表1-6　技能目标检测

序号	检测项目	评分标准	得分
1	设计有区别的检票方式（60分）	方式合理（40分）；区别明显（20分）	
2	设计商务舱上车流程（20分）	流程各环节可实施（10分）；流程各环节流畅（10分）	
3	分析该方案的薄弱环节（20分）	观点全面（10分）；分析过程体现批判性思维（10分）	

[素质目标检测]

由教师根据学生课前预习情况、课中小组讨论及独立思考情况、课后作业及小组共同完成学习任务情况，以及技能目标检测环节的表现进行素质目标检测，如表1-7所示。

表1-7 素质目标检测

序号	检 测 项 目	评 分 标 准	得分
1	学习能力的提升度（20分）	课前预习（5分）；课中主动回答问题（5分）；课后作业（5分）；小组作业（5分）	
2	团队协作的配合度（20分）	小组讨论发言频率（10分）；小组成员之间的配合度（10分）	
3	语言表达的清晰度（20分）	汇报问题的逻辑性（10分）；语言表达的流畅性（10分）	
4	思想意识的认知度（40分）	科技发展提高生活质量的认知度（20分）；我国国民经济实力增长的认知度（20分）	

课后复习题

1. 车票与售检票方式之间的关系。
2. 车票按使用性质的分类。
3. 单程票的概念及分类。
4. 储值票的概念及分类。
5. 车票按使用功能的分类及其功能。

项目二　自动售检票系统票务管理

项目描述

自动售检票系统票务管理是指城市轨道交通运营企业为乘客提供快捷、优惠的出行服务，有效进行票务收入管理，合理配置运营系统（运营设备、运营模式）资源，是自动售检票系统实施的必要环境和基础。票务管理是基于自动售检票系统实现的。本项目主要介绍自动售检票系统票务管理的主要内容。

任务一　自动售检票系统票务管理认知

学习目标

[知识目标]

（1）掌握自动售检票系统票务管理的概念及功能。
（2）掌握自动售检票系统票务管理与自动售检票系统之间的关系。
（3）掌握自动售检票系统票务管理的内容及其含义。

[技能目标]

（1）能描述自动售检票系统票务管理与自动售检票系统之间的关系。
（2）能描述自动售检票系统票务管理的内容及其含义。

[素质目标]

（1）提升逻辑思考及语言表达能力。
（2）提升自主学习的能力。

教学环境

多媒体教室及票务管理实训室。

学习引入

2021年2月初，武汉地铁工作人员接到举报称：早上6:30，国铁汉口火车站进站自动检票机处，经常有一名女性乘客尾随其他乘客贴身逃票。

收到举报后，汉口火车站地铁工作人员迅速对此情况进行调查取证，经过核实发现，该名乘客确实存在多次逃票行为。每次出站时，其利用紧靠立柱旁"最隐蔽"的一台自动检票机出站，以躲避工作人员视线，前面一人正常刷卡，她紧随其后贴身通过自动检票机，并以"虚晃一枪"的刷卡"假动作"躲过检查，时间长达 2 个月。

次日，她又一次"故伎重施"，结果被稽查人员拦下。依据票务政策，武汉地铁对这名乘客一次性补收 1144 元票款。

资料来源：楚天都市报极目新闻

根据这个案例，思考乘客的逃票行为造成的影响有哪些。

理论模块

一、自动售检票系统票务管理基础知识

（一）功能

自动售检票系统票务管理的主要功能是依据票价规则等票务政策，对车票制作、车票出售、入站检票、出站检票和补票、罚款等营收信息进行有效管理。随着系统功能外延的不断扩展，自动售检票系统票务管理也承担起对运营状况进行监控管理的职责。

自动售检票系统票务管理是城市轨道交通票务收入和结算的基础，只有通过安全、可靠和完备的自动售检票系统才能有效地实施票务结算和清分。合理的票务政策能有效提高客流量和运营效益。

在城市轨道交通网络中，只有在各线路采用统一的车票制式、系统接口和清分算法，才能保证乘客在整个城市轨道交通网络的收费区内直接换乘。

（二）与自动售检票系统的关系

自动售检票系统的票务管理系统是自动售检票系统实施的环境和基础；自动售检票系统则是自动售检票系统票务管理的实现手段之一，能有效提高城市轨道交通票务管理水平和运营效益。

二、自动售检票系统票务管理的内容

自动售检票系统与票务政策的对应关系主要表现在客流、票制、票务统计与结算、车票处理等方面。

1. 客流

自动售检票系统可根据交易信息为决策或规划提供客流信息。通过系统整理、分析原始数据和信息，把自动售检票系统与其他信息管理系统相结合，通过信息挖掘，进一步了解区域客流特征，为管理提供量化的决策依据，为相关的经济行为提供客流行为支持，提高服务或管理决策的针对性和准确性。

2. 票制

自动售检票系统根据计费原则和计费方式进行售票、检票和统计。对于单一票制、计程票制、综合票制等，应结合不同的票制及相应的优惠措施制定执行方案（各种票制的概念及特点在本项目任务三中介绍，此处略）。

3. 票务统计与结算

票务统计与结算的基础是交易数据。线路每日的客流量是该线路各站的单程票、储值票及特种票的进站数及换乘至该线路人数之和。各线路日车票收入以单线路各站的单程票发售收入与储值票的出站扣值及当天补票收入之和，减去退票款后，按乘客在各换乘线路乘坐的情况核算。

自动售检票系统可对客流量、票务收入及单程票的使用情况进行统计和分析，并编制相应的报表；对不同线路或不同收入载体进行票务收入清分，对路网系统与其他兼容系统进行清分，并可通过银行结算系统进行及时结算。

4. 车票处理

车票处理包括对单程票、储值票和特种票的处理。一般情况下，单程票是当日当站使用的车票，通常要制定退票规则，包括是否允许退票、退票时间要求、手续费的收取等。当储值票和特种票不能正常使用时，交车站处理，由专门的部门进行查询、分析和处理。

自动售检票系统票务管理是借助自动售检票系统实现的。一个完整的自动售检票系统票务管理的主要内容有票卡管理、规则管理、信息管理、账务管理、模式管理、运营监督管理等。

实操模块

[实训任务]

小组合作，讨论并绘制自动售检票系统票务管理内容之间的关系思维导图，并找到各类票务管理之间的关系。

[实训目的]

掌握自动售检票系统票务管理的定义及内容。

[实训环境]

多媒体教室或合作式教室。

[实训指导]

教师指导学生依据自动售检票系统票务管理相关理论梳理思维导图。

拓展模块

广州地铁票务应急服务措施有哪些？

世界上任何一辆地铁都不可能实现零晚点和零故障，但是作为城市轨道交通运营企业，在不断提高列车正点率和降低故障率的同时，如何在发生运营故障导致列车延误的情况下做好应急服务补救措施也是十分重要的。

国内地铁目前一般主要有信息发布、退票、致歉信和赠票几种服务措施。

（一）信息告知，满足乘客知情权

以广州地铁为例，一般在地铁运营有延误（包括停运、火灾、运营故障清客）超过10分钟的情况下，会在车站或车厢内的地铁电视上播放如图2-1所示的故障信息画面；借助车站广播不断告知目前列车有延误，有急事者改乘其他交通工具；在车站出入口张贴类似的告示。运营情况的应急信息除了上面提到的地铁电视、车站广播、告示，还会在官方微博、微信平台、官方网站、交通电台、官方App甚至手机短信等平台上进行发布，满足广大乘客的知情权。

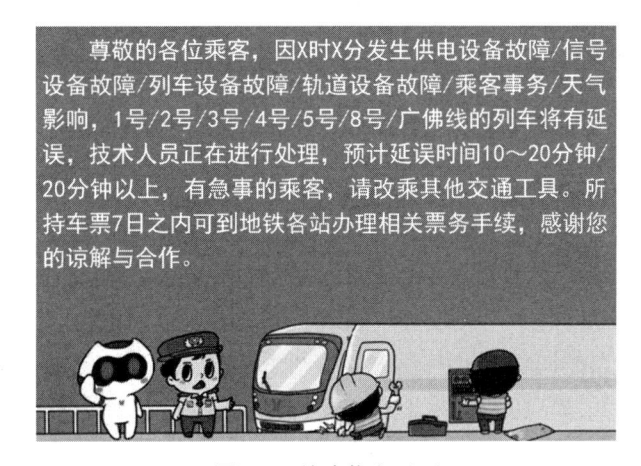

图 2-1　故障信息画面

所以，在搭乘地铁的过程中，应多留意车站出入口的告示、车站或车厢内的地铁广播和电视等，如果已经告知目前列车晚点，有急事者应尽快想办法改乘其他交通工具。

（二）车票7天免费退

在故障信息画面中，"所持车票 7 日之内可到地铁各站办理相关票务手续"这句话的意思是，在地铁有延误时（超过 10 分钟的情况下），已经买票进站但等不到列车的乘客可以持该车票在 7 日之内到整个线网内的任意车站的客服中心办理退票；已经刷卡进站乘车的乘客可以办理免费更新（消除上次的进站记录）。

注意，重点是 7 日之内任一车站都可以办理。一般信息发布都有滞后性，所以当有类似的故障信息发布时，一般说明此时延误情况比较严重，需要较长的时间才能恢复正常行车间隔，实际的晚点时间往往比发布的时间更长一些，所以此时乘客应及时出站，改乘其他交通工具，没必要当场就在客服中心排长队办理退票或办理免费更新。

（三）乘客可索取致歉信作为请假凭证

除此之外，广州地铁还有其他应急情况下的人性化措施。从 2009 年 2 月 20 日起，市民乘坐广州地铁时，地铁方面原因导致晚点 10 分钟以上，可下车后到车站客服中心索取"致乘客信"作为请假凭证，如图 2-2 所示。

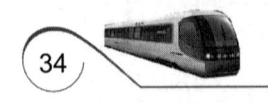

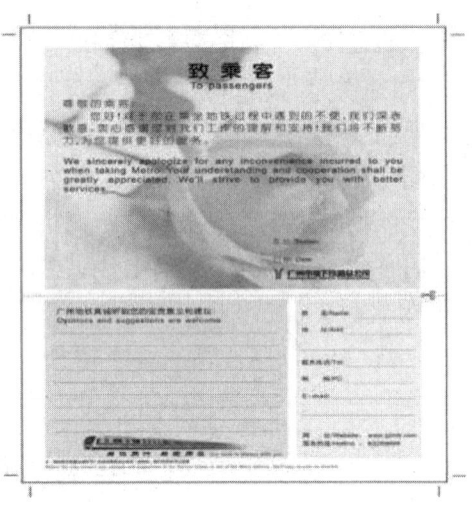

图 2-2　广州地铁"致乘客信"

（四）诚意满满，赠票表歉意

从 2009 年 2 月 26 日起，市民乘坐广州地铁时，地铁方面原因导致晚点 10 分钟以上，可在客服中心办理退票的同时领取一张赠票（见图 2-3），赠票为纸质车票，乘客可以在领取之日次日起 3 日内凭该票免费搭乘地铁一次，不限距离。上海地铁比广州地铁更早有派发致歉信和赠票的应急服务措施，这些都应该算是比较人性化的补救措施。

图 2-3　广州地铁赠票

目标检测

[知识目标检测]

1. 填空题

（1）自动售检票系统票务管理的主要功能是_____等运营策略。

（2）自动售检票系统票务管理也承担起对运营状况进行_____的职责。

（3）自动售检票系统与票务政策的对应关系主要表现在_____、_____、票务统计与结算、_____等方面。

（4）车票处理包括对单程票、_____和_____的处理。

（5）自动售检票系统票务管理的主要内容有_____、_____、信息管理、账务管理、模式管理、_____等。

2．判断题

（1）合理的票务政策能有效提高客流量和运营效益。（　　　）

（2）即使某城市轨道交通的各线路采用的车票制式不统一，自动售检票系统先进的清分功能也可以实现乘客在城市轨道交通网络收费区内的直接换乘。（　　　）

[技能目标检测]

根据前述实训任务，分组汇报，以此来检测技能目标的达成度。具体检测项目、评分标准及得分如表2-1所示。

表2-1　技能目标检测

序号	检测项目	评分标准	得分
1	思维导图（40分）	架构合理（20分）；制图标准（10分）；图面干净整洁（10分）	
2	各组成部分的逻辑关系分析（30分）	分析合理、全面（20分）；语言表达流畅（10分）	
3	各票务管理功能之间的关联分析（30分）	分析合理、全面（20分）；语言表达流畅（10分）	

[素质目标检测]

由教师根据学生课前预习情况、课中小组讨论及独立思考情况、课后作业及小组共同完成学习任务情况，以及技能目标检测环节的表现进行素质目标检测，如表2-2所示。

表2-2　素质目标检测

序号	检测项目	评分标准	得分
1	学习能力的提升度（30分）	课前预习（5分）；课中主动回答问题（5分）；课后作业（10分）；小组作业（10分）	
2	团队协作的配合度（40分）	小组讨论发言频率（20分）；小组成员之间的配合度（10分）；发言中的批判性思维及创新思想（10分）	
3	语言表达的清晰度（30分）	汇报问题的逻辑性（20分）；语言表达的流畅性（10分）	

课后复习题

1. 自动售检票系统票务管理与自动售检票系统的关系。
2. 自动售检票系统票务管理的内容。

任务二　票 卡 管 理

学习目标

[知识目标]

（1）掌握票卡管理的内容。

（2）掌握车票编码的定义。

（3）掌握票卡循环使用流程。

[技能目标]

（1）能描述车票编码的含义。

（2）能画出票卡循环使用的流程图。

[素质目标]

（1）培养分析问题及解决问题的能力。

（2）培养团结协作及顾全大局的精神。

（3）提升逻辑思考及语言表达能力。

教学环境

多媒体教室及票务管理实训室。

学习引入

南京1名男子唐某利用自己的专业知识，人为更改地铁计次卡的乘坐次数，将原本30次的乘车次数修改成100多次，被南京地铁警方依法处以行政拘留7日。

2019年5月，南京地铁工作人员报警称在地铁票卡数据维护过程中，发现有一张地铁计次卡的数据存在异常，怀疑该卡被人为地伪造了票卡内的乘车次数。经了解，民警发现这是一张原本乘车次数为30次的计次卡，但在实际使用过程中该卡的乘车次数已经达到了100多次，涉嫌伪造票卡。地铁警方通过城市轨道交通运营企业提供的数据，调取监控录像并进行守候，在6月17日将违法行为人抓获。

经查，违法行为人唐某25岁，大学所学专业为电子工程，毕业后从事相关工作。唐某在2019年2月购买了一张地铁计次卡后，便尝试着利用自己的专业知识和技术手段对卡内的乘车次数进行修改，然后用于日常上下班乘坐地铁。当卡内的乘车次数即将使用完毕时，唐某就重新修改卡内乘车次数，一共修改了9次。

资料来源：中国江苏网

地铁警方是如何发现伪造票卡行为的？票卡管理应该包括哪些环节？

理论模块

票卡是乘客使用的车票，是乘客乘坐轨道交通的有效凭证，是自动售检票系统中不可缺少的信息载体和信息交互媒介。

票卡管理就是由专门的机构对采购回来的票卡从发行、发售到使用和回收等全过程进行严格、规范、有效的管理，主要包括车票初始化、车票配发、车票赋值与发售、车票进出站处理、车票更新、车票加值、车票退换、车票调拨、车票收缴、车票注销、黑名单管理等工作环节。

一、车票编码的定义

车票在发行和使用过程中需通过不同的自动售检票设备写入相应的车票信息，以对其进行有效的跟踪管理。对车票写入信息的过程称为车票编码。车票编码包含初始化编码及使用过程中的车票编码。编码的内容包括车票类别、车票编号、车票票值、车票时效、车票使用范围等信息。

（一）车票类别

车票类别在编码时确定，其标明了车票的分类情况，对应不同的应用方式和处理规则，乘客可根据自己的需要购买规定范围内不同类别的车票。如乘客购买的车票为学生储值票，则享有一定优惠。

（二）车票编号

车票编号可分为卡面编号、物理卡号和逻辑卡号。

1. 卡面编号

卡面编号是指票卡生产厂商在制作车票媒介时印制在车票表面的系列编号，可标明生产者代码、批次等信息。

2. 物理卡号

物理卡号是指非印刷票卡媒介产品的序列号，并由车票媒介生产厂商在出厂时直接写在车票芯片内，物理卡号可以跟卡面编号相同，也可以不同。

3. 逻辑卡号

逻辑卡号是指为了确保自动售检票系统能够跟踪流通中车票的使用情况和针对某张或某些车票进行功能设置而赋予的系列编号。在车票初始化时由编码分拣机对票卡进行逻辑卡号的写入。

在车票制作和使用过程中，中心数据库可通过在车票的卡面编号、物理卡号、逻辑卡号之间建立相应的关联关系而对车票的使用情况进行有效的防伪和跟踪。

（三）车票票值

车票票值即车票所含的可乘车的资金，是记录在车票内的、可用于乘坐轨道交通工具的金额。

通常，使用单程票的乘客在出站时若车票中的票值小于本次旅程的应付费用，则不予放行，需要补足费用后才能出站。使用储值票的乘客在经过本次旅程后，将在票卡存储的资金中扣除此次旅程的费用；在进站时，若票卡中的预存资金金额为零或负值时一般不让进站乘车。

（四）车票时效

各类车票（如员工票、测试票等）都有各自不同的有效期，只能在系统设定的有效期内使用。若车票即将过期或已经过期，需进行延期等更新处理后才能使用。例如，普通单程票当日使用有效，预制票的使用期限较长。

（五）车票使用范围

各类车票都有特定的使用范围（如线路、车站等）以规范使用秩序。例如，普通单程票只能在车票发售车站使用，预制票可以在全线网范围内的各站使用。

二、票卡管理的内容

（一）车票初始化

所有车票投入使用前必须由专门的机构通过编码分拣机进行初始化，分配车票在系统内的唯一编号，同时生成车票相关安全数据，使得票卡成为在自动售检票系统内可使用的媒介。只有经过初始化的车票才可以分发至各站进行发售。

在初始化时，操作员针对不同类型的车票设置系统参数及系统应用数据进行初始化编码。车票初始化时的编码内容一般包括以下数据类型。

（1）安全密钥及防伪数据。

（2）车票编号数据。

（3）车票状态数据。

车票初始化的步骤如下。

（1）用设备读取车票上唯一的物理卡号，验证初始密钥。

（2）初始密钥验证成功后，将逻辑卡号、安全数据、编号数据及系统应用数据写入车票。

（3）车票初始化后，将车票信息记录到中央数据库中。

知识链接

车票的初始化编码由编码分拣机完成。编码分拣机接收中心计算机系统的指令，完成中心计算机系统下发的分拣任务，并将任务完成情况通过网络发送至中心计算机系统。

编码分拣机配备有自动供票装置和可读写车票信息的装置，可对空白票进行初始化和赋值处理、对车票进行注销处理、对已回收/已注销的车票进行重新初始化或赋值处理。同时，编码分拣机配备有车票分拣装置、车票装入票箱装置及票箱装入/固定装置，可将已完成读写信息操作的车票按中心计算机系统的指令装入指定的票箱。

请扫码 2-1 学习文档，了解编码分拣机的结构、功能及其操作。

2-1 编码分拣机用户操作手册

（二）车票的循环使用

经过初始化的车票可进入循环使用阶段，包括车票配发、使用、调拨、收缴、注销等票卡管理大循环环节。其中，车票在车站内的使用环节又包括车票赋值与发售、进站检票、出站检票、回收等车站使用小循环环节。在小循环中还针对车票在使用过程中出现的其他情况进行处理，包括车票更新、车票加值、车票退换等环节。

1. 车票配发

由票卡发行单位（如车票配送中心）根据客流情况，将初始化后的车票配发到各站进行发售，如图2-4所示。

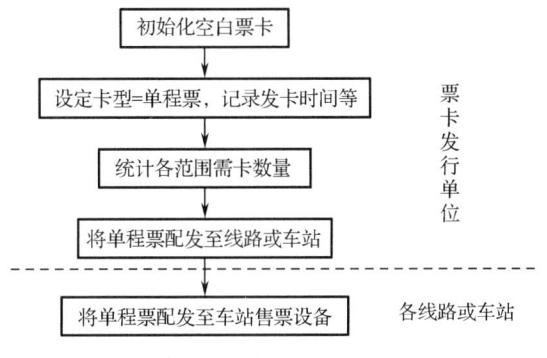

```
         ┌─────────────────────────┐
         │     初始化空白票卡       │
         └───────────┬─────────────┘
                     ↓
         ┌─────────────────────────┐      票
         │ 设定卡型=单程票，记录发卡时间等 │    卡
         └───────────┬─────────────┘      发
                     ↓                    行
         ┌─────────────────────────┐      单
         │    统计各范围需卡数量    │      位
         └───────────┬─────────────┘
                     ↓
         ┌─────────────────────────┐
         │  将单程票配发至线路或车站 │
         └───────────┬─────────────┘
         - - - - - - - - - - - - - - - - - - -
                     ↓
         ┌─────────────────────────┐
         │ 将单程票配发至车站售票设备 │     各线路或车站
         └─────────────────────────┘
```

图2-4　车票配发流程

2. 车票在车站内的使用

车票的使用主要指车票在车站内通过自动售检票系统终端设备完成赋值与发售、进站检票、出站检票、回收等在站内的循环使用。应急票是由票务主管部门预先赋值或编码，再根据车站的客流特点配发到车站，供发生特殊情况时发售使用。

（1）车票赋值与发售。赋值即配发到车站的车票通过自动售票机、半自动售票机在出售车票时完成赋值（对需要提前赋值的预制票，则在出售前由专门的编码分拣机进行赋值）。对车票进行赋值时，必须先对车票进行有效性检查，再将赋值信息写入车票，但不能修改票卡发行时的初始化数据。对不同类型车票的赋值数据由系统参数来确定。

发售即车票在自动售票机或半自动售票机上出售，并写入出售记录（如出售日期、出售时间、线路车站号、售票设备编号、车票赋值/余值等）。

（2）进站检票。车票经进站自动检票机检票，在进站自动检票机处写入进站记录（如进站时间、线路车站号和进站自动检票机编号等）。

（3）出站检票、回收。车票经出站自动检票机检票，依不同类型的车票进行不同的处理，如是乘次票（或储值票），将在出站自动检票机处写入出站记录，并扣除一个乘次（或费用）；如是单程票，则由自动检票机的回收装置完成自动回收，并清除票卡中上一次的出售记录和进站记录等。

经出站自动检票机回收的单程票，可通过自动售票机、半自动售票机进行再次发售，在车站内循环使用。储值票或乘次票则由乘客在车站内通过自动检票机正常使用。

所有车票的详细使用记录最终需要保存在中央计算机系统中，以便对车票的使用情况进行统计和分析。车票的每次详细使用记录至少包括车票类别、车票编号、交易类型、车票交易序号、交易时间、交易设备编号、上次交易时间、上次使用设备时间、交易金额、车票余值等信息。

当乘客使用了无效（或失效）等不能正常通过自动检票机的车票时，检票机将拒绝乘客通过，并指引乘客到客服中心半自动售票机上对车票进行分析和处理。

（4）车票更新。当车票不能正常使用时，应在客服中心半自动售票机上对车票进行分析，找到原因后对车票进行相应的更新。若为进出次序错误、超时、超程等无效原因，半自动售票机则可对车票进行更新处理（具体处理方法详见项目五）。

中央计算机系统分别设定进出站码更新的时间和车站限制、进出站码更新的费用、超时更新的费用、超程更新的计费/收费方式、更新次数等参数。在进行更新处理时，半自动售票机相应更新车票的进出站状态、时间及费用，并加入"更新"标志等。

单程票在进行超时更新操作时不对金额进行修改，通常另行收取超时费用。更新储值票时，费用可从储值票上扣除，也支持乘客用现金等另行支付。

（5）车票加值。储值票可通过自动售票机、半自动售票机或自动充值机进行加值。中央计算机系统可设置加值的金额限制、允许加值的车票类型、加值优惠等。

（6）车票退换。当乘客要求退票时，可以引导乘客到客服中心半自动售票机上办理。通常，车票退换处理方式可根据车票未被人为损坏或是设备发放的无效票而分为即时退款或车票替换两种方式。

中央计算机系统可设置退款的条件、使用次数限制、余值限制、费用等以确保退票处理有足够的安全性，防止欺骗行为发生。

对车票进行分析后，符合系统设置参数的车票即可办理退款业务。如车票符合被替换的类型要求、指定的回收条件等，则可以通过半自动售票机进行替换处理。在进行替换处理时，系统在被替换的车票上写入有关的替换信息，但车票上的原有信息不能被修改或涂抹，车票上的所有余值/剩余乘次及优惠信息应完全转入新的车票。

3. 车票调拨

经过一段时间的持续运营，由于客流的不均衡性，会造成车票在各线路、各站点的进出站客流分布不均匀（客流方向上的不均衡），有些线路、站点滞留大量的车票，而有些线路、站点则车票短缺。为提高车票的使用效率，可以采用站间调拨的方式给车票短缺的车站补充车票。

4. 车票收缴

车票使用一段时间后，必然会出现不同程度的损坏或达到系统规定的使用寿命（车票在初始化编码时都被编上了初始化时间，系统根据各种车票的使用情况，设置车票的有效使用期），系统就可在使用环节中及时收缴超出有效期或由于损坏而不能继续使用的车票，也可通过编码分拣机进行集中分拣，将达到使用期限或受到损坏的车票分拣出来进行回收，分拣条件可以由参数设置。

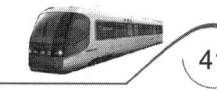

5. 车票注销

应建立适当的制度对车票的使用状况进行及时检查，一旦发现不宜继续使用的车票，就要及时注销，删除流通数据库中已注销车票的编号或将已注销车票的信息放至已销票卡数据库，并销毁已注销车票。

（三）黑名单管理

1. 黑名单

黑名单是指因某种因素如员工票、乘次票、一卡通、储值票等丢失而办理挂失或金额（次数）异常而办理登记，导致被自动售检票系统禁止使用的票卡。在黑名单中的票一旦被使用就将根据有关规定被锁住。

黑名单一经票卡发行单位设置，自动售检票系统终端设备将对其发行的票卡进行异常检查，并对黑名单进行管理。

2. 黑名单数据库

黑名单数据库的数据结构通常为票卡唯一号、设置时间及状态控制等级。其中状态控制等级是指是否允许进站、出站或者仅可进站、不允许出站等。黑名单数据库中的数据一般情况下不可修改，只有经过严格授权后才可进行修改。必要时，可以从黑名单数据库中删除数据，以保证黑名单数据库不会无限膨胀。通常有以下两种情况可以将黑名单数据从数据库中删除。

（1）数据库中对应的票卡已明确被禁用（在终端设备上使用时被禁用）。

（2）黑名单数据停留在数据表中的时间达到或超过有效期。

3. 黑名单数据的发布与更新

黑名单数据通过计算机网络或其他通信方式及时传输至相关的终端设备。黑名单更新通常采用差值传输方式，即每次只传输与上一次不同的黑名单数据而非全部数据，这样可提高传输的效率，也可提高传输的可靠性。自动售检票系统终端设备应能及时将黑名单中的票卡使用记录上传到中央计算机系统。

实操模块

[实训任务]

根据不同车票类型，小组合作画出票卡管理大循环及车站使用小循环图。

[实训目的]

掌握票卡管理各环节及其功能、特点。

[实训环境]

多媒体教室或合作式教室。

[实训指导]

教师指导学生依据票卡管理环节，画出大循环及小循环图。

拓展模块

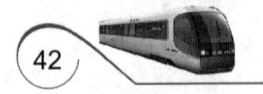

让我们一起学习不回收的单程票——东京地铁环形车票!

东京地铁单程票有了新模式,如图2-5所示。

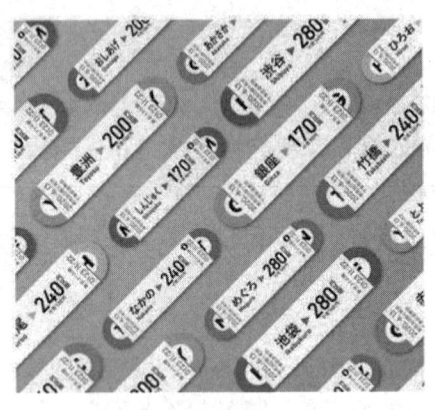

图2-5 东京地铁环形车票

该环形车票是日本工业设计师辻尾一平的设计作品。

细看这个环形车票的设计,与标准的东京地铁车票几乎相同,但其两端具有可以互相"扣"的切口和折痕,扣好车票后,就像戒指一样,顶部出现了一个可爱的圆形标志,代表着不同地铁线路的颜色和字根,可以佩戴在手指上,如图2-6所示。因此,也有人称之为"戒指车票"。乘客乘车结束后,车票可以自行留存,车站不回收。

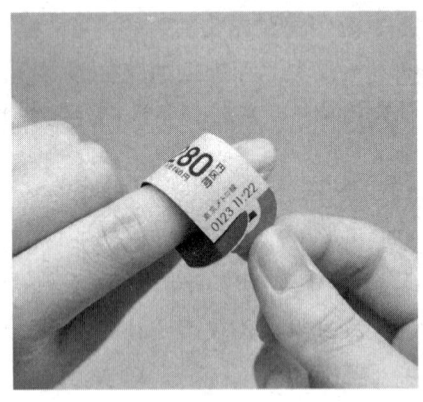

图2-6 环形车票的佩戴

目标检测

[知识目标检测]

1. 填空题

(1) _____ 是自动售检票系统中不可缺少的信息载体和信息交互媒介。

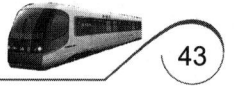

（2）对车票写入信息的过程称为_____。

（3）若车票即将过期或已经过期，需进行_____等更新处理后才能使用。

（4）所有车票投入使用前必须由专门的机构通过_____进行初始化。

（5）所有车票的详细使用记录最终需要保存在_____中，以便对车票的使用情况进行统计和分析。

（6）车票退换处理方式可根据车票未被人为损坏或是设备发放的无效票而分为_____或_____两种方式。

2．选择题

（1）编码的内容包括车票的安全密钥及防伪数据、（　　）、车票使用范围等信息。

A．车票类别　　　　B．车票编号　　　　C．车票票值　　　　D．车票时效

（2）车票编号可分为（　　）。

A．卡面编号　　　　B．防伪编号　　　　C．物理卡号　　　　D．逻辑卡号

（3）车票初始化时的编码内容一般包括的数据类型有（　　）。

A．安全密钥及防伪数据　　　　　　　B．车票编号数据

C．车票价值数据　　　　　　　　　　D．车票状态数据

3．判断题

（1）车票类别在赋值时确定，票值的多少决定了车票的价格。（　　）

（2）使用单程票的乘客在出站时若车票中的票值小于本次旅程的应付费用，则不予放行，需要补足费用后才能出站。（　　）

（3）若票卡中的预存资金金额为零或负值时一般可以进站，但需要补足费用后才能出站。（　　）

（4）线网内购买的单程票可以在任一车站使用。（　　）

（5）当乘客使用了无效（或失效）等不能正常通过自动检票机的车票时，自动检票机可以对车票情况进行分析和处理。（　　）

（6）一旦进入黑名单，票卡数据将无法更改和删除。（　　）

[技能目标检测]

根据前述实训任务，分组汇报，以此来检测技能目标的达成度。具体检测项目、评分标准及得分如表2-3所示。

表2-3　技能目标检测

序号	检测项目	评分标准	得分
1	大循环图（40分）	循环结构合理（20分）；制图标准（10分）；图面干净整洁（10分）	
2	小循环图（30分）	循环结构合理（10分）；制图标准（10分）；图面干净整洁（10分）	
3	各环节之间的关联分析(30分)	分析合理、全面（20分）；语言表达流畅（10分）	

[素质目标检测]

由教师根据学生课前预习情况、课中小组讨论及独立思考情况、课后作业及小组共同完成学习任务情况，以及技能目标检测环节的表现进行素质目标检测，如表2-4所示。

表2-4　素质目标检测

序号	检测项目	评分标准	得分
1	学习能力的提升度（30分）	课前预习（5分）；课中主动回答问题（5分）；课后作业（10分）；小组作业（10分）	
2	团队协作的配合度（40分）	小组讨论发言频率（20分）；小组成员之间的配合度（10分）；发言中的批判性思维及创新思想（10分）	
3	语言表达的清晰度（30分）	汇报问题的逻辑性（20分）；语言表达的流畅性（10分）	

课后复习题

1. 票卡管理的内容。
2. 车票编码的定义。
3. 票卡循环使用流程图。
4. 票卡管理中，黑名单的含义。

任务三　规则管理

学习目标

[知识目标]

（1）掌握规则管理的内容。
（2）掌握票制的概念及其分类。
（3）掌握权限管理的含义。

[技能目标]

（1）能描述规则管理的内容。
（2）能判别票制的类型。
（3）能描述确定票价的方法。

[素质目标]

（1）培养分析问题及解决问题的能力。
（2）培养无规矩不成方圆的规则意识。
（3）培养以人为本的服务理念。

教学环境

多媒体教室。

学习引入

2017年5月27日，成都市交通运输委员会在其官方网站发布成都地铁线网票制调整公告。在前期调研、听证的基础上，结合成都市实际，经市政府常务会议审议批准，成都地铁线网票制由"区间计价制"调整为"里程计价制"，自2017年6月2日起执行。公告的发布引起了成都市民的广泛热议。

"区间计价制"和"里程计价制"属于什么票价政策呢？除了这两种票制之外，还有没有其他票制呢？

理论模块

自动售检票系统涉及的部门和环节较多，要确保这些部门和环节的有效协作、高效联动，就必须依托一整套科学严密、行之有效的规则进行管理。规则管理就是为确保系统规范运作制定出的一系列规则和流程，供各方遵守并能进行有效监督和实施。

自动售检票系统业务涉及的规则通常包括票务政策、清分和结算规则、收益分配规则、权限管理规则等。

一、票务政策

票务政策主要是指与城市轨道交通的票务收益密切相关、直接面向乘客的政策。各城市轨道交通运营企业制定的票务政策大致包括基本票价政策、车票优惠政策、车票使用政策及退换票政策。票务政策是在对乘客提供服务过程中，指导车站票务运营管理最根本的依据之一。

（一）基本票价政策

基本票价政策是指城市轨道交通运营企业对票制及票价的确定和选择原则。

1. 票制

票制即票价的计价方式。目前，世界范围内城市轨道交通的费用计算一般是由服务目标环境和轨道交通路网的分布形式来确定的。比较典型的票制有单一票制、计程票制和综合票制。

（1）单一票制。单一票制是指无论乘客乘车距离长短，全轨道交通系统都按统一票价核收。这种计价方式适用于小规模或公益性较强的轨道交通网络，乘客使用方便，城市轨道交通运营企业操作简单，但不能体现乘车距离与费用的关系，在运营成本与乘车费用的关系上有一定的不合理性。

（2）计程票制。计程票制是指按乘客乘车距离划分不同的票价等级。计程票制又可分为按区间分段计价和按里程分段计价两种。

按区间分段计价是指按乘客乘坐的车站数量实行多级票价，根据设定的基本起步价、起步价区间、每个计价段所包含的区间数、每个计价段的价格等进行票价的计算。按里程分段计价是指按乘客的乘车里程实行多级票价，根据设定的基本起步价、起步价里程、每个计价段所包含的里程数、每个计价段的价格等进行票价的计算。

这种方式为国内城市轨道交通运营企业普遍采用，具有递远递减特性，对于远距离乘坐的乘客较为实惠。对于高频率乘坐的乘客，大部分城市轨道交通运营企业设有累计优惠政策予以优惠。计价方式并不会影响自动售检票系统终端设备和票务管理，可借助专门的计价参数自动计算最终价格。

（3）综合票制。综合票制是指考虑乘客乘车距离、占用收费区时间（乘车时限）、乘坐时间段（如节假日与工作日、高峰与低谷等）等因素核算不同的票价等级。

2. 票价

票价是指乘客每次乘坐地铁时所需要支付的乘车费用。

城市轨道交通作为城市公共交通的重要组成部分，同时城市轨道交通运营企业又具备企业的性质，其票价确定应综合考虑城市轨道交通的运营成本、城市其他交通方式的票价水平、城市经济发展水平、市民生活水平及乘客承受力，同时还应考虑政策因素，如物价政策、交通费补贴政策等。

城市轨道交通与人们的日常生活息息相关，其票价的高低关系到人们日常生活成本的高低，因此票价的制定与水、电、气价格的制定有一定的相似性，一般根据《政府制定价格听证办法》来确定票价。

（二）车票优惠政策

车票优惠政策主要指城市轨道交通运营企业在乘车费用上对不同乘客给予的让利举措，有些是从市场营销的角度出发制定的，如给乘客的乘车费用优惠；有些是从社会效益的角度出发制定的，如给予学生、老年人乘车优惠；有些是依据政府的福利要求制定的，如广州地铁给予65周岁及以上老年人免费乘坐地铁的优惠、成都地铁给予70周岁及以上老年人在非高峰时段免费乘坐地铁的优惠等。

（三）车票使用政策

车票使用政策包括票种、车票的售价、车票的有效期、车票的使用规则（乘车限制）、退票原则、问题票处理原则等。

1. 票种

票种是指城市轨道交通运营企业提供给乘客使用的车票类型，如单程票、储值票、乘次票等。

2. 车票的售价

车票的售价一般情况下不同于车票的票价，它是指每张车票的售卖价格，一般包括车票的成本、车票所含有的车费。如果是纪念票，则还要考虑车票的纪念价值。例如，一张 IC 卡纪念票，如果车票的成本是 20 元，车票中含有的车费是 30 元，其纪念价值是 30 元，则此车票每张的售价就是 80 元。

单程票由于出站回收，因此其售价不包括车票的成本。

此外，不同城市轨道交通运营企业对纪念票售价的规定有所不同，部分城市发售的纪念票可以优惠乘车，以吸引客流，因此其售价也不包括车票的成本。

3. 车票的有效期

车票的有效期是指乘客购买了一张车票后，在车票所含有的余值充足的条件下，可以用于乘坐地铁的有效期限。

单程票的有效期一般是一天，而储值票的有效期则可能是一段比较长的时间，如某地铁储值票的有效期是 300 天或 500 天等。

4. 车票的使用规则（乘车限制）

车票的使用规则是指乘客持有效车票乘坐地铁时必须遵守的原则，如一张车票只能提供给一名乘客使用还是可以提供给多名乘客使用，乘客进站检票后在地铁内逗留的时间最长是多久，乘客持车票乘车时应遵守进站检票—出站检票—再进站检票—再出站检票的"一进一出"顺序还是可以任意进出，以及乘客在乘坐地铁时允许携带的物品范围、体积及质量等规定。

5. 退票原则

退票原则是指乘客在购买地铁车票后，在没有乘车的情况下，能否进行退票或在指定的条件下才能退票的规则。

6. 问题票处理原则

当乘客所持有的车票不能正常进出站时，称这张车票为问题车票。城市轨道交通运营企业对问题车票制定了相应的处理规定。例如，当乘客持一张 IC 卡储值票乘坐地铁的过程中出现了车票过期、车票余值不足、车票超时、车票折损等问题时，应该按什么规定进行处理，处理时是否需要收取费用等。

二、清分和结算规则

如果城市轨道交通的票务收益需要进行分配，则乘客一旦购票乘坐地铁，就会形成各利益方之间的收益结算关系。

（一）清分的概念及原则

1. 清分的概念

清分是指清分中心按一定清分规则对合法交易数据对应的资金进行清分，并将清分结果详细列示出来。

票务清分是指按各服务提供者的贡献进行有效的利益分配，实质上是依据一定原则计算并分配线网中各运营实体的经济贡献，关键是制定相对合理的清分原则。

2. 清分原则

基于"统一收费、按比例分成"的思路，主要的清分原则如下。

（1）满足票价政策调整的要求。

（2）应以影响清分的路网结构因素为主，结合社会经济因素、乘客出行特征等其他方面的因素，同时通过清分模型中相关参数的修正来反映路网规模和结构，以及运营客流情况的变化等。

（3）应按全路网中独立的运营实体清分，利益分配应与其经济贡献合理匹配。

（4）体现清分权重与线路一些重要属性的相关性，如路网结构、路径换乘形式等。

（5）体现清分权重与运营服务水平的相关性，如发车间隔、舒适度等。

（6）体现清分权重与乘客出行路径影响因素的相关性，如乘坐时间、换乘时间及换乘便利性、乘客偏好等。

（二）结算的概念及规则

1. 结算的概念

结算是指清分中心按清分结果将资金划拨给相应的收益方账户，完成资金的实际交收。

2. 结算规则

结算规则就是为了合理进行利益划分，在系统内部各单位之间、系统与外部银行、兼容系统等之间所制定的如何开展收益结算业务的规则。制定结算规则可以明确结算方式与流程，合理界定各自的支出与收入，保障相关各方的权益。

> **知识链接**
>
> 城市轨道交通清分和结算规则关系着各个服务提供方应获得的利益。由于城市居民出行特点不同，其清分和结算规则也有所不同。
>
> 请扫码 2-2 学习文档，了解清分方案、清分思路及清分案例并进行对比分析。
>
> 2-2 清分方案、清分思路及清分案例

三、收益分配规则

轨道交通收益分配涉及各个收益方和其他关联单位。资金清分应快速、方便、准确，各利益相关方对收益分配工作应积极配合。因而，在进行收益分配时要遵循公平合理清分、完整采集数据、有效管理账户、清分模式规范清晰、收入管理高度集中、资金划拨安全快速的原则。

四、权限管理规则

自动售检票系统涉及层次之多、人员之广是其他子系统所不能及的。要确保如此庞大的系统高效、有序地正常运转，就必须按责任范围设置相应的管理权限，进行分级管理。

权限管理就是区别不同的工作岗位和人员，按其工作需要分别赋予不同的工作权限，以确保系统正常、有序、高效、安全地运转。

自动售检票系统层级式的组成方式也决定了必须按业务需求划分参与成员的层级，根据不同的票务管理层面和管理类型，结合相关人员被赋予的业务角色来设置相应的管理权限。

实操模块

[实训任务]

（1）查找不少于两家城市轨道交通运营企业的票制及车票使用规则，分析其票制特点及其制定票制时考虑的因素。

（2）查找不少于两家城市轨道交通运营企业自动售检票系统清分规则，分析清分规则的影响因素。

[实训目的]

掌握城市轨道交通票务政策等规则管理的相关内容及制定规则时应考虑的因素。

[实训环境]

多媒体教室或合作式教室。

[实训指导]

教师指导学生查找文献、进行分析及归纳总结。

拓展模块

广州地铁车票的优惠政策有哪些？

2020年9月1日，一则视频走红，内容是有人在广州地铁站围着自动检票机进出打卡15圈，如图2-7所示。

图2-7 广州地铁相关新闻

他们之所以这样转圈，不是因为无聊打发时间，而是源于羊城通（广州市公共交通电子收费系统）的打折优惠规则：乘客在一个月内使用一张卡，乘坐公交和地铁达到15次之后，自第16次起，乘车按6折计算票价。这里的15次，可以是单独乘坐公交的次数或单独乘坐地铁的次数，也可以是乘坐两种交通工具的次数之和。前15次乘坐，按羊城通普通优惠计算（9.5折）。

在精打细算之后，有人发现这个省钱小妙招。连续15次的2元"打卡"远比15次后的优惠划算，尤其对于经常乘坐长途地铁的乘客来说更为划算。

（一）票价优惠政策的调整

2021年8月，广州市交通运输局发布《广州市公共交通票价优惠管理办法》（以下简称《办法》）的解读，《办法》将常规票价优惠的制定权限交给广州地铁集团、广州公交集团。之前满15次打6折的优惠或调整为满一定金额后打折，类似于北京、上海公共交通票价优惠模式。

横向对比四大一线城市（北京、上海、广州、深圳），广州地铁目前的优惠力度最大，但城市的财政收入却最少；纵向对比2010年和2020年的数据，广州城市居民人均可支配收入增长了2.2倍，出行支出的占比却在下降。

1. 票价优惠制定权限"下放"到企业

根据解读，公共交通票价由发展改革部门制定，而普通乘客的票价优惠则属于企业的经营自主权，《办法》将优惠的制定权限交给企业，目的在于"促进公共交通可持续发展，保障广大市民特别是重点人群公共交通可负担能力"。

需要说明的是，《办法》不涉及特殊人群票价优惠政策。特殊人群的票价优惠政策由政府（而非企业）另行制定并落实。其中，拟将低收入居民（最低生活保障对象、低收入困难家庭、特困供养人员）纳入特殊人群票价优惠。学生、儿童、现役军人、消防救援人员、优抚对象及残疾军人、老年人（含外埠）、残疾人可享受半价或全免票价优惠。

2. 长途出行常客可减少开支

根据《办法》，实施票价优惠后，公共交通常客的平均支出原则上不超过城市常住居民人均可支配收入的4%。国家统计局广州调查队的调查数据显示，2020年，广州城市居民人均可支配收入为68304元/年，4%即227.68元/月。

假如出行全部乘坐地铁，目前一个月平均支出是多少元？假定单次票价为4元（未含优惠），单日一个来回，一个月按22个工作日、每周末外出一天计算，每月共出行52次，按15次之后打6折计算，每月出行支出为145.8元，与《办法》划定的4%（227.68元/月）相比，尚有较大空间。227.68元/月大概是什么水平？假如单次票价为6元，每月共出行52次，那么支出就是218.7元/月，与之非常接近。假如单次票价为7元及以上，每月共出行52次，则超过了227.68元/月。换言之，对于长距离出行的群体，优惠政策调整后可减少开支。

（二）四大一线城市票价优惠政策

1. 广州：当月乘坐地铁支出满100元后打折

地铁优惠：当月使用羊城通乘坐地铁，累计支出满100元、不满200元的部分打8折；满200元、不满400元的部分打5折；400元及以上部分不打折。

联乘优惠：暂无。

2. 北京：当月乘坐地铁支出满100元后打折

地铁优惠：当月使用一卡通乘坐地铁，累计支出满100元后，下一次乘车起打8折；满150元后，下一次乘车起打5折；达到400元后，不再打折。

联乘优惠：暂无。

3. 上海：当月乘坐地铁支出满 70 元后打折

地铁优惠：当月使用公共交通卡乘坐地铁支出满 70 元后打 9 折。

联乘优惠：持公交卡乘客，地铁换乘公交、公交换乘地铁，两次刷卡时间在 120 分钟内，享受 1 元优惠。

4. 深圳：乘坐地铁普通车厢打折

地铁优惠：使用深圳通卡等乘坐地铁，普通车厢可打 9.5 折。

联乘优惠：使用深圳通卡等在公交刷卡 90 分钟内换乘地铁普通车厢，享受地铁优惠的同时，再享受 0.4 元优惠。

资料来源：广州日报·新花城

目标检测

[知识目标检测]

1. 填空题

（1）自动售检票系统业务涉及的规则通常包括_____、_____、收益分配规则、_____规则等。

（2）_____即票价的计价方式。

（3）计程票制又可分为_____和_____两种。

（4）_____是指乘客每次乘坐地铁时所需要支付的乘车费用。

（5）权限管理就是区别不同的_____，按其工作需要分别赋予不同的_____。

（6）_____是指清分中心按清分结果将资金划拨给相应的收益方账户，完成资金的实际交收。

2. 选择题

（1）（　　）是指无论乘客乘车距离长短，全城市轨道交通系统都按统一票价核收。

A. 单一票制　　　　　　　　　　B. 按区间分段计价票制
C. 按里程分段计价票制　　　　　D. 综合票制

（2）纪念票的售价一般包括（　　）。

A. 车票的成本　　　　　　　　　B. 车票余值
C. 车票所含有的车费　　　　　　D. 纪念价值

（3）发行老年人免费乘车卡，属于（　　）。

A. 票价政策　　　　　　　　　　B. 权限管理规则
C. 清分和结算规则　　　　　　　D. 收益分配规则

（4）售票员不能操作车站计算机，只能操作当班期间的半自动售票机，这属于（　　）。

A. 票价政策　　　　　　　　　　B. 权限管理规则
C. 清分和结算规则　　　　　　　D. 收益分配规则

3. 判断题

（1）城市轨道交通具有一定的公益性质，所以单一票制是最适合城市轨道交通的票制。（　　）

（2）城市轨道交通与人们的日常生活息息相关，所以一般根据《政府制定价格听证办法》来确定票价。（　　）

（3）车票优惠政策带有一定的公益性质，只能给予学生、老年人等特殊群体一些乘车折扣优惠。（　　）

[技能目标检测]

根据前述实训任务，分组汇报，以此来检测技能目标的达成度。具体检测项目、评分标准及得分如表 2-5 所示。

表 2-5　技能目标检测

序号	检 测 项 目	评 分 标 准	得分
1	查找的不同城市轨道交通运营企业的票制及车票使用规则（30分）	企业数量（10分）；票制类型描述准确（10分）；使用规则描述准确（10分）	
2	特点及考虑因素的分析(20分)	分析合理、全面（10分）；语言表达流畅（10分）	
3	查找的不同城市轨道交通运营企业的清分和结算规则（30分）	企业数量（10分）；清分规则描述准确（10分）；结算规则描述准确（10分）	
4	特点及影响因素的分析(20分)	分析合理、全面（10分）；语言表达流畅（10分）	

[素质目标检测]

由教师根据学生课前预习情况、课中小组讨论及独立思考情况、课后作业及小组共同完成学习任务情况，以及技能目标检测环节的表现进行素质目标检测，如表 2-6 所示。

表 2-6　素质目标检测

序号	检 测 项 目	评 分 标 准	得分
1	学习能力的提升度（30分）	课前预习（5分）；课中主动回答问题（5分）；课后作业（10分）；小组作业（10分）	
2	团队协作的配合度（40分）	小组讨论发言频率（20分）；小组成员之间的配合度（10分）；发言中的批判性思维及创新思想（10分）	
3	语言表达的清晰度（30分）	汇报问题的逻辑性（20分）；语言表达的流畅性（10分）	

课后复习题

1. 规则管理的内容。
2. 票制的概念及其分类。
3. 车票使用规则的内容。
4. 权限管理的含义。

任务四　运营模式与运营监督管理

学习目标

[知识目标]

（1）掌握运营模式管理的概念。

（2）掌握正常运营模式的类型。

（3）掌握降级运营模式的类型。

[技能目标]

（1）能判别正常运营模式的类型。

（2）能判别降级运营模式的类型。

[素质目标]

（1）提升逻辑思考及语言表达能力。

（2）培养遵章守纪的职业意识。

教学环境

多媒体教室。

学习引入

2021年2月，北京地铁亦庄线和昌平线分别因信号设备发生故障，导致部分列车晚点。部分列车晚点时间超过半小时。若地铁晚点导致乘车超时，乘客能否正常出站呢？乘客出站时，自动售检票系统将以什么模式运营呢？

理论模块

一、运营模式管理

自动售检票系统的模式管理就是针对不同的运营状况、条件所做出的相应操作行为的选择和实施，包括正常运营模式、降级运营模式及相配套的运营管理。

（一）运营模式的类型

1．正常运营模式

通常情况下，自动售检票系统在正常运营模式下自动运行。正常运营模式主要包括正常服务模式、暂停服务模式、限制服务模式、设备故障模式、测试或维护模式、离线运行模式等。

（1）正常服务模式、暂停服务模式、限制服务模式。在每日运营开始时，自动售检票系统可根据时间表设置，自动将各站的自动售检票系统终端设备（如自动售票机、半自动售票机、自动检票机等）设置为正常服务模式；在每日运营结束时，自动售检票系统按顺序关闭自动售检票系统终端设备，设置为暂停服务模式。

同样，运营操作人员可以通过车站计算机将自动售检票系统终端设备设置为正常服务模式或暂停服务模式。

（2）设备故障模式。在自动售检票系统终端设备发生故障时，将自动进入设备故障模式，并自动向上一级系统报告；在故障消除后，自动售检票系统终端设备在自动向上一级系统报告后自动进入正常服务模式或暂停服务模式。车站计算机系统和中央计算机系统保存相关的故障和修复信息，并形成相关报表。

（3）测试或维护模式。通过本地控制，车站维护人员可将自动售检票系统终端设备设置为测试或维护模式，进行测试或维护。

在测试或维护模式下，所有自动售检票系统终端设备不能处理车票和现金业务，但在特定命令下可使用测试票。自动售检票系统终端设备的触摸显示屏和运营模式显示屏显示"暂停服务"信息及相关的维护信息。

（4）离线运行模式。自动售检票系统终端设备应能在本机保存相关的参数设置，并由车站计算机系统定期更新。当自动售检票系统终端设备与车站计算机系统或车站计算机系统与中央计算机系统、中央计算机系统模块间的网络中断或无网络连接时，设备可在离线状态下运行。

在离线状态下运行时，自动售检票系统终端设备能保存一定周期（如7天）的设备运行数据；车站计算机系统能保存一定周期（如30天）的设备运行数据，并可上传/下载交易/参数数据。当网络恢复连接时，可自动检测未上传/下载的交易/参数数据，并自动上传/下载。

2. 降级运营模式

降级运营模式一般包括运营故障模式、进出站免检模式、时间免检模式、超程免检模式、紧急放行模式及其他组合模式。

（二）运营模式的实施

1. 运营模式计划

中央计算机系统具有运营模式计划设置功能，统一为整个路网、某区域若干车站设置可自动进入某种运营模式。

2. 运营模式直接下达

中央计算机系统通过自动售检票系统操作终端统一向某线路或车站下达运营模式命令，以实现降级运营或恢复正常运营。

3. 运营模式转发下达

中央计算机系统可接收来自某线路或车站上传的当前运营模式信息，同时通过中央计算机系统向路网中的其他线路和车站转发运营模式命令，以协同运营。

二、运营监督管理

中央计算机系统是整个轨道交通的信息汇集点，全面掌握轨道交通售票及客流信息。

通过实时监督,一方面可及时掌握中央计算机系统自身各线路系统的接口工作状态,另一方面可对汇集到中央计算机系统的各类数据进行充分和有效的利用。实时监督的内容主要包括网络状态监督、客流量监督、车票调配监督、收款监督、收益监督及数据完整性监督。

(一)网络状态监督

实时监督子系统对整个轨道交通路网中的所有线路与中央计算机系统之间的通信连接情况进行实时监督,并在路网图上直观地显示出来。

(二)客流量监督

客流量的实时监督包括全路网的各站进出站客流、断面客流和区域客流,以及车票发售、车票更新等各项数据。所有的实时监督最好能精确到以车站为对象、以分钟为单位的时间段。

(三)车票调配监督

中央计算机系统的运营管理人员通过票卡流量监督功能及时发现哪些线路(或车站)的车票存量不够,哪些线路(或车站)的车票存量过高,以便采取相应的处理措施,及时进行车票调配。

中央计算机系统或车站计算机系统的车票调配监督功能实际是使用实时(某个时间段)的进出站寄存器数据、售票寄存器数据等进行统计、比较和分析。

(四)收款监督

中央计算机系统通过各线路售票、充值交易数据的统计,及时发现哪些车站现金存量过高,以便采取相应的处理措施。

(五)收益监督

中央计算机系统在处理清分交易数据时,实时地将清分收益计入各线路,以便掌握某线路在指定时刻的清分收益情况。

(六)数据完整性监督

对于各类自动售检票系统终端设备产生的交易数据明细记录,均可以通过相应设备的交易寄存器数据进行完整性审核,以监督交易数据的差异性。

实操模块

[实训任务]

根据学习内容,绘制自动售检票系统模式管理的思维导图。

[实训目的]

了解自动售检票系统的模式管理,掌握正常运营模式和降级运营模式。

[实训环境]

票务管理实训室。

[实训指导]

教师指导学生依据理论内容绘制思维导图,并通过分析对学习理论进行拓展。

拓展模块

广州地铁如何进行票务监控管理?

地铁票务收益安全管理主要是对票务收益的各个业务环节,全方位、多角度地进行监督、检查和控制的过程管理。围绕票务收益运作环节,收益安全管理主要从票务结算管理和票务监控管理两方面开展,将票务收益数据核对、结算与现场操作流程相结合,保障票款收益安全和票务工作的正常开展。

票务监控管理主要通过对各类票务数据进行统计分析和现场监督检查,监控地铁票务运作总体情况,及时发现运作异常状况,保障地铁票务运作顺畅及收益安全可控。城市轨道交通运营企业应建立各层级的票务监控管理架构和体系,对不同的层级划分不同的监控内容和监控要求。

(一)票务数据分析

票务数据分析重点针对收益关键数据,如钱箱差额、找零差额、乘客票务事务办理金额等,运用科学的统计方法,通过多维度的分析比较,定期开展数据变动监控,结合分析现状和趋势预测为票务管理工作提供有效的信息支撑,同时对数据波动或异常突出点进行排查。

以广州地铁为例,票务分析关键数据类型如表2-7所示。

表2-7 广州地铁票务分析关键数据类型

售票员收益和车票管理类	自动售检票系统终端设备收益类
乘客票务事务办理金额	自动售票机收益差额
免费出站票发售情况	钱箱负差额
付费出站票发售情况	纸币找零负差额
售票员长短款情况	硬币钱箱差额
单程票流失率	纸币钱箱负差额找回

(二)现场监督检查

现场监督检查主要针对人员操作情况,重点对票务运作各环节的危险源和收益安全关键点采用日常检查、专项检查、突击检查等方式,一方面及时发现票务运作问题并及时整改,另一方面以点带面保持长效的威慑机制,防止员工舞弊牟利。

资料来源:地铁图网站

目标检测

[知识目标检测]

1. 填空题

（1）自动售检票系统的模式管理包括_____、_____及相配套的运营管理。

（2）_____是整个轨道交通的信息汇集点，全面掌握轨道交通售票及客流信息。

（3）运营操作人员可以通过车站计算机将自动售检票系统终端设备设置为_____或_____。

2. 选择题

（1）在每日运营开始时，自动售检票系统可根据时间表设置，自动将各站的自动售检票系统终端设备设置为（　　）。

A. 暂停服务模式　　　　　　　　B. 限制服务模式
C. 降级服务模式　　　　　　　　D. 正常服务模式

（2）中央计算机系统可以实时监督的内容主要包括（　　）。

A. 网络状态监督、客流量监督　　B. 终端设备监督、车站服务监督
C. 车票调配监督、收款监督　　　D. 收益监督、数据完整性监督

（3）车站出现大客流，自动售检票系统终端设备设置的紧急放行模式属于（　　）。

A. 暂停服务模式　　　　　　　　B. 限制服务模式
C. 降级服务模式　　　　　　　　D. 正常服务模式

3. 判断题

（1）当自动售检票系统终端设备与车站计算机系统间的网络中断或无网络连接时，设备将进入暂停服务模式。（　　）

（2）中央计算机系统的收益监督能够及时发现哪些车站现金存量过高，以便采取相应的处理措施。（　　）

（3）中央计算机系统具有运营模式计划设置功能，只能统一为整个路网设置可自动进入某种运营模式，不能对区域或若干车站设置。（　　）

[技能目标检测]

根据前述实训任务，分组汇报，以此来检测技能目标的达成度。具体检测项目、评分标准及得分如表2-8所示。

表2-8　技能目标检测

序号	检测项目	评分标准	得分
1	思维导图（40分）	架构合理（20分）；制图标准（10分）；图面干净整洁（10分）	
2	各模式的特点分析（30分）	分析合理、全面（20分）；语言表达流畅（10分）	
3	各模式的下达方式分析（30分）	分析合理、全面（20分）；语言表达流畅（10分）	

[素质目标检测]

由教师根据学生课前预习情况、课中小组讨论及独立思考情况、课后作业及小组共同完成学习任务情况，以及技能目标检测环节的表现进行素质目标检测，如表2-9所示。

表2-9 素质目标检测

序号	检测项目	评分标准	得分
1	学习能力的提升度（30分）	课前预习（5分）；课中主动回答问题（5分）；课后作业（10分）；小组作业（10分）	
2	团队协作的配合度（40分）	小组讨论发言频率（20分）；小组成员之间的配合度（10分）；发言中的批判性思维及创新思想（10分）	
3	语言表达的清晰度（30分）	汇报问题的逻辑性（20分）；语言表达的流畅性（10分）	

课后复习题

1. 运营模式管理的含义。
2. 正常运营模式的类型。
3. 降级运营模式的类型。

任务五　信息与账务管理

学习目标

[知识目标]

（1）掌握信息管理的内容。

（2）掌握账务管理的内容。

[技能目标]

（1）能描述信息管理的内容。

（2）能描述账务管理的内容。

[素质目标]

（1）培养分析问题及解决问题的能力。

（2）培养严谨认真及耐心细致的工作作风。

教学环境

多媒体教室或合作式教室。

学习引入

城市轨道交通线路和车站的增加导致票务基础台账、报表中登记的原始数据量越来越庞大，而手工填表和人工核对、结算方式暴露出的计算量大、效率低下、错误率高、不易核查、数据不能共享、财务报表报送迟等弊端已成为制约票务收益管理效率的瓶颈。

有没有什么手段和方法能够提高票务组织水平、工作效率和管控能力，减少人力、物力投入，降低生产成本呢？未来，城市轨道交通票务工作的发展方向又会是什么呢？

理论模块

一、信息管理

城市轨道交通自动售检票系统涵盖了乘客进出站、乘车费用、流向、流量等基本信息。为满足运营管理及相关各方的需要，有必要对系统收集的基本数据进行深度挖掘和加工，开展统计分析并发布信息。

信息管理就是对系统中相关的信息进行收集、传递和处理，包括信息收集、信息传输、信息储存、信息统计分析、信息发布等。

信息按生成方式可分为原始信息和派生信息两种。原始信息是指系统运行过程中自动生成、无须进行任何人为加工的信息，如售票记录、乘客进出站信息、乘车费用、流向、流量等，是运营管理和生成派生信息时的基础和必要信息源。派生信息是指在原始信息的基础上，为进一步满足运营管理及相关各方的需要，对原始信息进行的深度挖掘和加工、分析，如客流量、运营收入、平均票价、平均运距等信息。

（一）信息收集

信息收集是采集、传输、汇总、处理相关信息的过程。对于轨道交通这样庞大的系统，要对它进行有效的管理就离不开信息的收集。特别是乘客流动信息，对轨道交通运营管理、经营策略具有极其重要的价值。自动售检票系统就是对各类交易数据、状态数据等进行信息收集的直接、有效系统。

（二）信息统计分析

信息统计分析就是通过借助一系列的工具和方法，将系统收集到的信息进行汇总、加工、处理，以生成满足城市轨道交通运营企业日常管理需要的数据、报表、资料，并从各种不同的角度对这些数据、报表、资料加以分析，为运营管理提供信息支持。

根据运营管理性质的不同，自动售检票系统报表主要分为结算类报表、管理分析类报表、故障辅助解决类报表。结算类报表是指在结算过程中所产生的报表，这类报表完整体现了结算过程中的所有资金及信息内容；管理分析类报表是为了满足清分中心日常管理及对路网运营情况进行分析而设置的报表；故障辅助解决类报表是在出现对账不平等问题时，为有效解决问题而提供辅助信息。

（三）信息发布

信息发布是信息管理的最后一个环节，也是信息管理的最终目的。信息发布是将上述不同报表在不同时点上反映出的内容和信息，通过各种不同的手法和渠道，向有关各方进行发布，以满足正常运营管理及社会政治、经济需求，如客流信息、基本路网运行信息和票价信息等可以通过网站形式提供给社会公众、政府相关机构和城市交通研究机构等。

二、账务管理

账务管理是对系统内的票务收入进行汇缴、清算、入账等过程的管理,包括账户设置、票款管理和凭证管理等。

(一)账户设置

账户设置是相关管理机构为满足日常管理、票款交缴、清算和资金划拨等需求所设立的各类账户。根据资金清算的需要,清分和结算单位一般会委托一家银行作为清算银行,并在清算银行开设各类账户。各清算账户分别由清分和结算单位及收益方开设。

清分和结算单位开设的账户通常包括车站现金汇缴账户、储值票结算账户、清分账户和未清分账户等。车站现金汇缴账户由清分和结算单位为相关车站在清算银行开设,用于存放每次清点后各站的票务收入资金;储值票结算账户用于存放储值票成功消费资金,并参与清分和结算;清分账户是一个中间汇集账户,在结算单位周期终了清算后,清分和结算单位发出划账指令,首先将所有的待划资金划入该清分账户,然后通过该清分账户将资金划拨给各个收益方账户,该账户在结算单位周期清算工作开始前和结束后的余值为零;未清分账户用于存放清算时产生的长短款资金。

(二)票款管理

各人工售票点、自动售票机在发售车票时会产生现金收入,即票务收入。票款管理就是从信息流和资金流两个方面对票务收入的交缴、入库、结转等环节进行的科学而严密的全过程管理。

票款交缴是指各站所产生的票务收入按规定程序进行收取;票款入库是指清分和结算单位组织专人对各站的缴款进行清点,清点完毕后解入各站对应的汇缴账户,并生成现金解款单,返还给各缴款车站,各缴款车站向清分和结算单位提供所有相关余值报表;票款结转是指每个清分和结算周期完成清算工作后,由清算银行根据清分和结算管理单位发出的划账指令在各账户间进行资金划拨,实现各收益方的票款资金结转。

(三)凭证管理

凭证包括售票凭证及收益凭证,是了解车站票务收入和车票售卖情况的重要依据,也是进行票务收益核对的重要依据,因此凭证管理是一个不可忽视的问题。

实操模块

[实训任务]

小组合作,为成都地铁设计信息管理系统的界面,并介绍界面中各板块的功能及其是如何实现相关功能的。

[实训目的]

掌握信息管理系统的内容,培养团队协作精神及创新思维。

[实训环境]

合作式教室。

[实训指导]

教师指导学生设计信息管理系统，引导学生思考如何通过信息管理系统优化自动售检票系统票务管理，以及创新信息管理系统的功能设计。

拓展模块

广州地铁票务管理系统包括哪几个模块？

地铁票务管理系统对票务运作全过程进行程序化的数据收集、处理、统计，并与自动售检票系统数据紧密相连，最终生成的报表作为入账、票务运作评估的重要依据，大大提高了票务工作效率。

以广州地铁为例，票务管理系统包含收益数据管理、票务物资管理、车票管理、运作问题管理、系统管理 5 个模块。

（一）收益数据管理模块

将售票员售票金额、自动售票机钱箱金额等人工操作的票务数据和信息输入票务管理系统，输入数据与从自动售检票系统终端设备提取的数据通过系统自动比对，形成长短款等结算结果，并跟踪相应短款的补交情况，最终按定制公式自动生成营收月报、单程票退款报表等财务收益报表和各类票款收益统计报表，作为财务人员、各层级票务管理人员进行票务数据统计和分析的依据。

（二）票务物资管理模块

将车站备用金（含硬币）、发票、票务钥匙和票务备品的配发、使用、结存情况等票务物资的相关数据输入票务管理系统，各层级票务管理人员可跟踪票务物资的使用情况，动态统计库存，实时查阅账务现场运作情况。

（三）车票管理模块

票务管理系统根据指定的取款方式，自动从收益数据管理模块中提取各站车票的发售、回收、调配、站存等情况进行统计，并通过定制公式模式产生相应车票调整、采购的提示和建议，为票务管理人员动态跟踪、实时监控和科学高效地进行车票管理提供有力的数据支持。

（四）运作问题管理模块

核对人员在完成报表、系统数据核对过程中，对发现的票务问题以自动售检票系统终端设备和票务运作情况分类管理，并按不同流程跟踪车站人员、专业设备人员对票务问题的反馈，最终进行问题的结算和违章定性，并供各层级票务管理人员查阅。票务管理系统规范了票务问题处理的各个环节，大大提高了问题处理时效。

(五) 系统管理模块

由指定的系统管理员进行用户管理、角色管理、票种管理和功能管理，根据实际情况对用户权限和角色权限进行分配；可对票区、票种、报表数据的相关参数进行修改；开放数据参数的修改、所有系统变量的改变均需要后台技术人员支持；减少需求提报审批流程，在提高效率的同时使系统迅速配合现场的运作需要调整功能，更体现其实用性。

广州地铁是国内首家启用网络信息化技术自主研发票务管理系统的单位，从 2007 年投入使用至今，期间根据现场运作及线路增长需要于 2012 年进行了一次总体功能的调整和完善，在进一步优化现场作业流程的同时，增加数据统计和分析、运作违章问题分析、特种票乘客信息跟踪等票务管理应用性能，全面运用信息化技术提高各层级的票务管控能力和工作效率。

资料来源：地铁图网站

目标检测

[知识目标检测]

1. 填空题

（1）信息管理就是对系统中相关的信息进行收集、传递和处理，包括_____、信息传输、_____、信息统计分析、_____等。

（2）_____就是对各类交易数据、状态数据等进行信息收集的直接、有效系统。

（3）_____是指在结算过程中所产生的报表，这类报表完整体现了结算过程中的所有资金及信息内容。

（4）账务管理是对系统内的票务收入进行_____、_____、_____等过程的管理。

（5）各人工售票点、自动售票机在发售车票时会产生现金收入，即_____。

2. 选择题

（1）根据运营管理性质的不同，自动售检票系统报表主要分为（　　）。
A. 结算类报表　　　　　　　　　　　B. 管理分析类报表
C. 信息统计分析类报表　　　　　　　D. 故障辅助解决类报表

（2）账务管理包括（　　）。
A. 账户设置　　　　　　　　　　　　B. 信息发布管理
C. 票款管理　　　　　　　　　　　　D. 凭证管理

（3）账务管理中的凭证包括（　　）。
A. 结算凭证　　　B. 售票凭证　　　C. 现金凭证　　　D. 收益凭证

3. 判断题

（1）信息统计分析是信息管理的最后一个环节，也是信息管理的最终目的。（　　）

（2）城市轨道交通运营管理的所有信息都是企业内部信息，涉及企业机密，不能对外发布。（　　）

（3）账务管理中的各类凭证是了解车站票务收入和车票售卖情况的重要依据。（　　）

[技能目标检测]

根据前述实训任务，分组汇报，以此来检测技能目标的达成度。具体检测项目、评分标准及得分如表 2-10 所示。

表 2-10　技能目标检测

序号	检 测 项 目	评 分 标 准	得分
1	信息管理系统的界面（40 分）	功能全面（20 分）；功能界面美观（20 分）	
2	各板块功能及实现过程（60 分）	功能合理（10 分）；各功能的实现过程（50 分）	

[素质目标检测]

由教师根据学生课前预习情况、课中小组讨论及独立思考情况、课后作业及小组共同完成学习任务情况，以及技能目标检测环节的表现进行素质目标检测，如表 2-11 所示。

表 2-11　素质目标检测

序号	检 测 项 目	评 分 标 准	得分
1	学习能力的提升度（30 分）	课前预习（5 分）；课中主动回答问题（5 分）；课后作业（10 分）；小组作业（10 分）	
2	团队协作的配合度（40 分）	小组讨论发言频率(20 分)；小组成员之间的配合度(10 分)；发言中的批判性思维及创新思想（10 分）	
3	语言表达的清晰度（30 分）	汇报问题的逻辑性(20 分)；语言表达的流畅性(10 分)	

课后复习题

1. 信息管理的内容。
2. 账务管理的内容。

项目三 自动售检票系统终端设备操作

项目描述

自动售检票系统终端设备安装在各站站厅,是自动售检票系统直接为乘客提供售检票服务的设备,是完成车票发售、进出站检票、充值、车票分析等读写交易处理数据采集、保存、上传的设备,包括自动检票机、自动售票机、半自动售票机、自动验票机等。本项目主要阐述各终端设备的功能及结构组成和运营模式、简单故障处理及其操作程序等主要内容。

任务一 自动检票机操作

学习目标

[知识目标]

(1)掌握自动检票机的功能及结构组成。
(2)掌握自动检票机的重启和票箱更换操作程序。
(3)理解自动检票机的常见运营模式。
(4)熟悉自动检票机简单故障的处理程序。

[技能目标]

(1)能辨识自动检票机的内外部结构。
(2)能辨识自动检票机的常见运营模式。
(3)能进行出站自动检票机的票箱更换。
(4)能辨识简单故障并做应急处理。

[素质目标]

(1)培养分析问题及解决问题的能力。
(2)培养爱护公共财物的职业道德及敬业精神。

教学环境

车站综合实训室或虚拟仿真实训中心。

项目三　自动售检票系统终端设备操作

学习引入

项目二"学习引入"中的乘客为什么可以通过自动检票机逃票成功？自动检票机的功能还有哪些？地铁工作人员需要熟知自动检票机的哪些操作呢？

理论模块

自动检票机（Automatic Gate Machine，AGM）又称闸机，安装于车站付费区与非付费区的交界处，其设置遵循乘客通行规则：在检票端（票卡读写器一端）右手持票检票，左侧通道通行。每个车站根据站厅布局都安装有数组自动检票机，用于控制和监控乘客进入或离开付费区，是乘客进出车站付费区时的检票口，是实现乘客自助进行进出站检票交易的自动售检票系统终端设备。自动检票机的总体布局如图3-1所示。

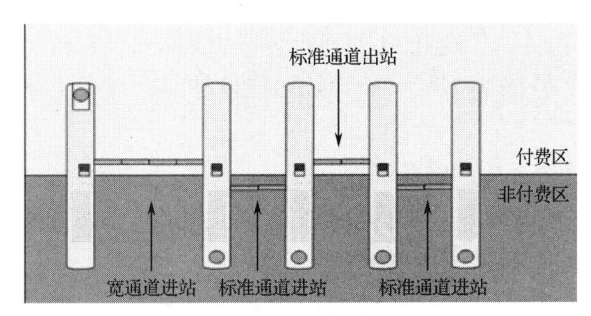

图 3-1　自动检票机的总体布局

一、自动检票机的分类和功能

（一）自动检票机的分类

自动检票机根据功能的不同，可以分为进站自动检票机、出站自动检票机和双向自动检票机 3 种。

进站自动检票机用于完成进站检票，检票端设在非付费区一侧，无车票回收装置；出站自动检票机用于完成出站检票，检票端设在付费区一侧，配车票回收装置；双向检票机既可完成进站检票也可完成出站检票，在非付费区和付费区可分别按进站和出站的处理规则完成检票功能。

自动检票机根据阻挡装置的类型，可以分为三杆式自动检票机（见图3-2）、扇门式自动检票机（见图3-3）和拍打门式自动检票机（见图3-4）三大类型。

图 3-2　三杆式自动检票机　　图 3-3　扇门式自动检票机　　图 3-4　拍打门式自动检票机

根据自动检票机的通道宽度，可以分为标准通道自动检票机和宽通道自动检票机两种。

（二）自动检票机的功能

自动检票机主要用于对乘客进入或离开付费区时所持的车票进行检验，并完成进站或出站的交易处理。在计时、计程的收费规则下，乘客进入付费区时，进站自动检票机检查车票的合法性并记录进入时的车站和时间；乘客离开付费区时，出站自动检票机检查车票的合法性、进站信息的合法性及付费区内的停留时间，并根据进入车站和离开车站计算本次车程的费用，完成车票扣款操作。自动检票机的主要功能如下。

（1）自动对车票进行有效性检验，有效票放行；无效票禁止通行，并提示乘客持票到客服中心处理。

（2）自动完成车票的读写、回收、计费、扣费、退还等操作。

（3）监控乘客通行，针对乘客的不规范行为进行报警。

（4）向乘客提示车票处理结果，指示通道的通行状态，显示运行状态和特殊票提示、报警。

（5）接收车站计算机下发的参数和控制命令，并执行相应的操作。

（6）定时将存储的交易信息或交易数据（如进出站客流量及扣费信息）等上传到车站计算机，生成相关报表。

（7）对各部件的工作状态进行自动监测，并向车站计算机上报工作状态。

（8）在断电或接到紧急放行信号时，必须自动打开检票通道。

二、自动检票机的结构组成

（一）自动检票机的外部结构组成

常见的扇门式出站自动检票机的外部主要由票卡读写器、乘客显示屏、蜂鸣器和警示灯、方向指示器、单程票回收口、扇门和通行传感器等部件构成，如图3-5所示。

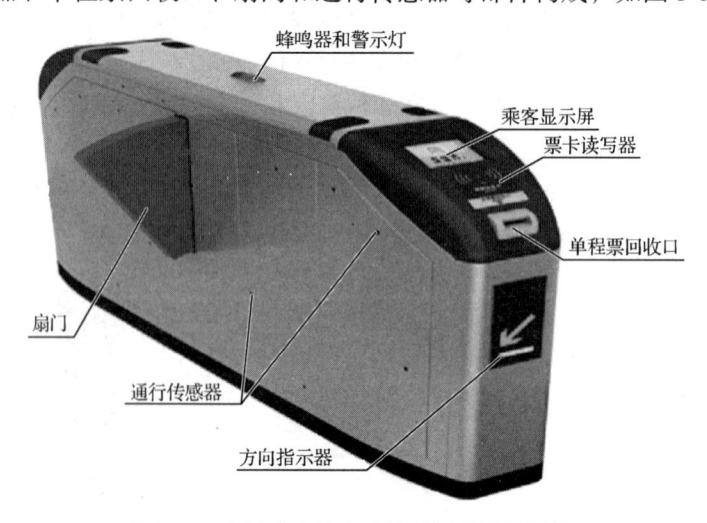

图3-5　扇门式出站自动检票机的外部结构

1．票卡读写器

票卡读写器的安装位置符合多数乘客右手持票习惯，且有醒目的标志指示乘客刷卡位置。票卡读写器的有效读写距离为 10 厘米，处理时间为 200～1000 毫秒。

票卡读写器主要用于读取乘客所持车票的信息，并对车票进行有效性检验和读写操作。

2．乘客显示屏

乘客显示屏安装于进站自动检票机的进站端、出站自动检票机的出站端和双向自动检票机两端车票读写区的连接处。

乘客显示屏为可变显示屏，能够显示中文、英文、数字及图形，用于显示自动检票机当前所处的模式、状态及车票的相关信息，为乘客提供相应的操作提示，以引导乘客正确使用自动检票机，如对于有效车票显示车票有效及允许进出站的指示信息；出站时显示车票余值、本次扣费金额等信息；对于无效车票显示车票无效及到客服中心处理等指示信息。

3．蜂鸣器和警示灯

蜂鸣器和警示灯通常安装在自动检票机的顶部，能用声音和灯光指示不同车票的类别及乘客违规行为。当乘客持优惠票刷卡时，蜂鸣器发出相应的声音，警示灯发出橙色光；当乘客持黑名单票刷卡或非法通行或违反操作规程时，蜂鸣器发出"嘟嘟"声，警示灯发出红色光，以便提示车站检票人员及时对一些使用特殊车票的乘客进行有效证件的检查，及时阻止乘客的违规行为。

4．方向指示器

方向指示器安装在自动检票机面向乘客的前端，用来提示乘客自动检票机通行通道的方向，以及为远距离乘客指示自动检票机的状态。方向指示器的设计应确保乘客在 30 米外可以明辨标志的内容和含义。

方向指示器应至少能显示"通行"及"禁止通行"两种信息，以图形加文字的形式提示乘客，如图3-6 所示。用绿色箭头↙表示通道允许检票通过；用红色叉号✕表示相应的通道不接受检票，禁止通行；用黄色箭头↙表示允许持优惠票通过。

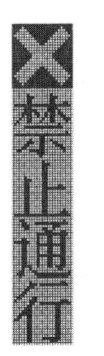

图 3-6　方向指示标志

5．单程票回收口

单程票回收口用于回收卡片式单程票，而乘客投入的无效票或其他物体（如卡片等）将被退回。

6．扇门

扇门装置是一种被广泛应用的检票机阻挡装置，由扇门、机械控制结构和控制板组成。扇门由一对三角形挡板组成。其机械部分产生阻挡/放行乘客的通行行为，应保证每天能安全通过一定数量的持有效车票的乘客。

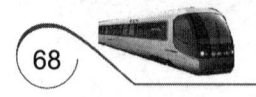

在正常运营模式下，扇门可设置为常开或常闭状态。在常开状态下：扇门将保持打开状态，乘客持有效车票验票后可直接通过，当接收到无效车票或乘客试图无票通过时，自动检票机将关闭扇门；自动检票机若处于暂停服务模式，扇门应关闭。在常闭状态下，无论自动检票机是处于正常服务模式还是暂停服务模式，扇门均处于关闭状态；当自动检票机处于正常服务模式时，乘客持有效车票验票后扇门打开，乘客通过后，在一定时间内扇门关闭。

7. 通行传感器

通行传感器分布在扇门两侧通道内和扇门两旁，能够监控乘客通过自动检票机的整个过程，能监测两个及以上的成人间隔及重叠通过自动检票机的情况，能区分乘客与手推物品，可以防止扇门夹伤乘客。它主要通过对乘客进站区域、扇门安全区域和乘客通过扇门后出站区域的监测来实现监控。通行传感器分区如图 3-7 所示。

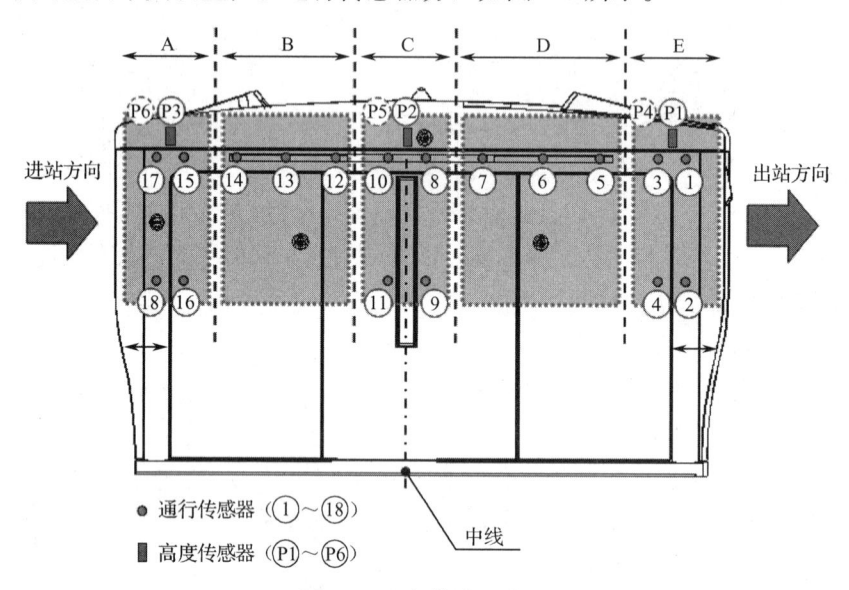

图 3-7　通行传感器分区

A：进站区域 1 传感器，主要监测是否有乘客进入通道。

B：进站区域 2 传感器，判断无票乘客的通行行为。

C：扇门安全区域传感器，安装于不同的高度，监测通行情况，反馈信号控制扇门，保护已进入通道的乘客，防止扇门夹住乘客。

D：出站区域 1 传感器，监测乘客是否已经通过扇门，若监测到乘客已经通过扇门，如有跟随通行行为，反馈信号将控制扇门关闭，防止第二个乘客通过。

E：出站区域 2 传感器，监测以与自动检票机设定方向相反的方向进入通道的乘客，如有逆向通行行为，自动检票机将关闭扇门并报警。

（二）自动检票机的内部结构组成

自动检票机的内部以主控单元为核心，辅以阻挡装置、车票处理装置、声光提示装置等模块，主要由主控模块、门式机芯、维修单元、单程票回收机构、电源模块等部件构成，如图 3-8 所示。

图 3-8　自动检票机的内部结构

1. 主控模块

主控模块包括工控机（工控主板）、脉冲编码调制（PCM）控制板、通道转接板、综合控制器等部件。

主控模块通过工控机控制自动检票机其他部件的工作行为，根据其他部件的工作状态确定自动检票机的整机状态，并记录自动检票机的所有交易、状态、操作和台账且实时上传数据；通过脉冲编码调制控制板监控乘客在通道内的通行情况，接收传感器的信号，将信息传输给工控机，并接收工控机发出的指令打开或关闭扇门；通过综合控制器控制乘客显示屏、方向指示器、蜂鸣器和警示灯、维修门等的工作。

2. 门式机芯

门式机芯安装在自动检票机的中间位置，核心部件接收通行传感器、安全传感器的信号，然后传输给工控机，并根据工控机发出的指令驱动扇门驱动机构，从而打开或关闭扇门。

3. 维修单元

维修面板是自动检票机的维修单元，安装在自动检票机的内部，位于票箱的上方，由显示屏、键盘等组成，主要为维修等操作提供显示界面和输入键盘。

4. 单程票回收机构

单程票回收机构安装在自动检票机内部靠近出站端的位置，主要由回收机构、单程票回收箱（以下简称"票箱"）、票箱托盘、票箱支架、废票箱等构成。

回收机构主要包括车票读写设备和车票传送装置两大部分，负责完成车票读写、传送及回收处理。乘客出站时投入的单程票经过车票读写设备完成读写操作，交易成功的有效票经车票传送装置送入票箱，无效票及其他物体将被退回。

通常需要配置两个票箱，每个票箱最多可储存 1000 张单程票。票箱带有电子编号和计数器，具有计数功能，系统内的所有设备都可以直接获取票箱的编号和内部储存的票数。

票箱托盘、票箱支架等用于固定和锁定票箱。

废票箱可储存 300 张废票。

5. 电源模块

电源模块由变压器、电源和开关组成，可为自动检票机的单程票回收机构、脉冲编码调制控制板等供电，具有漏电保护等功能。变压器用于机芯控制单元的供电，电源用于自动检票机内其他部件的供电，开关控制自动检票机整机的供电。

知识链接

某地铁运营公司自主设计研发了一款小型移动自动检票机，较现有自动检票机具有体积小、便携性强、可移动范围大、扫码速度快、场景自由切换等优势，同时支持 100 米范围内的数据传输，可将主机放置在客服中心内，工作人员可在客服中心周边对乘客进行扫码操作，提高了移动自动检票机的使用灵活性和乘客通行效率。

3-1 移动闸机结构及功能

请扫码 3-1 学习文档，了解移动闸机（自动检票机）的结构及功能。

技术模块

对自动检票机的操作主要包括自动检票机常见运营模式的识别、重启，票箱的更换及卡票的处理等。虽然各个城市轨道交通车站的自动检票机型号、技术性能、功能有一定差异，但是基本操作步骤大同小异，下面以某型号使用卡片型车票的扇门式自动检票机的操作为例进行介绍。

一、自动检票机常见运营模式的识别

自动检票机的常见运营模式一般有正常服务模式和暂停服务模式两种。一般情况下，自动检票机根据系统设置的运营开始时间及结束时间自动进入正常服务模式和暂停服务模式。

1. 正常服务模式

每日开始运营前系统启动，自动检票机进入正常服务模式，方向指示器显示绿色↙图标，乘客显示屏显示"请出示车票"字样，自动检票机根据事先定义的进站、出站、双向模式运行，处理车票并打开、关闭扇门，如图 3-9 所示。

2. 暂停服务模式

当进入设定的结束运营时间，或者自动检票机出现故障等异常情况人为关闭自动检票机后，自动检票机进入暂停服务模式，不再处理车票，扇门处于关闭状态，方向指示器显示红色✗或⊖图标，乘客显示屏显示"暂停服务"字样，如图 3-10 所示。

图 3-9　自动检票机正常服务模式 　　　　图 3-10　自动检票机暂停服务模式

二、自动检票机的重启（上电与下电）操作

在日常运营中，一般的自动检票机软件故障均可通过重启设备进行处理（先下电再上电的过程）。重启操作可由站务员完成。具体的操作顺序如下：打开左侧维修门，输入操作员编号和密码，（见图 3-11）→关闭配电箱开关和电源开关→打开电源开关和配电箱开关（见图 3-12）→锁好维修门。

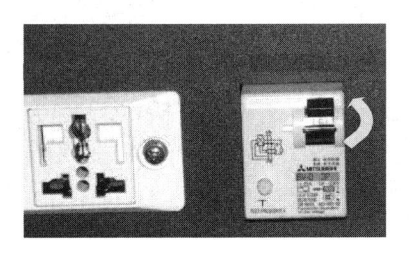

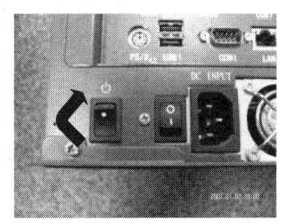

（a）电源开关　　　　（b）配电箱开关

图 3-11　打开维修门　　　　图 3-12　打开电源开关和配电箱开关

三、出站自动检票机的票箱更换操作

出站自动检票机设有单程票回收系统，有效单程票通过出站自动检票机时会被回收进票箱内，由于票箱容量有限，在票箱将满或已满时，出站自动检票机会发出报警提示，以提醒车站工作人员及时对票箱进行更换。如果没有及时更换，出站自动检票机将进入暂停服务模式。一般情况下，车站需在出站自动检票机票箱将满或已满时进行更换，也可根据实际需要进行更换。更换出站自动检票机票箱的操作流程如下。

步骤 1：在需要更换票箱的自动检票机前摆放"暂停服务"牌，如图 3-13 所示。
步骤 2：打开右侧维修门，出站自动检票机进入暂停服务模式，如图 3-14 所示。
步骤 3：在维修面板上输入操作员编号和密码进行登录，如图 3-15 所示。
步骤 4：登录成功后，选择"运营服务"界面（见图 3-16）的"更换票箱"选项。在"更换票箱"界面（见图 3-17）选择"卸下 A 票箱"选项，票箱托盘开始下降。
步骤 5：当票箱托盘完全下降后，推回票箱盖，如图 3-18 所示。

图 3-13　摆放"暂停服务"牌　　　　　　　图 3-14　打开维修门

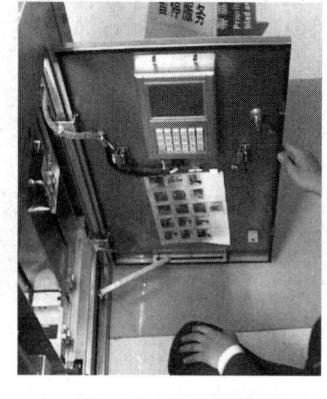

图 3-15　输入操作员编号和密码　　　　　图 3-16　"运营服务"界面

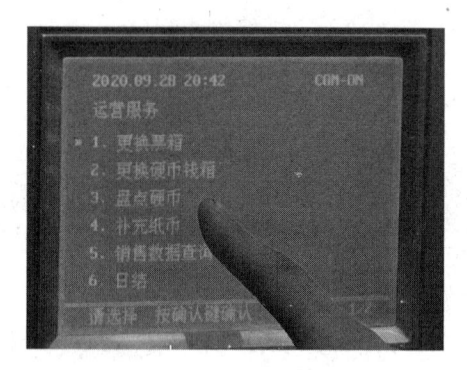

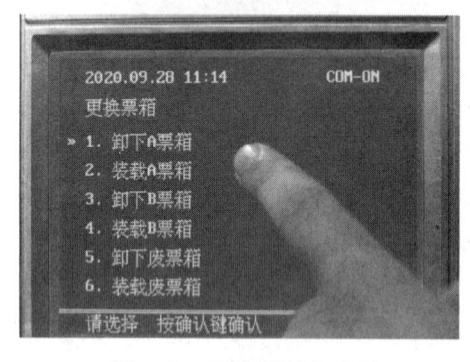

图 3-17　"更换票箱"界面　　　　　　　　图 3-18　推回票箱盖

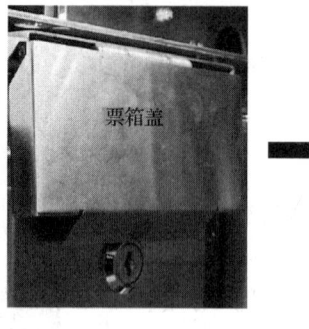

步骤 6：插入票箱钥匙，逆时针扳至"关"位置，此时票箱固定扣被打开，票箱盖锁被锁上，如图 3-19 所示。

步骤 7：双手取出需更换的票箱，换上空票箱，如图 3-20 所示。

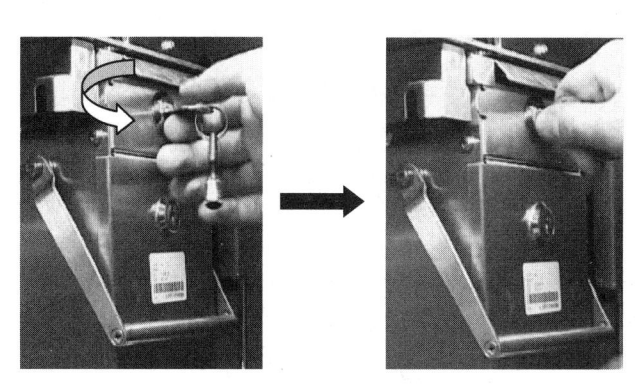

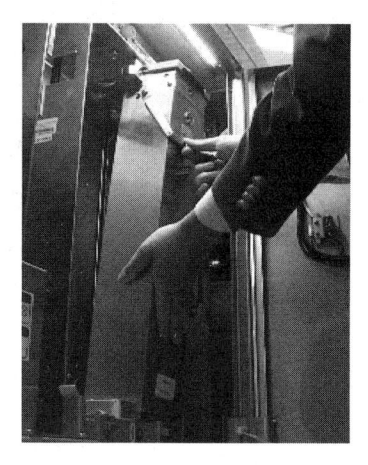

项目三　自动售检票系统终端设备操作

图 3-19　锁住票箱盖　　　　　　图 3-20　更换成空票箱

步骤 8：插入票箱钥匙，顺时针扳至"开"位置，此时票箱盖锁被打开，票箱固定扣被锁上，如图 3-21 所示。

图 3-21　打开票箱盖锁

步骤 9：拉出票箱盖，如图 3-22 所示。

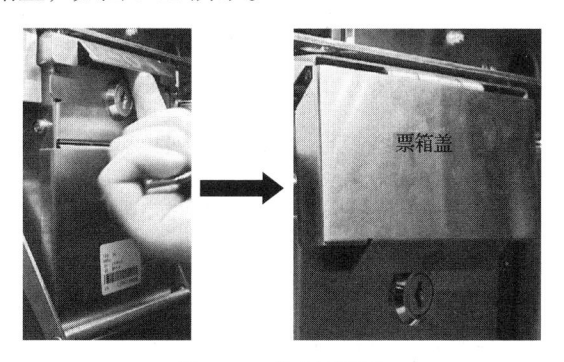

图 3-22　拉出票箱盖

步骤 10：在"更换票箱"界面选择"装载 A 票箱"选项，票箱托盘开始上升。当票箱托盘完全上升后，设备读取到不同的票箱编号时计数器清零。

步骤 11：在维修面板上按"签退"键进行签退，如图 3-23 所示。

步骤 12：锁好维修门，完成票箱更换工作，如图 3-24 所示。

图 3-23　签退

图 3-24　锁好维修门

步骤 13：查看自动检票机服务模式，确认进入正常服务模式（见图 3-25）后，撤除"暂停服务"牌，将换出票箱运回票务管理室进行清点。

图 3-25　进入正常服务模式

更换票箱时，应注意爱护票箱，轻拿轻放，避免损坏票箱，同时注意双手操作，以避免刮伤手。

知识链接

请扫码 3-2 观看视频，了解自动检票机票箱更换作业程序。

3-2　自动检票机票箱更换作业程序

四、几种简单故障的处理

（一）卡票的处理

卡票是指单程票在经出站自动检票机单程票回收机构送入相应票

箱的过程中，因车票问题（如边缘变形、过厚等），导致车票不能顺利送入票箱，卡在某个位置的现象。发生卡票故障后，出站自动检票机将不再接收单程票，但能正常处理储值票。

1. 卡票位置

卡票现象一般发生在投票口或票箱顶部的传送带区域，如图3-26所示。

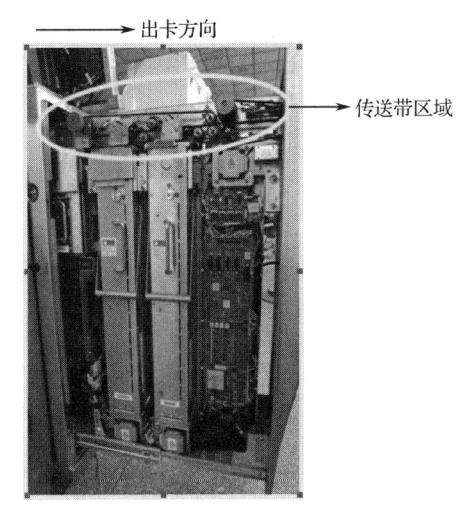

图3-26　卡票位置

2. 处理卡票操作

（1）打开右侧维修门，拉出单程票回收机构。

（2）从车票卡住的位置离左手最近的绿色转盘开始，按出票方向旋转，依次旋转各转盘，直至车票移至方便取出的位置。

（3）取出卡住的单程票后应重启自动检票机，若仍不正常，需联系专业维修人员进行处理。

（二）检票异常的处理

检票异常通常表现为两种情况：一种是可以验票但显示异常，不能显示票价、余值等信息，扇门能正常打开和关闭；另一种是不能验票，扇门不能正常打开和关闭。此时，站务员可通过重启自动检票机进行处理，若仍不正常，需联系专业维修人员进行处理。

（三）系统死机的处理

系统死机是指自动检票机因自身系统故障而导致死机，停止运行，不能分析任何车票，进入暂停服务模式。此时，站务员可通过重启自动检票机进行处理，若仍不正常，需联系专业维修人员进行处理。

实操模块

[实训任务]

出站自动检票机结构识别、模式识别及更换票箱操作。

[实训目的]

掌握自动检票机的结构功能及操作流程。

[实训环境]

综合实训室或虚拟仿真实训中心。

[实训指导]

（1）依照自动检票机的内部结构图认知自动检票机的内部结构。

（2）按操作程序熟练地进行自动检票机票箱的更换、重启、简单故障处理等操作。

拓展模块

> 人脸识别技术在自动售检票系统中是如何应用的？

（一）人脸识别技术

早在20世纪60年代末就已经兴起了对人脸识别技术的研究。近年将深度学习引入人脸识别领域后，人脸识别技术向前推进了一大步。

人脸识别技术是基于人的脸部特征信息进行身份识别的一种生物识别技术，主要包括人脸检测、人脸特征提取和人脸比对。人脸检测即检测当前捕捉到的图像区域内是否包含人脸，如某些手机美图应用软件在拍照或摄像时会自动检测人脸供使用者操作；人脸特征提取即通过一系列数字来表征人脸信息，这些数字就是要提取的特征；人脸比对即在提取到所捕捉的人脸特征后与系统中的人脸库进行比对，判断属于哪个人。

用于人脸识别的方法多种多样，主要有基于特征脸、几何特征、神经网络、弹性图匹配、豪斯多夫（Hausdorff）距离的人脸识别方法等。

（二）人脸识别技术在自动售检票系统中的应用

目前，人脸识别技术在自动售检票系统中的应用主要为人脸识别进出站。这项技术的应用使乘客不用再购买单程票或携带储值票，识别人脸即可进出站。

注册端：在乘客手机的应用软件内，便于乘客自助开通和取消人脸识别进出站功能，后台预留了接口支持其他客户端接入，可根据当地情况进行优化。

采集端：自动检票机人脸识别模块用于进出站自动检票机的人脸识别身份认证，完成人脸抓拍并传输至后台；客服中心人脸识别模块用于工作人员解决乘客以人脸识别方式进出站时因误识、错识引发的问题，对乘客进行人脸抓拍，并与人工售检票系统配合，完成后续操作。

识别比对端：支持乘客人脸特征数据实时更新；对乘客注册时上传的照片和通行时的抓拍照片提取人脸特征，为人脸搜索服务提供必要的数据。比对结果直接反馈至自动售检票系统，由自动售检票系统完成自动检票机扇门的打开和关闭，并完成扣费，实现整个流程。

目标检测

[知识目标检测]

1. 填空题

（1）自动检票机（Automatic Gate Machine，AGM）又称闸机，安装于车站_____处。

（2）根据自动检票机的通道宽度，可以分为_____检票机和_____检票机两种。

（3）_____用于完成出站检票，检票端设在付费区一侧，配车票回收装置。

（4）单程票回收机构安装在自动检票机内部靠近出站端的位置，主要由回收机构、_____、票箱托盘、票箱支架、_____等构成。

（5）自动检票机的常见运营模式一般有_____和_____两种。

2. 选择题

（1）自动检票机根据功能的不同，可以划分为（　　）。
A. 人脸识别自动检票机　　　　B. 进站自动检票机
C. 出站自动检票机　　　　　　D. 双向自动检票机

（2）方向指示器显示红色✕或⊖图标时，表示（　　）。
A. 设备故障　　B. 设备停电　　C. 方向错误　　D. 暂停服务

（3）在日常运营中，一般的自动检票机软件故障均可通过重启设备进行处理。重启操作可由（　　）完成。
A. 站务员　　B. 客运值班员　　C. 设备维护人员　　D. 值班站长

（4）更换出站自动检票机票箱的操作流程第一步是（　　）。
A. 断开电源　　　　　　　　　B. 打开右侧维修门
C. 摆放"暂停服务"牌　　　　　D. 登录

3. 判断题

（1）自动检票机可以监控乘客通行，针对乘客的不规范行为进行报警。（　　）

（2）当车站停电时，自动检票机的扇门将处于常闭状态。（　　）

（3）当自动检票机出现卡票现象后，将自动进入暂停服务模式。（　　）

（4）当自动检票机出现死机现象后，为保证票款的安全，需要立即请专业维修人员进行处理，站务员不可妄动。（　　）

[技能目标检测]

根据前述实训任务，分组模拟训练，在实训室进行考核，要求边操作边口述，以此来检测技能目标的达成度。具体检测项目、评分标准及得分如表3-1所示。

表 3-1　技能目标检测

序号	检测项目	检测项目	评分标准	得分
1	识别自动检票机部件（20分）	扇门、非接触型智能卡/单程票读写器、乘客显示屏、蜂鸣器和警示灯、方向指示器、退票杯（如无，可忽略）、通行传感器等	漏项或错项，每项扣2分	
2	判断自动检票机通行方向及状态（5分）	通过方向指示器判断自动检票机的通行方向	方向判断错误，扣5分	
3	更换自动检票机票箱操作（75分）	判断自动检票机是否能正常通行	判断错误，扣5分	
		更换票箱：进入"更换票箱"界面，选择相应的菜单，执行更换票箱程序，换下满票箱，更换上空票箱	没有正确更换自动检票机票箱，扣50分	
		退出系统：操作完成后，返回主菜单，退出系统（部分型号设备无须退出系统，可忽略）	未退出系统，扣5分	
		关门：关闭并锁上自动检票机维修门	未正确关闭并锁门，扣5分	
		确认自动检票机能正常工作：查看自动检票机乘客显示屏，确认自动检票机运营模式恢复正常	没有确认，扣5分	
		使用专用钥匙：正确使用自动检票机专用钥匙	不会使用钥匙，每次扣5分	

[素质目标检测]

由教师根据学生课前预习情况、课中小组讨论及独立思考情况、课后作业及小组共同完成学习任务情况，以及技能目标检测环节的表现进行素质目标检测，如表3-2所示。

表 3-2　素质目标检测

序号	检测项目	评分标准	得分
1	学习能力的提升度（30分）	课前预习（5分）；课中主动回答问题（5分）；课后作业（10分）；小组作业（10分）	
2	团队协作的配合度（30分）	小组讨论发言频率（10分）；小组成员之间的配合度（10分）；发言中的批判性思维及创新思想（10分）	
3	语言表达的清晰度（20分）	汇报问题的逻辑性（10分）；语言表达的流畅性（10分）	
4	思想意识的认知度（20分）	爱护公共财物的意识（10分）；敬业精神（10分）	

课后复习题

1. 简述自动检票机的功能及结构组成。
2. 简述自动检票机常见运营模式的种类和状态。

任务二　自动售票机操作

学习目标

[知识目标]

（1）掌握自动售票机的功能及结构组成。
（2）理解自动售票机的常见运营模式。
（3）熟悉自动售票机的票箱更换、补币、补票操作程序。

[技能目标]

（1）能辨识自动售票机的内外部结构。
（2）能辨识自动售票机的常见运营模式。
（3）能操作自动售票机的乘客操作界面。
（4）能更换自动售票机的钱箱。
（5）能补充自动售票机的找零钱币。
（6）能补充自动售票机的单程票。

[素质目标]

（1）培养分析问题及解决问题的能力。
（2）培养爱护公共财物的职业道德及敬业精神。

教学环境

车站综合实训室或虚拟仿真实训中心。

学习引入

2020年，"贵阳地铁售票机找零吐出游戏币"视频在微博上被转发，内容是乘客在沙冲路地铁站C口购票时，自动售票机退零钱时竟然吐出了游戏币！

为测试自动售票机对游戏币的识别情况，地铁工作人员事先准备了两枚游戏币，将游戏币依次投入自动售票机，"当当当"一阵声响后，两枚游戏币被吐了出来。工作人员又用游戏币和硬币混合投入其他自动售票机，可无论怎么测试，游戏币都被悉数吐出，硬币则通过识别。

自动售票机退零钱时吐出游戏币可能吗？它又是如何识别人民币的呢？

理论模块

自动售票机（Ticket Vending Machine，TVM）安装在地铁车站的非付费区内，属于自助售票设备。

一、自动售票机的功能

自动售票机主要用于乘客自助式购买单程票和充值。自助购票的基本过程包括接收乘

客的购票选择、接收购票钱款、自动出票及找零过程，在必要时还可以打印充值凭证等。自动售票机的主要功能如下。

（1）接收乘客的购票选择，并在购票过程中通过人机界面给出提示信息及操作使用指南。

（2）支持以第五版人民币纸币、硬币或银行卡、移动支付等多种方式购票和为储值票充值，并自动完成识别。对无法识别的币种（或储值票、银行卡），将自动退回。

（3）一次交易发售多张车票，自动计算购票金额及乘客投入的现金数量，实现纸币和硬币的动态找零。

（4）发售车票时，通常能在车票上写下车票的发售日期、时间、车站、进站有效代码、车票票值、校验安全代码等信息，自动完成车票校验、车票发售及出票。

（5）接收车站计算机下发的参数和控制命令，并执行相应的操作。

（6）能存储交易数据（如工作人员的登录操作信息及收益信息）、工作状态记录和运营参数等，通过网络将其实时上传到车站计算机。

二、自动售票机的结构组成

（一）自动售票机的外部结构组成

自动售票机的外部主要由运营模式显示屏、操作使用指南、请求帮助按钮、触摸显示屏、找零取票口、银行卡插入口、硬币投入口、储值票插入口、纸币插入口、凭条出口等部分构成，如图3-27所示。

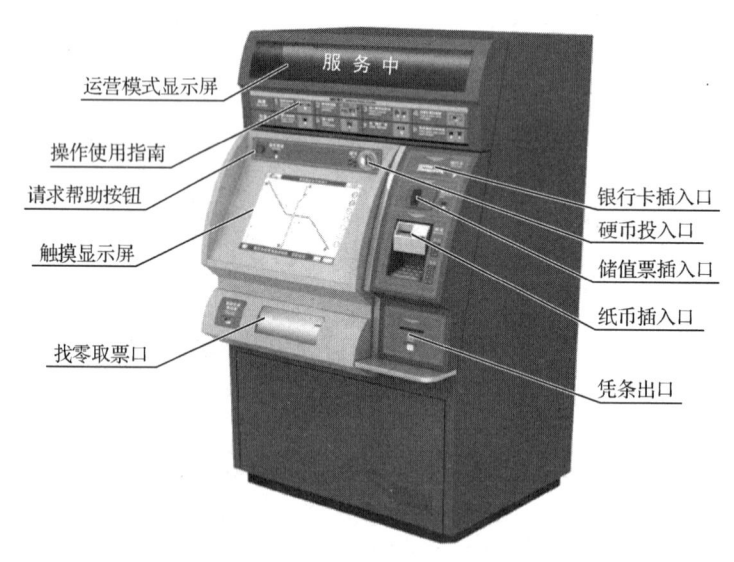

图3-27　自动售票机的外部结构

1. 运营模式显示屏

运营模式显示屏用于向乘客显示自动售票机当前的工作状态，若出现不良状态，如故障、暂停服务、限制服务时，应及时告知乘客。

2. 操作使用指南

操作使用指南用于向乘客提供购票和充值的操作流程，指引乘客通过触摸显示屏点选操作购票和充值。

3. 请求帮助按钮

请求帮助按钮用于乘客出现购票问题时请求车站工作人员的帮助。

4. 触摸显示屏

触摸显示屏用于显示地铁线路及票价，有关购票、充值的操作提示和交易信息等，中英文双语提示，触摸式操作。

5. 找零取票口

找零取票口用于乘客接受发售成功的车票和找零，乘客可在此处取出车票及找零。

6. 银行卡插入口

银行卡插入口用于接受银行卡。购票完成后，银行卡由此处退出。

7. 硬币投入口

硬币投入口用于接受 0.5 元、1 元硬币购票。

8. 储值票插入口

储值票插入口用于接受需要购买的或充值的储值票。购票或充值完成后，储值票由此处退出。

9. 纸币插入口

纸币插入口用于接受 5 元、10 元、20 元、50 元、100 元纸币。

10. 凭条出口

凭条出口主要用于向乘客出具打印好的凭条。

（二）自动售票机的内部结构组成

自动售票机的内部主要由主控模块、维修单元、单程票模块、硬币模块、纸币找零单元、电源模块、纸币模块、凭条打印机等部分构成，如图 3-28 所示。

1. 主控模块

主控模块控制自动售票机内其他各模块的运行，完成车票处理、现金处理、状态监控等功能，各种数据的存储，以及与车站计算机之间的数据通信。

2. 维修单元

维修面板是自动售票机的维修单元，供站务员在运营过程中进行维护，以及车站维修人员进行测试和维修操作。

3. 单程票模块

单程票模块是自动售票机的单程票处理单元，用于卡片型单程票的发售及回收，包括单程票处理机构和单程票读写器。单程票处理机构用于单程票的出售及回收；单程票读写器用于对售出的单程票进行有效性检验和读写操作。

单程票发售模块有 A、B 两个票箱及一个废票箱，票箱用于存放单程票。为保证有足够的车票满足乘客购票需求，应定期向票箱内补充一定数量的单程票。

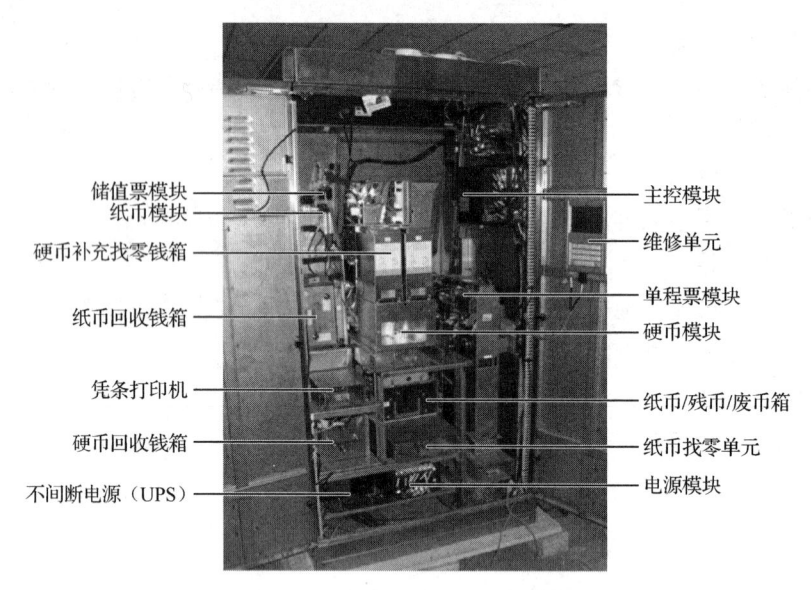

图 3-28 自动售票机的内部结构

4. 硬币模块

硬币模块是自动售票机的硬币处理单元，用于控制硬币的识别、接受、找零、退币、回收等动作。采用硬币识别设备与硬币找零设备一体化设计方法可以提高处理速度和优化硬币模块的结构。硬币识别设备用于识别硬币的真伪，硬币找零设备用于硬币找零。

（1）硬币识别设备包括硬币鉴币器、硬币传送装置和硬币钱箱。硬币鉴币器用于面值为 0.5 元、1 元的硬币的识别；硬币传送装置用于硬币的退出和回收；硬币钱箱用于储存硬币。

乘客从硬币投入口投入硬币后，硬币鉴币器对硬币进行面额和真伪的鉴别，并将鉴别后的真币传送到硬币循环找零钱箱内储存，假币（或无法识别的硬币）将被退回乘客。

（2）硬币找零设备比较复杂，一般包括循环找零机构、补充找零机构、清币机构、硬币回收机构、硬币补充找零钱箱、硬币回收钱箱。因营收结账或设备配置等问题，部分自动售票机的硬币找零设备未设置循环找零机构。

循环找零机构是使用乘客投入的硬币来找零的机构。补充找零机构是使用站务员添加的硬币（地铁专用备用金）来找零的机构，通常在未设置循环找零机构或循环找零机构内的找零硬币不足时使用。当循环找零机构已满时，乘客投入的硬币将通过硬币回收机构回收到硬币回收钱箱中。当运营结束后，可以使用清币机构将循环找零机构和补充找零机构中保存的硬币清空，被清出的硬币将被硬币回收机构回收到硬币回收钱箱中，以便车站工作人员进行清点。补充找零钱箱用于储存硬币进行找零。硬币回收钱箱用于收集硬币。

当乘客投入的纸币金额大于实际购买车票的金额需要找零时，硬币模块控制循环找零机构或补充找零机构从找零钱箱中导出零钱至找零取票口。

5. 纸币找零单元

纸币找零单元用于纸币找零。

6. 储值票模块

储值票模块包括储值票处理机构和储值票读写器两个部件。储值票模块用于储值票的锁定和解锁；储值票读写器用于对乘客插入的储值票进行读写。储值票经过有效性检验后，触摸显示屏显示余值，增值是通过写操作实现的。在乘客取消或完成增值交易前，所插入的储值票是不能取出或插入的。

7. 电源模块

电源模块用于为自动售票机中所有的电子和电气部件提供稳定、可靠的交直流电源，其由不间断电源和电源转换部件两部分构成。

8. 纸币模块

纸币模块是自动售票机的纸币识别单元，用于控制纸币的识别、接受、退币、回收等动作，包括纸币识别器、纸币传送装置、暂存器、纸币回收钱箱等部件。

纸币识别器用于识别面值为 5 元、10 元、20 元、50 元、100 元的纸币；纸币传送装置用于纸币的退出和回收。

纸币回收钱箱采用全密闭结构，用于储存纸币，通过两把安全锁保证现金的安全。当将纸币钱箱从安装座上拆下时（固定用的安全锁打开时），钱箱入口将自动关闭，从而保证更换钱箱的工作人员无法直接接触到纸币，只有使用另一把钥匙才能将钱箱打开，清点收到的现金。当纸币钱箱储存的纸币将满时，需及时更换空的纸币钱箱。

乘客从纸币插入口插入纸币后，纸币传送装置将纸币传送给纸币识别器，纸币识别器对纸币进行面额和真伪的识别，真币将被送入纸币暂存器，假币（或无法识别的纸币）将被退回乘客。当乘客取消交易时，纸币暂存器内的纸币从纸币插入口返还给乘客；当乘客确认交易后，纸币将被传送到纸币回收钱箱内储存。

9. 凭条打印机

自动售票机中有一台打印机，位于纸币模块下方，用于为乘客和操作员打印凭条（可自动切纸）。凭条出口在前面板。

技术模块

自动售票机的操作主要包括自动售票机常见运营模式的识别、自动售票机乘客操作界面的使用、自动售票机钱箱的更换、补充找零硬币、补充单程票等。虽然各个城市轨道交通车站的自动售票机型号、技术性能及功能有一定差异，但是基本操作步骤大同小异，下面以某型号使用卡片型车票的自动售票机的操作为例进行介绍。

一、自动售票机常见运营模式的识别

自动售票机可运行在多种运营模式下，这些模式可以通过车站计算机下达命令，也可以根据自动售票机模块的状态进行自动调整。运营模式主要有正常服务模式、暂停服务模式和限制服务模式 3 种，如图 3-29～图 3-31 所示。

当自动售票机处于正常服务模式时能提供所有设计要求的服务，单程票发售、储值票充值功能可用，支付方式不受限制，触摸显示屏和运营模式显示屏显示"服务中××××"

等字样。

图 3-29　自动售票机正常服务模式 　　　　图 3-30　自动售票机暂停服务模式

图 3-31　自动售票机限制服务模式

当自动售票机发生卡票等故障，或运营结束后，或车站人为设置为暂停服务模式后，自动售票机进入暂停服务模式，触摸显示屏和运营模式显示屏显示"暂停服务"字样。

当自动售票机内部各模块中任一模块状态不良而其他模块状态正常时，自动售票机会自动进入限制服务模式，只具备部分功能。限制服务模式一般包含只售单程票、只收硬币、只接受纸币、不找零、只充值几种服务模式。

1. 只售单程票服务模式

在正常服务模式下，当自动售票机储值票模块无法使用时进入只售单程票服务模式，只发售单程票，不充值，运营模式显示屏显示"只售单程票"字样。

2. 只收硬币服务模式

在正常服务模式下，当自动售票机纸币模块和储值票模块无法使用时进入只收硬币服务模式，不接受纸币，运营模式显示屏显示"只收硬币"字样。

3. 只收纸币服务模式

在正常服务模式下，当自动售票机硬币模块和储值票模块无法使用时进入只收纸币服务模式，不接受硬币，运营模式显示屏显示"只收纸币"字样。

4. 不找零服务模式

在正常服务模式下，当自动售票机找零设备故障，或找零设备中的硬币或纸币存量少于最少存币值时进入不找零服务模式，不提供需要找零的出售单程票服务，运营模式显示屏显示"不找零"字样。

5. 只充值服务模式

在正常服务模式下，当自动售票机单程票模块故障，或单程票存量低于参数设定值时进入只充值服务模式，不发售单程票，只接受纸币充值，拒收硬币，运营模式显示屏显示"只充值"字样。

二、自动售票机乘客操作界面的使用

（一）自动售票机乘客操作主界面

乘客可通过在自动售票机触摸显示屏乘客操作界面进行点选操作，自助购买单程票和充值。常见的自动售票机乘客操作主界面如图 3-32 所示。

图 3-32　自动售票机乘客操作主界面

地图区域能清晰显示线路图，能实现线路图的缩小、放大及水平移动。当乘客点击某车站时，以该车站为中心的附近几个车站会被放大显示，以便乘客正确选择目的站购票。

选择线路区域提供了按线路分类的按钮，当乘客点击要乘坐的线路时，该线路在地图区域被放大，方便乘客快速、准确地点选目的站。

时间区域能实时显示当前的日期与时间。

选择票价区域可以实现按票价直接购票，为熟悉票价的乘客提供了便利。

功能选择区域提供了乘客选择或确认的按钮，如中英文切换按钮、充值操作和取消交易按钮等，可实现相应的功能选择。

信息提示区域主要用于向乘客显示相应情况下的信息。

状态区域显示了自动售票机当前的运营状态。

（二）自动售票机乘客购票操作流程

通过乘客操作界面，乘客可实现按线路图、线路、票价3种方式选择目的站进行购票。具体操作流程如下：选择目的站站名→选择所需购买的车票数量→支付→取票→找零等，如图3-33所示。

乘客从开始购票到没有支付全部金额之前都可以取消购票交易，点击交易取消按钮或者一定时间内没有任何操作时都会返还乘客支付的购票款，并返回乘客操作主界面。取消购票交易界面如图3-34所示。

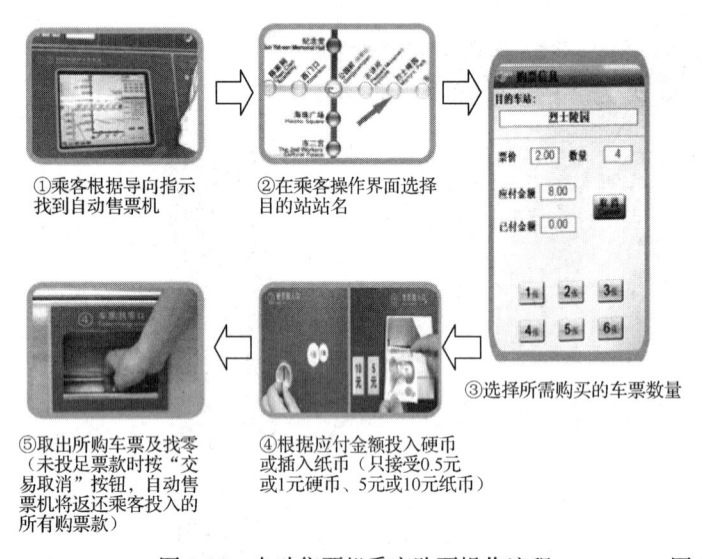

①乘客根据导向指示找到自动售票机
②在乘客操作界面选择目的站站名
③选择所需购买的车票数量
④根据应付金额投入硬币或插入纸币（只接受0.5元或1元硬币、5元或10元纸币）
⑤取出所购车票及找零（未投足票款时按"交易取消"按钮，自动售票机将返还乘客投入的所有购票款）

图3-33　自动售票机乘客购票操作流程　　　图3-34　自动售票机取消购票交易界面

（三）自动售票机乘客储值票充值操作流程

乘客使用现金在自动售票机上进行储值票充值时，自动售票机通常可接受10元、20元、50元和100元纸币。具体操作流程如下：在乘客操作界面选择充值按钮→插入储值票→支付储值票充值金额→设备对储值票进行充值→返还储值票等，如图3-35所示。

乘客从开始充值到支付充值金额之前都可以取消充值交易，点击交易取消按钮或者一定时间内没有任何操作时会返还乘客插入的储值票，并返回乘客操作主界面。取消充值交易界面如图3-36所示。

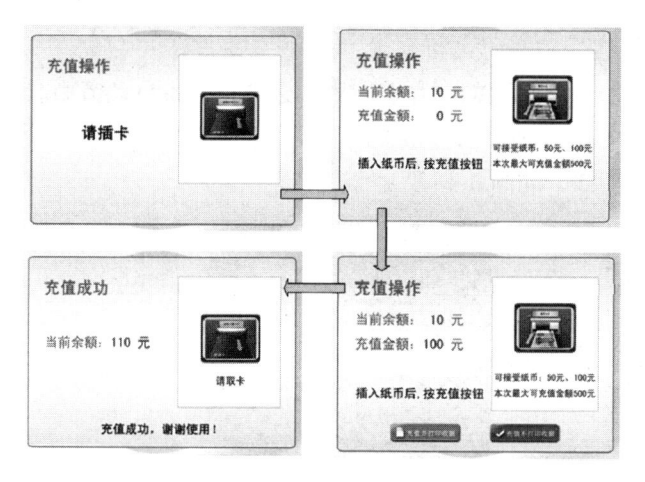

图 3-35　自动售票机乘客储值票充值操作流程　　图 3-36　自动售票机取消储值票充值交易界面

三、自动售票机的钱箱更换操作

自动售票机内设有纸币钱箱和硬币钱箱，用于接受乘客购票时所投入的纸币和硬币，由于钱箱容量有限，在钱箱将满或已满时，需及时更换，并立即将钱箱运回票务管理室，以便清点和票款解行。若在运营时间更换钱箱，则必须摆放"暂停服务"牌（以下步骤不再述及）。更换完毕后，必须确认自动售票机已恢复正常服务模式后，撤除"暂停服务"牌。

（一）更换钱箱的时间

（1）车站计算机提示自动售票机钱箱将满时。
（2）运营期间自动售票机运营模式显示屏显示"只收硬币"或"只收纸币"字样时。
（3）各站结合本站实际客流情况制定的更换钱箱的固定时间。
（4）运营结束后。

（二）自动售票机的更换硬币钱箱操作

步骤 1：打开维修门，自动售票机进入暂停服务模式，如图 3-37 所示。

图 3-37　打开维修门

步骤2：在维修面板上输入操作员编号和密码进行登录。

步骤3：登录成功后，选择"运营服务"界面的"盘点硬币"选项，设备自动清币。当清币完成后，设备内所有的硬币都会被清到硬币回收箱中。

步骤4：将待更换的硬币钱箱翻板推回，如图3-38所示。

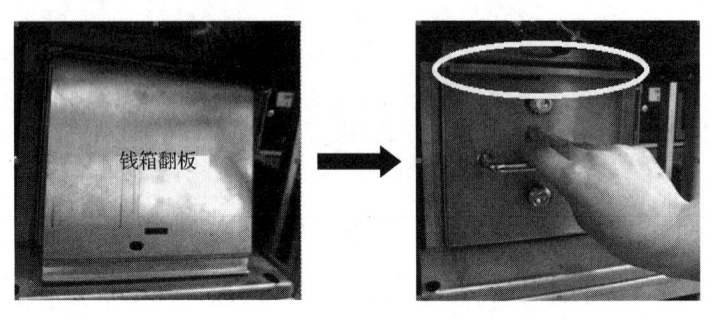

图3-38　推回硬币钱箱翻板

步骤5：打开支架锁，将待更换的硬币钱箱从支架上拉出、取下，然后更换上空的硬币钱箱，如图3-39所示。

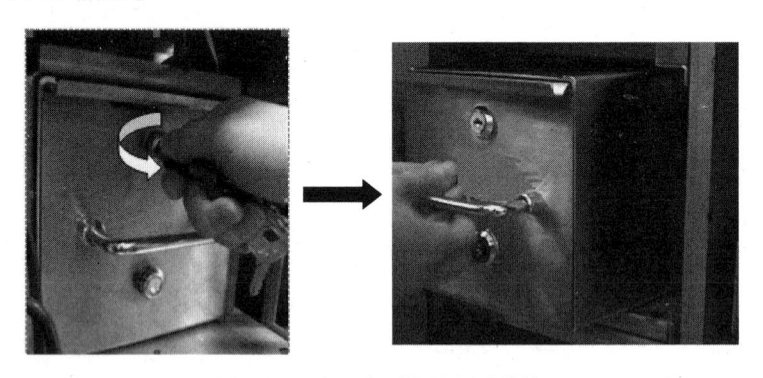

图3-39　取下待更换的硬币钱箱

步骤6：用双手将空的硬币钱箱插入支架，到位后，锁好支架锁，如图3-40所示。

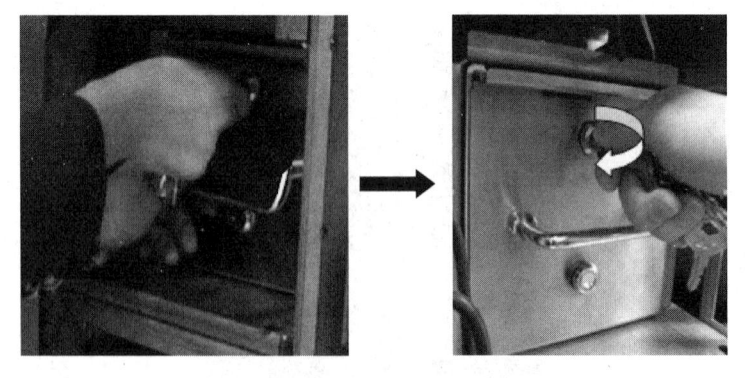

图3-40　锁好支架锁

步骤7：将空的硬币钱箱翻板拉至到位状态，如图3-41所示。

图 3-41　拉出硬币钱箱翻板

步骤8：在维修面板上按"签退"键进行签退。

步骤9：锁好维修门，完成硬币钱箱更换操作，如图3-42所示。将换出的硬币钱箱运回票务管理室。

图 3-42　锁好维修门

（三）自动售票机的更换纸币钱箱操作

步骤1：打开维修门，自动售票机进入暂停服务模式。

步骤2：在维修面板上输入操作员编号和密码进行登录。

步骤3：登录成功后，拉出纸币模块下端的把手，将纸币模块拉出，如图3-43所示。

图 3-43　拉出纸币模块

步骤4：拉开推杆，如图3-44所示。

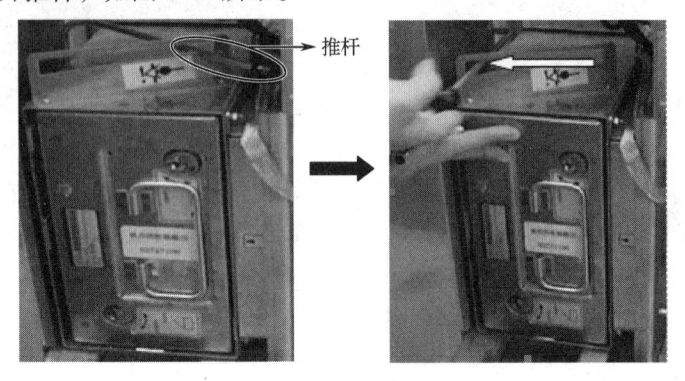

图3-44 拉开推杆

步骤5：用手向内压住待更换的纸币钱箱，打开支架锁，取下待更换的纸币钱箱，如图3-45所示。

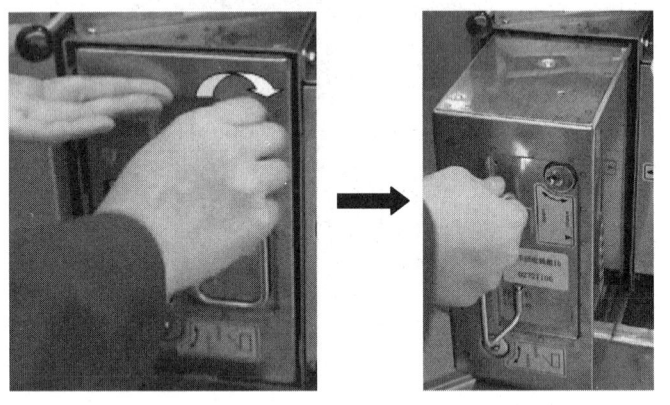

图3-45 取下待更换的纸币钱箱

步骤6：用双手将空的纸币钱箱插入支架，到位后，顺时针旋转钥匙，锁好支架锁，钱箱自动弹出到位，如图3-46所示。

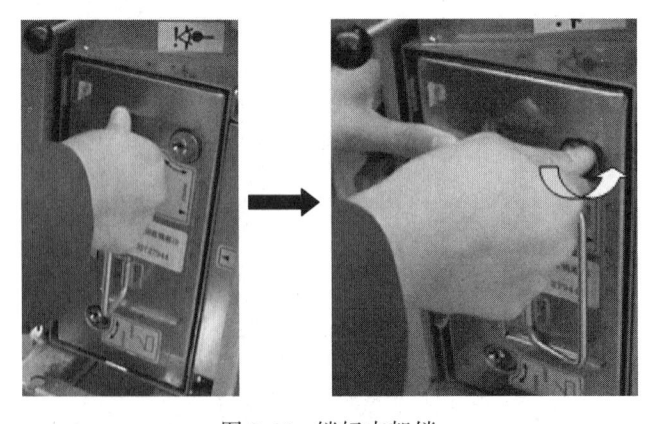

图3-46 锁好支架锁

步骤7：推回定位推杆，支架进行复位动作，纸币钱箱安装完成，如图3-47所示。

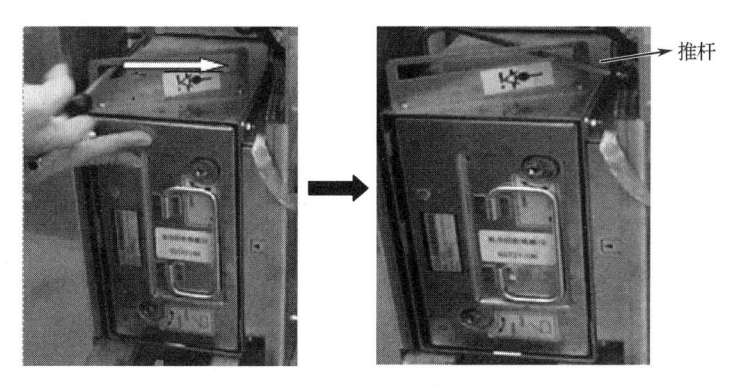

图 3-47　推回定位推杆

步骤 8：在维修面板上按"签退"键进行签退。
步骤 9：锁好维修门，完成纸币钱箱更换操作。将换出的纸币钱箱运回票务管理室。

四、自动售票机的补充找零钱币操作

自动售票机设有自动找零功能，其内部设有补充硬币找零机构及补充纸币找零机构，其中补充硬币找零机构设有两个找零硬币钱箱，补充纸币找零机构设有一个找零纸币钱箱。当乘客插入的纸币金额大于实际购买车票的金额需要找零时，硬币模块控制循环找零机构或补充找零机构从找零钱箱中导出零钱至找零取票口。为保证有足够的零钱（人工添加的找零钱币）确保找零功能正常，应定期向找零钱箱内补充一定数量的零钱。若在运营时间补充钱币，则必须设置"暂停服务"牌。补充完毕后，必须确认自动售票机已恢复正常服务模式后，撤除"暂停服务"牌。

（一）补充找零钱币的时间

（1）运营开始前。
（2）车站计算机提示自动售票机找零钱箱将空时。
（3）运营期间自动售票机运营模式显示屏显示"零钱不足"字样时。

（二）自动售票机补充找零钱币操作

步骤 1：在票务管理室将一定金额的 1 元硬币和 5 元纸币通过点币机或点钞机清点后放入补币钱箱，如图 3-48 所示。

步骤 2：将补币钱箱运至站厅，打开自动售票机维修门。

步骤 3：在维修面板上输入操作员编号和密码进行登录。

步骤 4：登录成功后，以补充硬币钱箱 1 为例，选择"运营服务"界面的"更换硬币钱箱"选项，再在"更换硬币钱箱"界面选择"卸下补币钱箱 1"选

图 3-48　将找零钱币放入补币钱箱

项，如图 3-49 所示。

步骤 5：打开硬币补币钱箱锁，用双手取下待更换的钱箱。将装满硬币的补币钱箱 1 插入硬币模块，锁好钱箱，如图 3-50 所示。

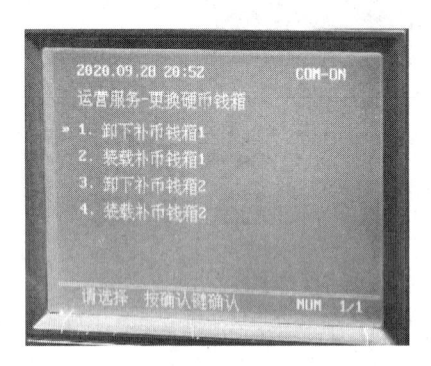

图 3-49　"更换硬币钱箱"界面　　　　图 3-50　锁好钱箱

步骤 6：在维修面板的"更换硬币钱箱界面"选择"装载补币钱箱 1"选项，输入硬币补币钱箱中所补币数，如输入补币钱箱 1 的补币数 200，完成补币操作。

步骤 7：锁好维修门。

五、自动售票机的补充单程票操作

自动售票机内设有 A、B 两个票箱来存放待发售的单程票。为保证有足够的车票满足乘客的购票需求，应不定期向票箱内补充一定数量的单程票。若在运营时间补充单程票，则必须设置"暂停服务"牌。补充完毕后，必须确认自动售票机已恢复正常服务模式后，撤除"暂停服务"牌。

（一）补充单程票的时间

（1）运营开始前。

（2）车站计算机提示自动售票机票箱将空时。

（3）运营期间自动售票机运营模式显示屏显示"只充值"字样时。

（二）自动售票机补充单程票操作

步骤 1：在票务管理室将一定数量的单程票通过点票机清点后装入票箱，如图 3-51 所示。

步骤 2：将票箱运至站厅，打开自动售票机维修门。

步骤 3：在维修面板上输入操作员编号和密码进行登录。

步骤 4：登录成功后，以 A 票箱为例，选择"运营服务"界面的"更换票箱"选项，再在"更换票箱"界面选择"卸下 A 票箱"选项，如图 3-52 所示。

项目三 自动售检票系统终端设备操作

图 3-51 将待补充的单程票装入票箱

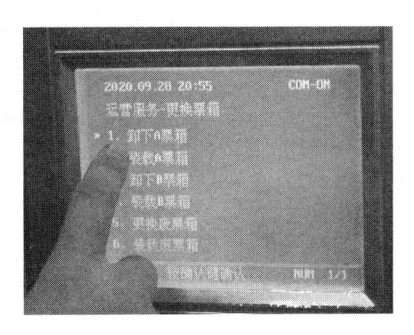

图 3-52 "更换票箱"界面

步骤 5：卸下待更换的票箱。

（1）用手向下用力压票箱升降手柄，压到底部，直到听到"咔"一声锁定为止，如图 3-53 所示。

（2）将票箱上盖按箭头所示方向旋转拉起，并沿水平方向往里推到位，如图 3-54 所示。

图 3-53 锁定票箱升降手柄

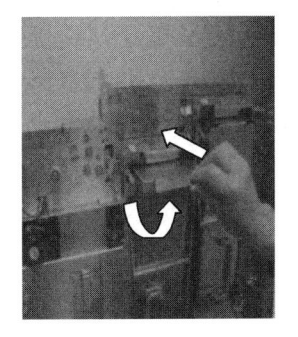

图 3-54 旋转拉起票箱上盖并往里推

（3）打开锁定票箱的锁销，此时票箱锁会锁住票箱上盖，如图 3-55 所示。

（4）一只手提起票箱提手，另一只手扶住票箱，取出待更换的票箱，如图 3-56 所示。

图 3-55 打开锁定票箱的锁销

图 3-56 取出待更换的票箱

步骤 6：装载补票票箱。

（1）一只手提起票箱提手，另一只手扶住票箱，然后按票箱指示的方向装入票箱，如图 3-57 所示。

（2）锁定票箱，如图 3-58 所示。

图 3-57　装入补票票箱　　　　图 3-58　锁定票箱

（3）沿水平方向将票箱上盖完全拉出并竖直垂下，等待指示灯状态正常，如图 3-59 所示。

（4）将票箱前门把手向左或向右旋转 90°，使其紧贴票箱前门，如图 3-60 所示。

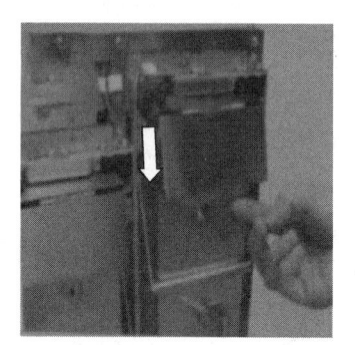

图 3-59　拉出票箱上盖　　　　图 3-60　旋转票箱前门把手

（5）用手向下用力压票箱升降手柄，按箭头所示方向向里压锁钩以松脱升降手柄的机构锁，慢慢将升降手柄升起来，如图 3-61 所示。

（6）确认固定锁销升高，并锁定票箱，如图 3-62 所示。

图 3-61　升起票箱升降手柄　　　　图 3-62　用固定锁销锁定票箱

步骤 7：在维修面板的"更换票箱"界面选择"装载 A 票箱"选项，输入 A 票箱中所补票的数量，如输入 A 票箱的补票数量 808，完成补票操作，如图 3-63 所示。

项目三　自动售检票系统终端设备操作

图 3-63　完成补票操作界面

知识链接

请扫码 3-3 观看视频，了解自动售票机更换钱箱作业程序。

3-3　自动售票机更换钱箱作业程序

实操模块

[实训任务]

自动售票机运营模式识别及开关站时的相关操作。

[实训目的]

掌握自动售票机的操作。

[实训环境]

车站票务管理实训室。

[实训指导]

（1）依照自动售票机的内部结构图认知其内部结构。

（2）按自动售票机购票、充值流程，熟练地完成车票的购票和充值等操作。

（3）按操作程序熟练地进行自动售票机的钱箱更换、补币、补票等操作。

拓展模块

日次票售卖机是如何操作的？

对于一些特殊票种，如日次票，个别城市轨道交通运营企业会在车站非付费区设置日次票售票机（TFM），方便乘客自助购买日次票。

（一）日次票售卖机的结构

日次票售卖机是安装在车站非付费区内，供乘客操作，使用现金或非现金方式自助购买日票、次票、纪念票等或自助进行储值票充值。它主要由主控模块、触摸显示屏、单程票处理模块、读卡器及天线、后台维护终端、二维码扫描模块、电源模块、机壳等部件组成。

日次票售卖机的外部结构如图 3-64 所示。

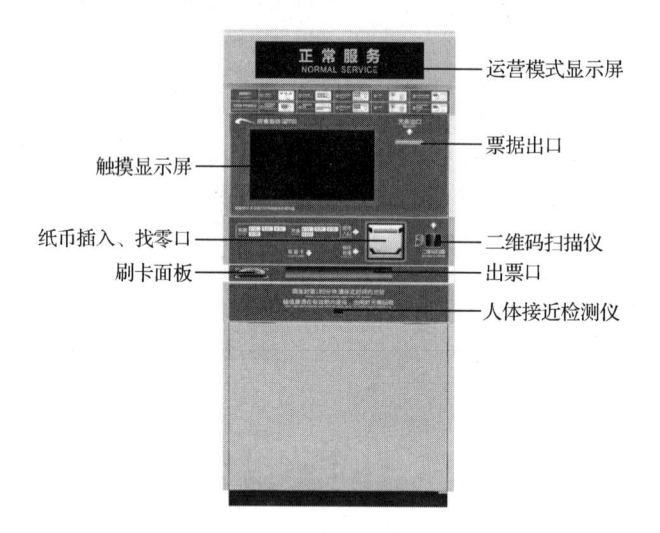

图 3-64　日次票售卖机的外部结构

日次票售卖机的内部结构如图 3-65 所示。

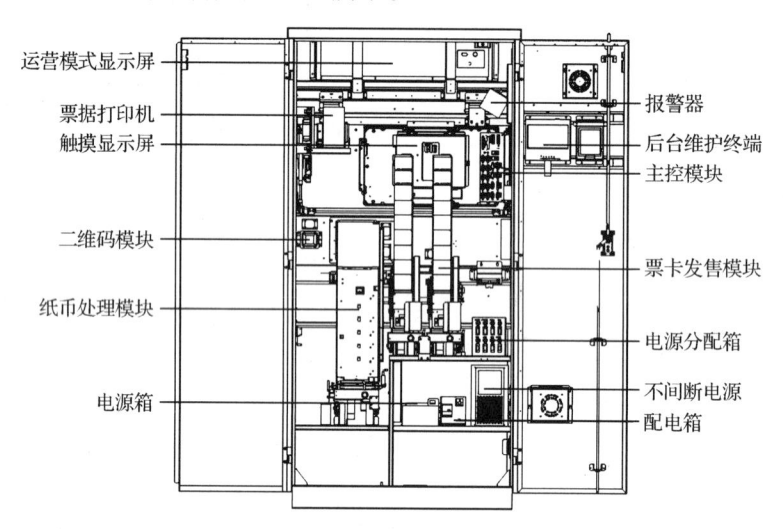

图 3-65　日次票售卖机的内部结构

（二）日次票售卖机的功能

1. 售票功能

乘客可按以下方式付费购买储值票。

（1）现金方式。乘客通过待机界面点选要购买的储值票类型，并根据系统提示插入足够面额的纸币，日次票售卖机自动为乘客发售储值票。

（2）非现金方式。乘客通过界面点选要购买的储值票类型，并根据系统提示扫描二维码进行支付，支付相应的金额后，日次票售卖机自动为乘客发售储值票。

2. 充值功能

乘客可按以下付费方式进行储值票充值。

（1）现金方式。乘客进入充值界面后，根据系统提示插入储值票，并插入足够面额的纸币，日次票售卖机自动为乘客进行储值票充值。

（2）非现金方式。乘客进入充值界面后，根据系统提示插入储值票，并扫描二维码支付相应的金额后，日次票售卖机自动为乘客进行储值票充值。

3. 日常运营管理及维护功能

可通过维修面板实现对日次票售卖机的日常运营管理，如补充/清空储值票、更换钱箱等，同时可帮助维修人员进行设备维修、故障诊断及模式设置等。

4. 联机功能

乘客可使用 App 获取支付码，经二维码扫描模块扫描支付码，联网验证支付成功后，满足系统参数条件的可完成交易业务（售票或充值）。

乘客进行充值操作时，系统向充值服务器发送充值认证信息，认证成功后，系统向储值票充入指定的金额。

日次票售卖机通过网络与车站计算机连接，从车站计算机上下载运营所需要的系统运行参数、票价参数、站点信息参数、黑名单等，并上传交易记录、收益数据及当前设备运营模式。

在网络发生故障或断开时，设备能以降级服务模式工作（现金购票），并保存至少 30 天的交易、收益数据，当网络重新连接后，系统自动将脱机运行时保存的数据上传至车站计算机。

5. 审计功能

运营数据和管理记录会产生补票、更换钱箱等一系列审计记录，应保存下列凭条以备审计。

（1）补充储值票凭条。

（2）更换纸币钱箱凭条。

（3）更换储值票箱/废票箱凭条。

（4）清空纸币凭条。

（5）日结凭条。

（三）日次票售卖机购票与充值操作

日次票售卖机通过触摸显示屏接收乘客的输入信息，采用形象化的图文信息引导乘客购票和充值，并提供了中文/英文界面切换功能（默认为中文）。下面以成都地铁日次票售卖机操作流程为例，介绍日次票售卖机的操作流程。

1. 购票

步骤 1：乘客在乘客操作界面点击售卡功能按钮，进入购票流程后选择票卡类型。信息区域使用图文方式显示票卡信息，其中票卡信息是根据系统参数进行设定的。日次票售卖机乘客操作主界面与点击售卡功能按钮后进入的界面如图 3-66 和图 3-67 所示。

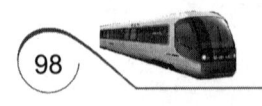

图 3-66 日次票售卖机乘客操作主界面

图 3-67 点击售卡功能按钮后进入的界面

步骤 2：乘客点击"确定购票"按钮，进入购票张数选择界面，显示当前所选票卡的名称、面值、数量、（单笔交易最多可以购买 8 张选定票卡）应付金额等信息，乘客可以点击"取消"按钮取消本次交易，返回乘客操作主界面，也可以点击相应的支付方式按钮进入支付环节，日次票售卖机通过图文方式提示乘客进行支付，显示乘客所购票卡信息及当前操作剩余时间，如图 3-68～图 3-70 所示。

步骤 3：乘客支付相应金额（现金支付时投入足够的纸币，二维码支付时联网扣款成功）后，日次票售卖机自动出票，然后提示交易结果，结束购票流程，返回乘客操作主机界面，如图 3-71 和图 3-72 所示。

项目三　自动售检票系统终端设备操作

图 3-68　购票张数选择界面

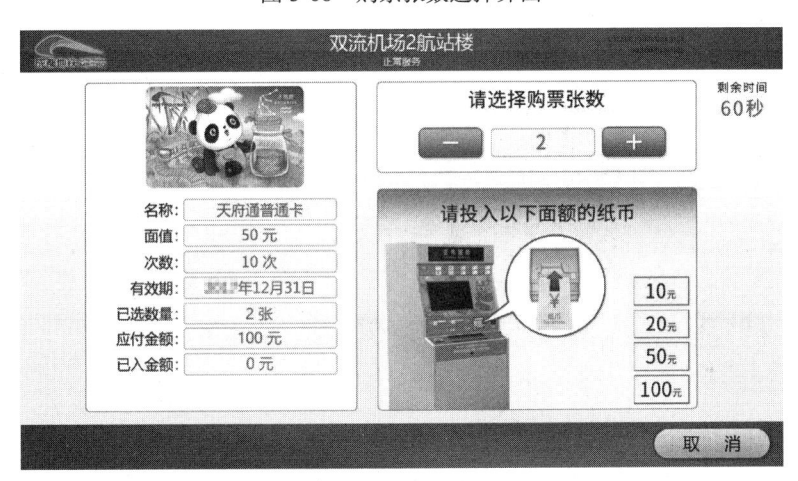

图 3-69　提示投入纸币界面

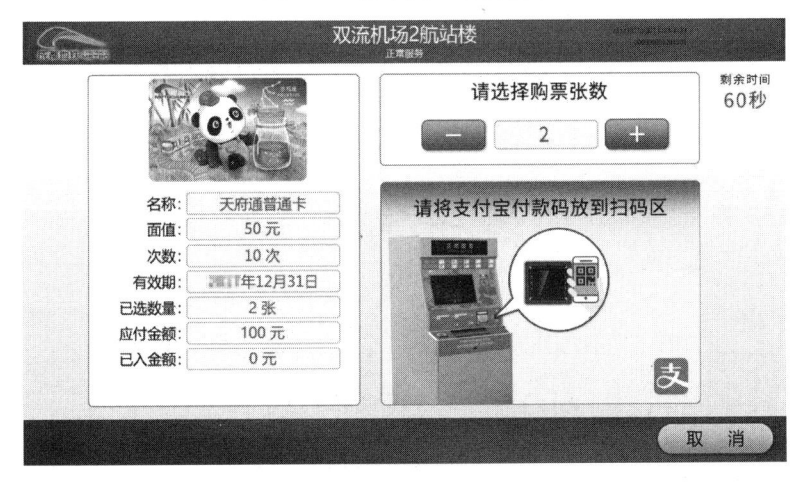

图 3-70　提示扫描二维码支付界面

图 3-71　正在出票界面

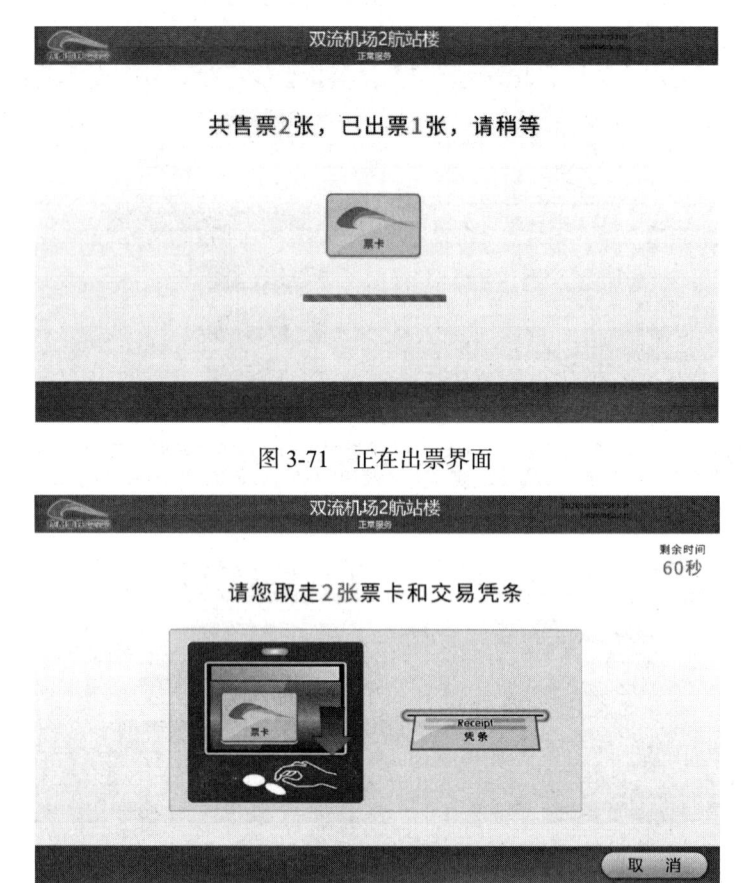

图 3-72　出票完成界面

2. 充值

步骤 1：乘客在乘客操作主界面点击充值功能按钮，进入充值操作流程，日次票售卖机通过图文方式提示乘客放入储值票，如图 3-73 所示。

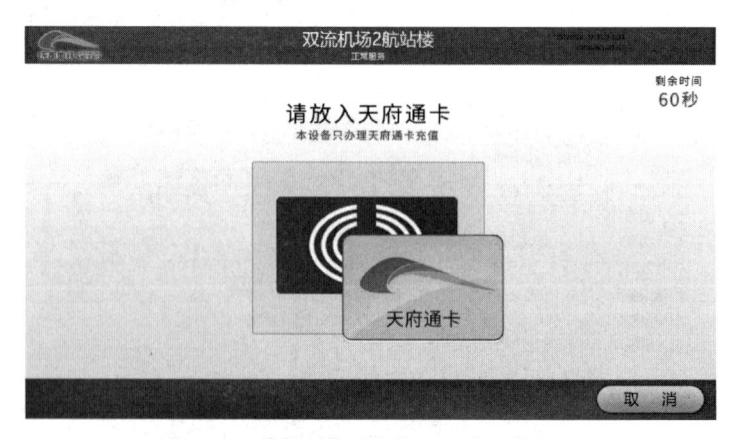

图 3-73　点击充值功能按钮后进入的界面

步骤 2：乘客将有效储值票放入读卡区后，系统读取储值票信息，并显示储值票名称、余额等信息，乘客可以点击要充值的金额及支付方式，如图 3-74 所示。

项目三　自动售检票系统终端设备操作

图 3-74　读取有效储值票后的界面

步骤 3：乘客点击支付方式后系统自动进入支付流程，并以图文方式引导乘客进行操作，点击"现金支付"按钮后仅能使用纸币，如图 3-75 所示；点击"支付宝"按钮后的界面如图 3-76 所示。

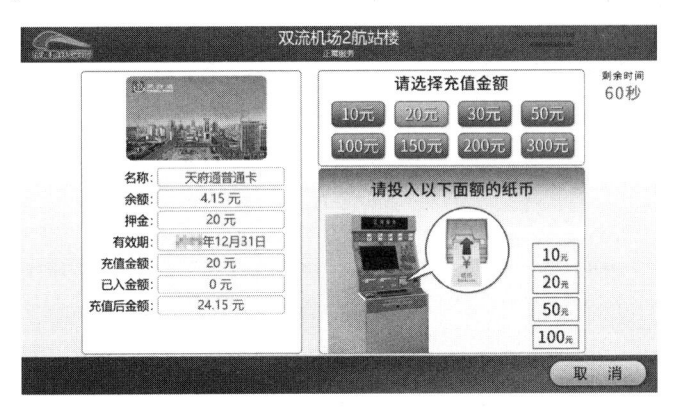

图 3-75　点击"现金支付"按钮后的界面

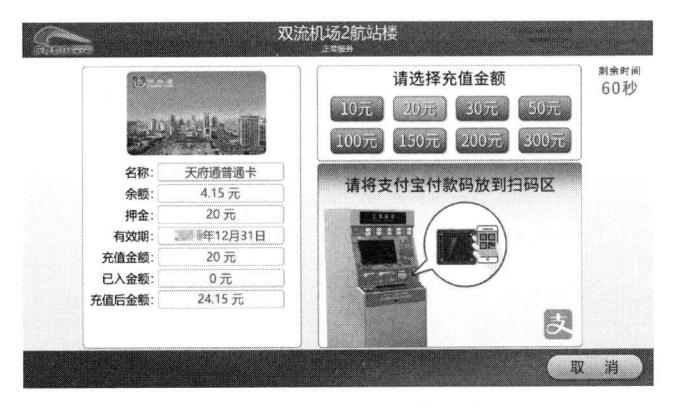

图 3-76　点击"支付宝"按钮后的界面

步骤 4：乘客支付成功后，储值票充值成功，如图 3-77 所示。

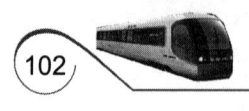

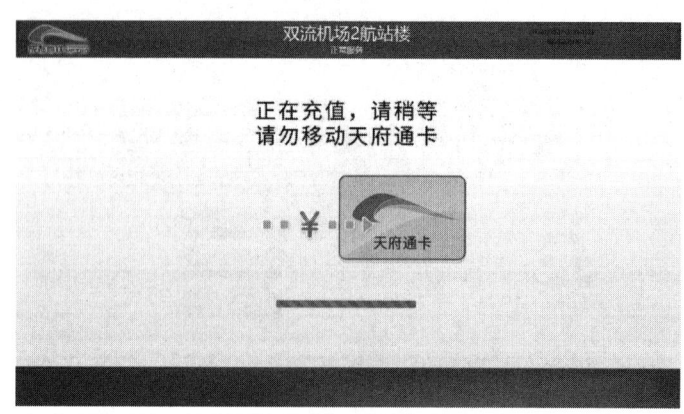

图 3-77　正在充值界面

步骤 5：乘客可以选择是否打印凭条，如果点击"打印凭条"按钮，则日次票售卖机打印一张充值凭条，系统提示充值结束，并返回乘客操作主界面；如果点击"不打印"按钮，系统提示充值结束后直接返回乘客操作主界面，如图 3-78 和图 3-79 所示。

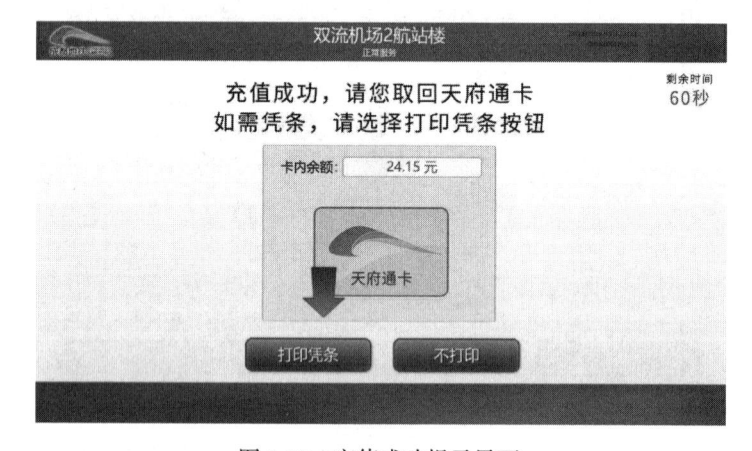

图 3-78　充值成功提示界面

图 3-79　充值结束提示界面

(四)日次票售卖机后台维护操作

日次票售卖机后台维护操作是通过后台界面和小键盘按键完成的。后台界面会显示相应的菜单结构,每个菜单前面都有一个数字序号,进行相应操作时,只需在后台小键盘上按下相应的数字键即可进入相应的界面或执行相应的功能。

进行后台维护操作前,需要验证用户名和密码,只有合法用户才可以进行维护操作,登录界面如图3-80所示;登录成功后的维护主界面如图3-81所示,维护人员可以通过数字选择相应的功能。

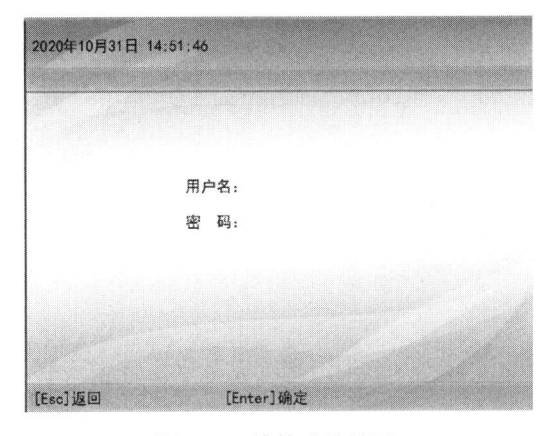

图 3-80　维护登录界面　　　　图 3-81　维护主界面

1. 日次票售卖机后台日常操作

日次票售卖机后台日常操作主要是在运营期间对日次票售卖机进行的现金与票卡管理和操作,界面如图3-82所示。

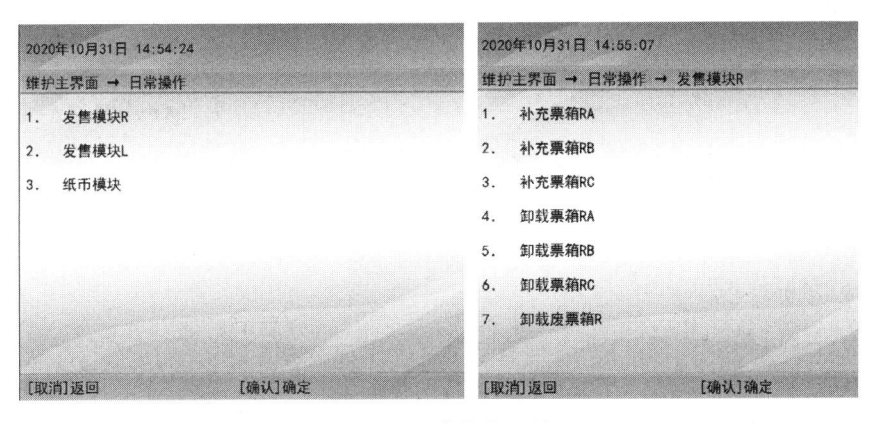

图 3-82　"日常操作"界面

(1) 发售模块R(或L)→补充票箱RA(或RB、RC、LA、LB、LC)。操作员可在运营开始前或需要补票时进行补充不同票卡的操作。

①在"发售模块R(或L)"界面选择"补充票箱RA(或RB、RC、LA、LB、LC)"选项,系统提示操作员选择票卡类型及输入补票数量。

②输入需要补充的数量后按 Enter 键确认。

③系统提示操作员将补票放入票箱 RA（或 RB、RC、LA、LB、LC）。

④补票操作完成后可打印补票小单。

在补票过程中输入数量时，按 Esc 键可以取消补充操作，返回上一级界面。

注意：必须按票箱上的"薄卡""厚卡"标志补票，切勿将薄卡放在厚卡箱，或将厚卡放在薄卡箱（不同票卡厚度不一致）。

（2）发售模块 R（或 L）→卸载票箱 RA（或 RB、RC、LA、LB、LC）。操作员可在运营结束后或需要清点车票时进行清空单程票操作。

①在"发售模块 R（或 L）"界面选择"卸载票箱 RA（或 RB、RC、LA、LB、LC）"选项，系统提示当前剩余票卡的数量。

②按 Enter 键确认后取出票箱 RA（或 RB、RC、LA、LB、LC）。

③卸载票箱操作完成后可打印清空小单。

在确认前，按 Esc 键可以取消卸载票箱操作。

（3）发售模块 R（或 L）→卸载废票箱 R（或 L）。操作员可在运营结束后或需要清点废票时进行清空废票操作。

①在"发售模块 R（或 L）"界面选择"卸载废票箱"选项，系统提示当前废票数量。

②按 Enter 键确认，系统提示操作员取出废票箱。

③完成卸载废票箱操作后可打印清空小单。

在确认前，按 Esc 键可以取消卸载废票箱操作。

（4）纸币模块→补充纸币。"纸币模块"界面如图 3-83 所示。

操作员可在运营开始前或需要补充纸币时进行补充找零纸币操作。

①在"纸币模块"界面选择"补充纸币"选项，系统提示操作员输入补充数量。

②输入需要补充的数量后按 Enter 键确认，系统提示放入纸币补钞箱，并且可循环进行补充找零纸币操作。

③补充操作完成后可打印补充小单。

图 3-83 "纸币模块"界面

在补充过程中输入数量时，按 Esc 键可以取消补充操作，返回上一级界面。

注意：补充找零纸币时一定要认真核对数据，输入的数量必须与实际放入的数量一致，避免长短款。

（5）纸币模块→清空纸币循环鼓。操作员可在运营结束后或需要清空纸币循环鼓时进行清空纸币循环鼓操作。

①在"纸币模块"界面选择"清空纸币循环鼓"选项，系统提示当前循环找零纸币数

量，并提示操作员是否确认清空。

②按 Enter 键确认后，系统提示操作员清点纸币。

③清点完纸币后，界面上显示清空数量，可打印清空小单。

在确认前，按 Esc 键可以取消清空纸币循环鼓操作，返回上一级界面。

（6）纸币模块→卸载纸币回收箱（或补钞箱）。操作员可在运营结束后或需要清点纸币回收箱（或补钞箱）时进行纸币回收箱（或补钞箱）卸载操作。

①在"纸币模块"界面选择"卸载纸币回收箱（或补钞箱）"选项，系统提示当前回收箱（或补钞箱）数量，并提示操作员确认卸载。

②按 Enter 键确认，系统提示操作员取走纸币回收箱（或补钞箱）。

③取走纸币回收箱（或补钞箱）后可打印卸载小单。

在确认前，按 Esc 键可以取消卸载纸币回收箱（或补钞箱）操作，返回上一级界面。

2. 日次票售卖机后台盘点操作

操作员可在运营结束后或需要清点日次票售卖机内的所有现金、票卡时进行周期统计操作。

（1）在维护主界面选择"盘点操作"选项，进入"盘点操作"界面，选择"日结"选项，系统提示确认日结。

（2）按 Enter 键确认，系统自动进行清点，提示操作员进行卸载纸币回收箱（或补钞箱）操作，并对本周期的交易数据（如售票张数、金额等数据）进行统计。

（3）完成操作后可打印日结小单。

在确认前，按 Esc 键可以取消日结操作，返回上一级界面。

3. 日次票售卖机后台运营统计

日次票售卖机后台运营统计操作主要提供运营期间日次票售卖机的当前票箱统计、钱箱统计、交易统计、寄存器统计、异常记录、运营全状态、补打小单等功能，界面如图 3-84 所示。

（1）票箱统计。操作员可在运营期间查询储值票模块当前剩余车票数量与废票数量等。

①选择"运营统计"界面的"票箱统计"选项，界面显示储值票模块当前车票数量与废票数量。

②完成查询操作后可在显示结果界面按 Esc 键返回上一级界面。

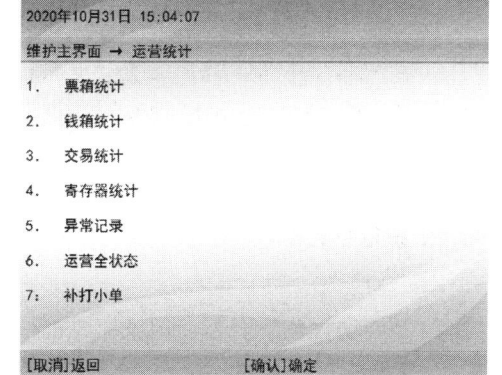

图 3-84 "运营统计"界面

（2）钱箱统计。操作员可在运营期间查询纸币模块当前找零纸币剩余数量等。

①选择"运营统计"界面的"钱箱统计"选项，界面显示纸币模块当前找零纸币剩余数量等。

②完成查询操作后可在显示结果界面按 Esc 键返回上一级界面。

（3）交易统计→售票交易（或充值交易）统计。操作员可在运营期间查询每笔售票交易（或充值交易）明细。

①选择"运营统计"界面的"交易统计"选项，进入"交易统计"界面，选择"售票交易（或充值交易）统计"选项，系统按交易时间倒序显示最近100条交易数据明细，其中包括交易时间、交易金额等信息。

②完成查询操作后可在显示结果界面按 Esc 键返回上一级界面。

（4）寄存器统计。操作员可在运营期间查询日次票售卖机从开始使用到现在为止所发售储值票和接受现金的累计数量。

①选择"运营统计"界面的"寄存器统计"选项，界面上显示寄存器数据明细，包括累计发售储值票数量、累计发售储值票金额、累计接受纸币数量等信息。

②完成查询操作后可在显示结果界面按 Esc 键返回上一级界面。

（5）异常记录。操作员可在运营期间查询日次票售卖机的异常记录。

①选择"运营统计"界面的"异常记录"选项，界面上显示异常记录明细。

②完成查询操作后可在显示结果界面按 Esc 键返回上一级界面。

（6）运营全状态。操作员可在运营期间查询当前日次票售卖机的运营情况。

①选择"运营统计"界面的"运营全状态"选项，界面上显示当前运营全状态信息，包括联网状态、设备编号、支付方式、业务服务方式（售票/充值）等数据。

②完成查询操作后可在显示结果界面按 Esc 键返回上一级界面。

（7）补打小单。操作员可在运营期间查询与补打维护设备时所产生的小单。

①选择"运营统计"界面的"补打小单"选项，系统提示操作员输入要补打小单的日期。

②输入日期并确认后，界面上显示相应日期的操作记录，并自动为记录进行编号，提示操作员输入相应的补打小单编号。

③输入编号并确认后，系统会重新打印操作小单。

在确认前，按 Esc 键可以取消补打操作，返回上一级界面。

目标检测

[知识目标检测]

1. 填空题

（1）自动售票机安装在地铁车站的_____内，属于自助售票设备。

（2）自动售票机的_____用于向乘客显示自动售票机当前的工作状态。

（3）自动售票机的纸币传送装置用于纸币的_____和_____。

（4）_____是自动售票机的单程票处理单元，用于卡片型单程票的发售及回收。

（5）乘客可通过在自动售票机触摸显示屏_____进行点选操作，自助购买单程票和充值。

（6）自动售票机在钱箱将满或已满时，需及时更换，并立即将钱箱运回_____。

2. 选择题

（1）自动售票机支持以（　　　）等支付方式购票。
A. 纸币　　　　　　　　　　　　B. 硬币
C. 储值票或银行卡　　　　　　　D. 支付宝或微信

（2）自动售票机主控模块的主要功能包括（　　　）。
A. 控制自动售票机内其他各模块的运行
B. 完成车票处理、现金处理、状态监控
C. 完成各种数据的存储
D. 完成与车站计算机之间的数据通信

（3）单程票发售模块包括（　　　）。
A. 钱币识别模块　　　　　　　　B. 单程票处理机构
C. 单程票读写器　　　　　　　　D. 现金支付模块

（4）自动售票机的运营模式主要有（　　　）。
A. 应急服务模式　　　　　　　　B. 正常服务模式
C. 暂停服务模式　　　　　　　　D. 限制服务模式

（5）当自动售票机纸币模块和储值票模块无法使用时进入（　　　）服务模式。
A. 只售单程票　　B. 只收硬币　　C. 只收纸币　　D. 只充值

3. 判断题

（1）自动售票机的基本功能是用于乘客自助购买单程票，但是无法进行充值。（　　　）

（2）乘客从硬币投入口投入硬币后，硬币鉴币器对硬币进行面额和真伪的鉴别，假币将被没收。（　　　）

（3）当乘客投入的纸币金额大于实际购买车票的金额需要找零时，硬币模块控制循环找零机构或补充找零机构从找零钱箱中导出零钱至找零取票口。（　　　）

（4）维修面板仅供维修人员进行测试和维修操作，站务员无权操作。（　　　）

（5）乘客开始购买车票后一定时间内没有任何操作时，自动售票机就会吞掉银行卡或现金，并返回乘客操作主界面。（　　　）

[技能目标检测]

根据前述实训任务，分组模拟训练，在实训室进行考核，要求边操作边口述，以此来检测技能目标的达成度。具体检测项目、评分标准及得分如表3-3和表3-4所示。

表3-3　技能目标检测（自动售票机开站作业）

序号	检测项目		评分标准	得分
1	登录（5分）	使用钥匙打开维修门	不会开门或开错门，扣2分	
		在维修面板上输入操作员编号和密码	没有输入操作员编号和密码，扣3分	

续表

序号	检测项目		评分标准	得分
2	补票 （30分）	识别并拉出单程票模块	找不到或没有拉出单程票模块，扣5分	
		在维修面板上选择相应选项，输入补票数（考场提前设计A、B两个补票箱，计划补票数）	找不到相应选项，扣5分；错误输入或没有输入补票数，扣5分	
		将数量正确的单程票装入相应的单程票模块（考场提前准备对应A、B两个补票箱不同数量的单程票）	装入单程票的数量与输入的补票数不一致，扣5分；没有正确补票，扣10分	
3	补充找零硬币 （30分）	识别并拉出硬币模块	找不到或没有拉出硬币模块，扣5分	
		在维修面板上选择相应选项，输入补币数（考场提前设计A、B两个补币钱箱，计划补币数）	找不到相应选项，扣5分；错误输入或没有输入补币数，扣5分	
		用钥匙打开硬币模块补币口，将数量正确的硬币装入相应的硬币模块（考场提前准备对应A、B两个补币钱箱不同数量的硬币）	装入硬币的数量与输入的补币数不一致，扣5分；没有正确补币，扣10分	
4	补充找零纸币及装入纸币回收钱箱（20分）	识别并拉出纸币模块	找不到或没有拉出纸币模块，扣5分	
		（1）在维修面板上选择相应选项，输入补币数（考场提前设计A、B两个补币钱箱，计划补币数） （2）装入找零钱箱	找不到相应选项，扣5分；错误输入或没有输入补币数，扣5分	
		装入纸币回收钱箱	错误装入或没有装入纸币回收钱箱，扣10分	
5	装入硬币回收钱箱（10分）	确认硬币回收钱箱的状态是否可以装入（考场提前准备两个不同状态的硬币回收钱箱，一个可装入，一个不可装入）	无法识别硬币回收钱箱的状态，扣5分	
		装入硬币回收钱箱	无法正确装入硬币回收钱箱，扣5分	
6	退出系统并锁好维修门（3分）	操作完成后退出系统（部分型号设备无须退出系统，可忽略）	未退出系统，扣1分	
		锁好维修门	未正确关门并锁闭，扣2分	
7	确认自动售票机运行正常（2分）	查看自动售票机运营模式显示屏显示"服务中"字样，处于正常服务模式	没有确认自动售票机运行正常，扣2分	

表3-4 技能目标检测（自动售票机关站作业）

序号	检测项目		评分标准	得分
1	登录 （15分）	使用钥匙打开维修门	不会开门或开错门，扣5分	
		在维修面板上输入操作员编号和密码	没有输入操作员编号和密码，扣10分	

续表

序号	检测项目		评分标准	得分
2	下班盘点或结账打印（15分）	识别并拉出单程票模块	找不到或没有拉出单程票模块，扣5分	
		在维修面板上选择相应选项，执行下班盘点或结账打印操作	找不到相应选项，扣5分；未成功操作，扣5分	
3	清空或取出硬币找零钱箱（20分）	识别硬币模块	找不到或没有拉出硬币模块，扣5分	
		确认硬币找零钱箱清空状态或取出找零钱箱	找不到相应菜单，扣5分；未确认硬币找零钱箱清空状态或取出找零钱箱，扣10分	
4	取出纸币钱箱（25分）	识别并拉出纸币模块	找不到或没有拉出纸币模块，扣5分	
		取出找零钱箱	错误取出或非法取出，扣10分	
		取出纸币回收钱箱	错误取出或非法取出，扣10分	
5	取出硬币回收钱箱（10分）	取出硬币回收钱箱	错误取出或非法取出，扣10分	
6	运营统计（10分）	在维修面板上选择相应选项，进行运营统计，确认单程票、硬币、纸币数量已清零	未通过运营统计确认单程票、硬币、纸币数量已清零，扣10分	
7	退出系统，并锁好维修门（5分）	在操作完成后退出系统	未退出系统，扣3分	
		锁好维修门	未正确关门并锁闭，扣2分	

[素质目标检测]

由教师根据学生课前预习情况、课中小组讨论及独立思考情况、课后作业及小组共同完成学习任务情况，以及技能目标检测环节的表现进行素质目标检测，如表3-5所示。

表3-5 素质目标检测

序号	检测项目	评分标准	得分
1	学习能力的提升度（20分）	课前预习（5分）；课中主动回答问题（5分）；课后作业（5分）；小组作业（5分）	
2	团队协作的配合度（20分）	小组讨论发言频率（10分）；发言中的创新思维（10分）	
3	语言表达的清晰度（20分）	汇报问题的逻辑性（10分）；语言表达的流畅性（10分）	
4	思想意识的认知度（40分）	爱护公共财物的意识（20分）；按章操作设备的意识（20分）	

课后复习题

1. 简述自动售票机的功能及结构组成。
2. 简述自动售票机常见运营服务模式。
3. 简述自动售票机乘客购票操作流程。

任务三　半自动售票机操作

📋 学习目标

[知识目标]

（1）理解半自动售票机的主要功能。
（2）掌握半自动售票机的外部结构组成。
（3）掌握半自动售票机业务操作。

[技能目标]

（1）能辨识半自动售票机的功能及外部结构组成。
（2）能在登录界面及操作主界面进行相关操作。
（3）能通过半自动售票机发售单程票。
（4）能通过半自动售票机对储值票进行充值。
（5）能通过半自动售票机对异常车票进行读卡分析并进行处理。
（6）能通过半自动售票机处理相关行政事务。

[素质目标]

（1）培养分析问题及解决问题的能力。
（2）培养爱护公共财物的职业道德及按章操作设备的敬业精神。

🏫 教学环境

理实一体化教室或票务管理实训室。

💻 学习引入

当下，扫码坐公交、乘地铁、打出租已成为很多青年人生活的一部分。然而，老年人会用这样的交通支付方式吗？它能否适应老年群体的生活需求？

老年人乘坐地铁一般会如何购票呢？地铁车站内的客服中心是做什么的呢？乘客在出站时发现车票出现问题时又应如何处理呢？

🧰 理论模块

半自动售票机（BOM）属于采用人工方式为乘客提供服务的售/补票设备，根据应用需求，可按功能分别设置成单独的半自动售票机和半自动补票机，分别安装在车站售/补票房内；也可设置成半自动售票和补票功能结合的设备，安装在车站客服中心内，用于人工完成车票的发售、充值、补票、车票分析、退票、票务处理等与乘客相关的票务服务，因此，又称票务处理机。

功能单一的半自动售票机应服务于非付费区乘客，而半自动补票机则服务于付费区乘客。

两种功能结合的半自动售票机可以使用同一车票处理设备，同时为非付费区和付费区乘客提供服务，兼具售票及补票功能，但需对两个区域分别设置单独的乘客显示屏，适应不同区域乘客的票务需求。

一、半自动售票机的功能

半自动售票机的主要功能如下。

（1）车票发售、充值和补票。半自动售票机发售包括单程票、储值票、纪念票在内的各类车票，为储值票乘客办理充值业务，为无票乘客办理补票业务。

（2）分析及处理各类问题车票，即先对要处理的车票进行车票有效性分析，再完成车票更新、替换、退票、延期、挂失、查询、事务处理等业务。

（3）接收车站计算机下发的参数和控制命令，并执行相应操作。

（4）能存储交易数据（如各班次售票员的操作信息及收益信息）、工作状态记录和运营参数等，通过网络实时上传到车站计算机，以便进行分析、统计、收益查询，并生成相应报表。

二、半自动售票机的外部结构组成

两种功能结合的半自动售票机主要由主机（主控单元和电源模块）、操作员显示屏、乘客显示屏（含付费区和非付费区）、对讲机、键盘、鼠标、外置读写器、钱箱、票卡发售机构、票据打印机等部分构成，如图 3-85 所示。

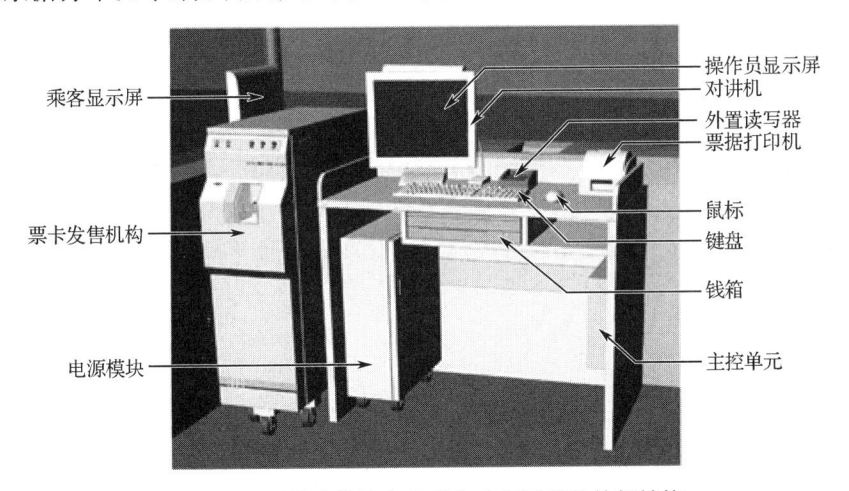

图 3-85　两种功能结合的半自动售票机的外部结构

1. 主机

主控单元是整个系统的控制核心，完成票卡发售、充值、补票、票务处理等业务及状态监控等功能，负责各种数据的存储及与车站计算机的数据通信；电源模块为主控单元及其外围设备提供电源。

2. 操作员显示屏

操作员显示屏为操作员提供人机对话界面，显示相关信息及操作指引。

3. 乘客显示屏

乘客显示屏安装在靠近窗口、面向乘客、方便乘客阅读的位置，为乘客提供票卡交易信息的显示（可显示中文或英文信息），供乘客查看相关信息，并且带有一定的语音提示。

4. 对讲机

对讲机供操作员和乘客进行语言交流。

5. 键盘

键盘用于进行信息输入。

6. 外置读写器

外置读写器可在有效读写距离 10 厘米内，通过对票卡的有效性检验和读写操作，完成所有与票卡有关的业务。

7. 钱箱

钱箱采用钢结构，有不同面值纸币和硬币的存放格，并提供电子和机械双重锁。

8. 票卡发售机构

票卡发售机构包括票卡读写器和车票处理模块。票卡读写器用于对单程票进行有效性检验和读写操作；车票处理模块用于发售单程票。

9. 票据打印机

票据打印机为购票、充值的乘客打印小票和单据。

知识链接

某地铁运营公司自主创新，成功研制了移动半自动售票机（MBOM），使票卡异常情况的处理时间大大缩短，它的外观和 Pad 差不多，配发给自动检票机旁的工作人员。当遇到票卡异常情况时可以不用找票亭工作人员，直接在自动检票机处即可解决。具体操作方法与半自动售票机类似。

技术模块

借助半自动售票机通过人工方式处理与乘客票务相关的业务，主要包括系统登录、业务操作、系统退出等。虽然各个城市轨道交通车站的半自动售票机型号、技术性能、功能有一定的差异，但是基本操作步骤大同小异，下面以某型号安装有票卡发售机构的半自动售票机的操作为例进行介绍。

一、半自动售票机系统登录

半自动售票机系统为每个操作员都设定了唯一的操作员编号和密码，任何人操作半自动售票机时都必须使用编号和密码登录才能进入操作主界面。

操作员一般分为系统管理员、售票员及系统维护人员，系统管理员可以操作系统下的

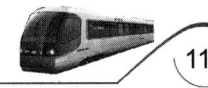

任何功能，售票员只能进行业务操作，而系统维护人员只能在维护功能下进行操作。

系统在用户登录的同时对用户的身份进行验证，并对外置读卡器进行检测。

（一）登录界面

打开半自动售票机的电源，启动系统后，单击"登录"按钮，显示登录界面，如图3-86所示。输入"员工号"和"密码"，单击"确定"按钮，系统对员工号和密码的有效性进行验证，如果验证失败，则会给出错误提示信息，并提示再次输入"员工号"和"密码"（系统允许对员工号和密码的有效性进行验证的次数为3次）。

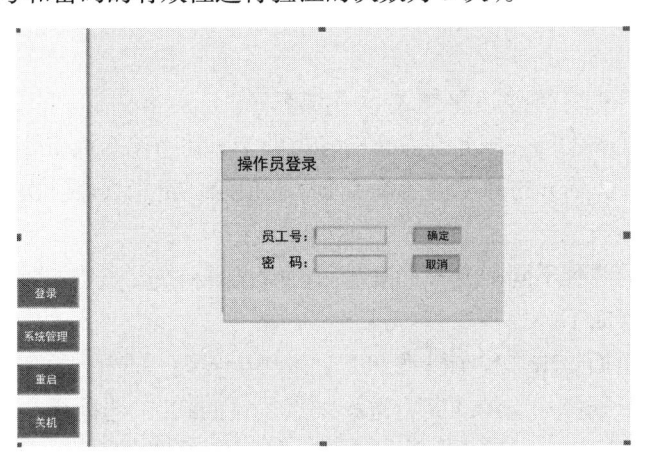

图 3-86　半自动售票机的登录界面

（二）操作主界面

登录成功后，进入半自动售票机的操作主界面，如图3-87所示。操作主界面中各功能模块的功能按钮均根据该操作员的权限相应地被激活，操作员可以进行系统允许的功能操作。

图 3-87　半自动售票机的操作主界面

二、半自动售票机业务操作

通过操作半自动售票机可以进行单程票发售、储值票充值、异常票卡处理、行政事务处理、退票等与乘客票务相关的业务。

（一）单程票发售

单程票发售包括普通单程票和预制票发售。正常情况下，普通单程票发售可以通过操作半自动售票机实现，当有可预见性大客流时，也可根据车站客流情况使用半自动售票机预售一部分单程票以应对进站大客流时的售票压力。预制票需要在当班值班站长的指令下通过临时票亭发售。

1. 半自动售票机发售普通单程票操作流程

半自动售票机能够发售系统允许发售的各类票卡，其中包括城市轨道交通运营企业发售的各类 IC 票卡。IC 票卡的种类包括单程票、储值票、纪念票、计次票等，以及将来可能发售的各类 IC 票卡。

发售单程票分为两种不同的方式：按金额售单程票和按站点售单程票。其中，按站点售单程票的操作步骤如下。

在系统操作主界面单击"售卡"按钮，进入售卡界面。选择卡类型为"单程票"，进入单程票发售界面。选择相应的线路，选择站点（目的站），选择相应的数量，单击"确定"按钮，票卡发售机构会根据购票数量一张一张地出票到读写区，读写器会对票卡的有效性进行验证，然后根据操作信息进行赋值，并在操作员界面显示详细的售卡信息，包括售卡成功与否，以及被赋值的票卡信息等，如图 3-88 所示。

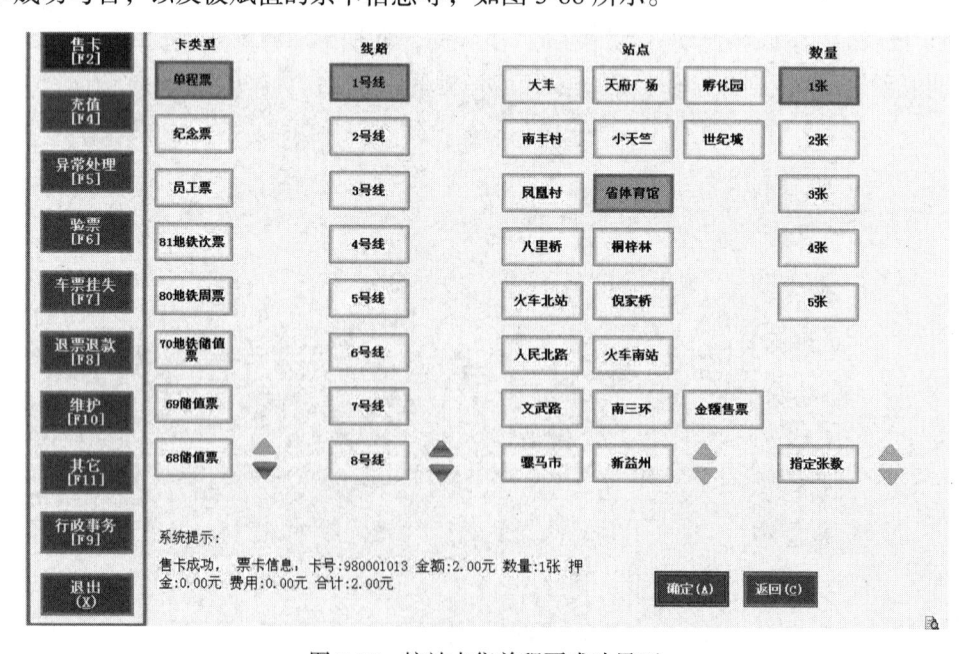

图 3-88 按站点售单程票成功界面

2. 售票员发售票卡标准作业程序

（1）准备。售票员到客运值班员处报到，领取备用金、票卡、票据等，按实际数量在"售票员结算单"上签收交接，领取客服中心钥匙，同时做好相关登记。

（2）售票。

登录：售票作业前必须使用自己的账号和密码。

发售：售票作业时必须遵守"一收、二唱、三操作、四找零"，如表3-6所示。

表3-6 售票作业程序

步 骤	程 序	内 容
1	收	收取乘客的票款
2	唱	唱出票款金额，重复乘客要求的购票张数和票卡类型，如未听清乘客的要求，应主动礼貌地询问
3	操作	检验钞票真伪，如钞票为伪钞，要求乘客另换钞票；在半自动售票机上选择相应的功能键，处理票卡
4	找零	清楚地说出找零金额和票卡张数，将票卡和找零钱币一起礼貌地交给乘客

确认：将票卡交给乘客之前，必须使用半自动售票机对票卡进行分析，请乘客通过乘客显示屏或单据确认票卡的有效性。

为乘客发售/充值票卡后，随票卡配发等额报销凭证，若票卡、备用金不足，售票员必须及时通知客运值班员进行补充，并在"客运值班员交接班本"及"售票员结算单"等相关台账上注明，做好交接工作；售票员暂时离岗时必须按规定暂停作业，否则由此引发的一切不良后果均由离岗者本人自行承担。

（3）结束。

签退：售票员交班时（含临时顶岗或他人顶班时）必须按规定签退，否则由此引发的一切不良后果均由离岗者本人自行承担。进行半自动售票机签退前，交接双方必须注意观察并记住系统提示的当前票卡数量，以便接班人员登录时准确输入，防止人为造成票卡库存差异。

清理：售票员清理现场，携带现金，以及在处理乘客票务事务过程中收取的票卡、报表、单据和个人领用但未售完的票卡回到票务管理室。

结账：售票员清点票款后，交予客运值班员，核对"售票员结算单"上的票款数目，并签名确认。

（二）储值票充值

可以使用半自动售票机对储值票进行充值。在选择充值方式时，既可以选择固定金额充值，又可以选择自由金额充值。其中，固定金额充值的操作步骤如下。

在系统操作主界面单击"充值"按钮，进入充值界面。将储值票放置于读卡器感应区，并根据乘客要求在充值金额列表中选择对应的充值金额，在弹出的"信息提示"对话框中单击"确定"按钮，再单击"确定"按钮，完成充值操作。此时会在操作员显示屏和乘客

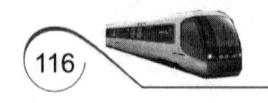

显示屏上显示相应的信息，如图 3-89 和图 3-90 所示。

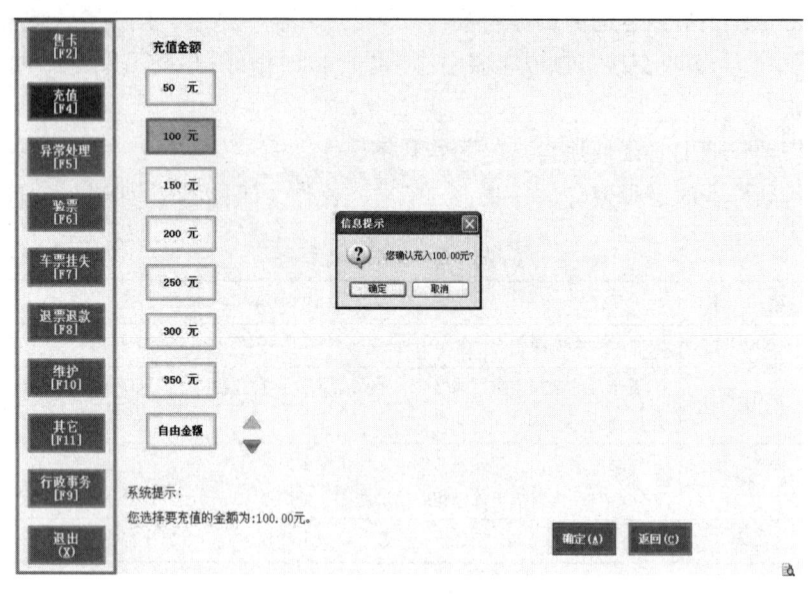

图 3-89　固定金额充值界面

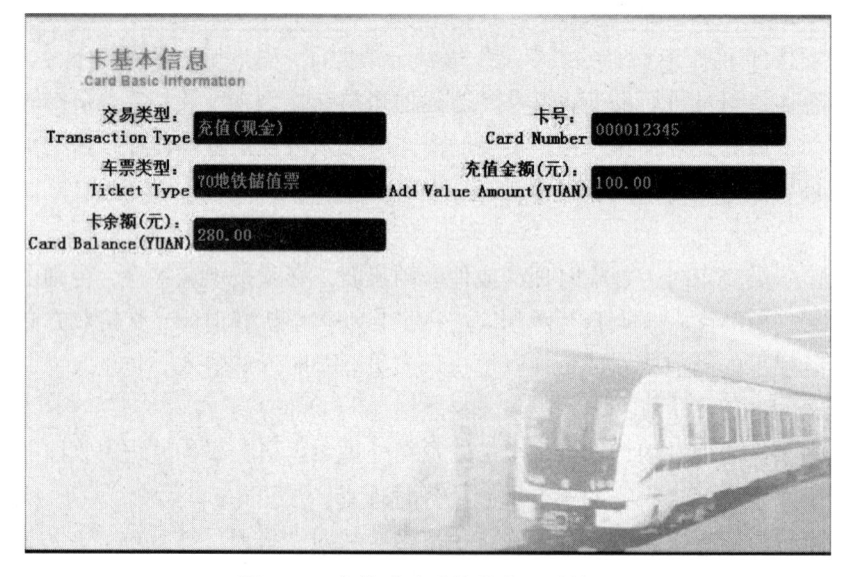

图 3-90　充值成功后的乘客显示界面

（三）异常票卡处理

半自动售票机可以对不能正常打开自动检票机的票卡进行读卡分析，并根据分析得出的异常更改票卡信息，直至符合自动检票机的要求。主要异常包括非付费区票卡为已入站状态、付费区票卡无入站标志、卡余值不足、超乘、滞留超时等。更新票卡信息时，要确定目前乘客是在非付费区还是在付费区，只有选择正确的操作模式才能正确分析票卡异常原因。异常票卡处理的操作步骤如下。

项目三 自动售检票系统终端设备操作

在系统操作主界面单击"异常处理"按钮，进入异常处理界面。将需检查的票卡放在读卡器感应区，选择乘客所在区域（非付费区或付费区），单击"读卡分析"按钮，进行读卡分析，系统自动判断该票卡的异常情况，并在"系统提示"栏中显示异常原因及处理异常情况所需收取的金额，如图 3-91 所示；根据乘客需求选择"现金支付"或"卡支付"方式支付罚金（若无须收取金额，则直接进入下一步）；单击"异常处理"按钮，系统自动完成相应异常处理，并在"系统提示"栏中显示异常处理结果，如图 3-92 和图 3-93 所示。

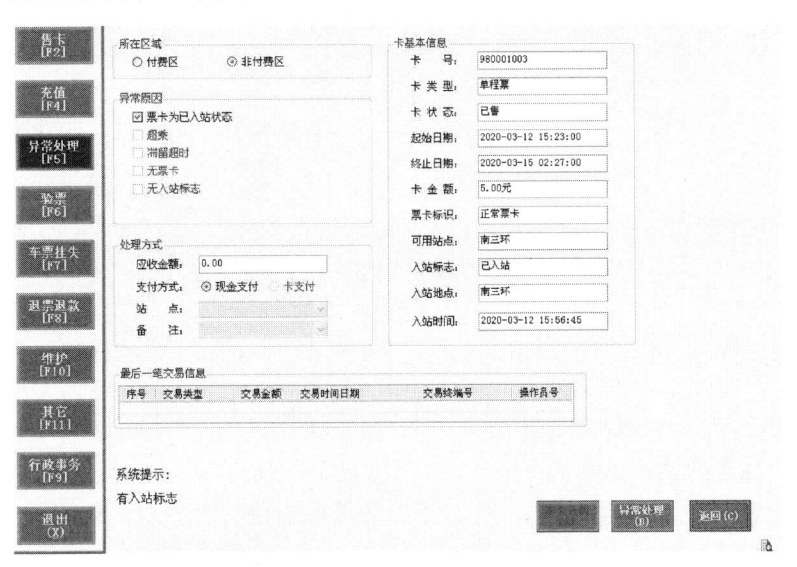

图 3-91 非付费区读卡分析界面

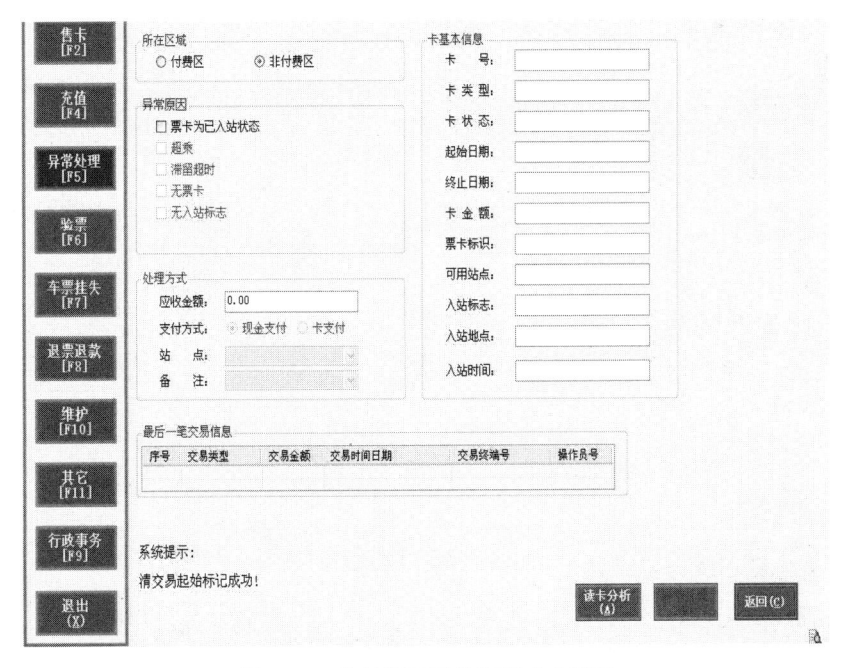

图 3-92 非付费区异常处理成功界面

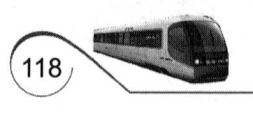

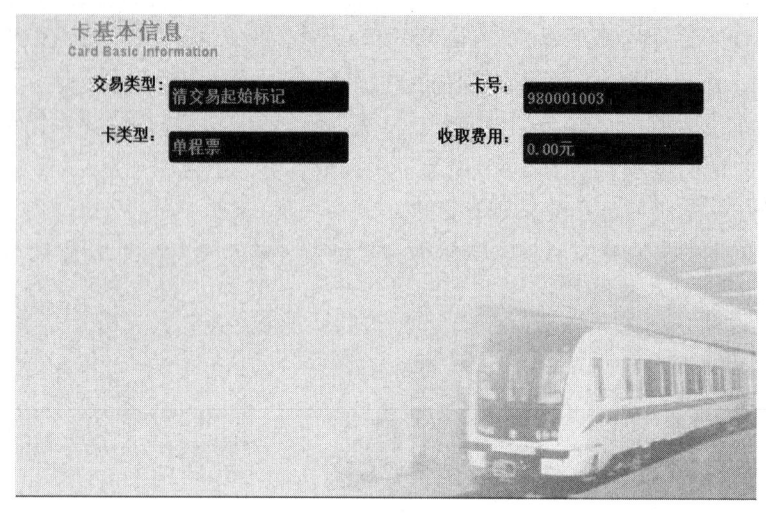

图 3-93　异常处理成功后的乘客显示界面

（四）行政事务处理

1. 补收票款

半自动售票机可以根据城市轨道交通运营企业的票务管理规定合理收取因乘客违章而造成的部分或全部地铁运营收入损失，如儿童超高、遗失车票、一卡多用、卡余值不足且不充值、无票乘车、车票失效等。补收票款的操作步骤如下。

在系统操作主界面单击"行政事务"按钮，进入行政事务处理主界面。单击"补收票款"按钮，进入补收票款界面。操作员根据乘客说明设置对应的原因和要收取的金额，单击"确定"按钮，如图 3-94 所示。

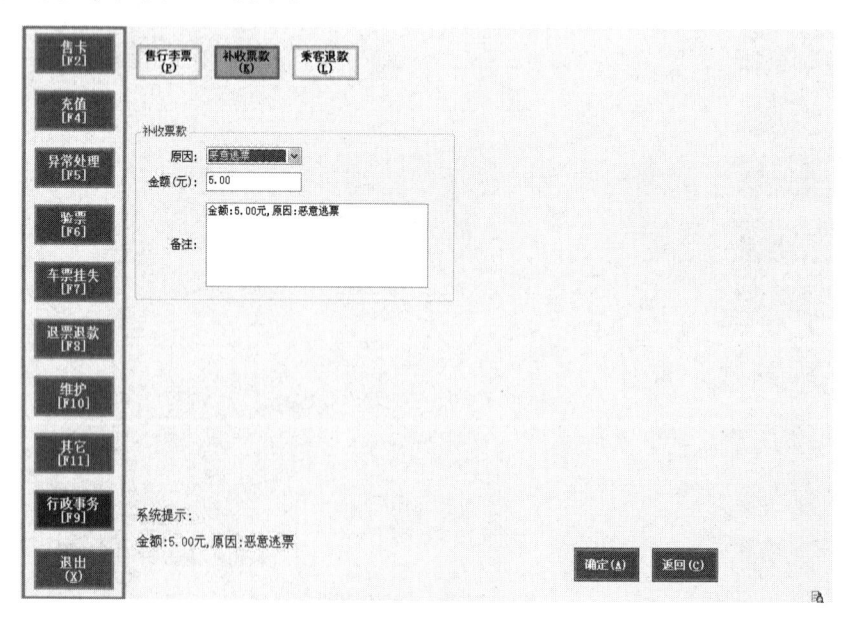

图 3-94　补收票款界面

2. 乘客退款

半自动售票机可以完成由于自动售检票设备出现故障而带来票务纠纷时退还乘客损失而进行的退款操作，如由于卡币、卡票、少找零、少出票、发售无效票、充值失败等造成的乘客损失。乘客退款的操作步骤如下。

在系统操作主界面单击"行政事务"按钮，进入行政事务处理主界面。单击"乘客退款"按钮，进入乘客退款界面。操作员根据乘客说明设置对应的原因和退款金额，单击"确定"按钮，如图3-95所示。

图3-95 乘客退款界面

无效票是指不能正常使用，且经半自动售票机检验无法更新或系统无法读取数据的车票。根据无效票的信息状态可以分为以下两种退款情形。

（1）即时退款：若半自动售票机能查询到车票余值，按上述规定办理相应退款，并回收无效票。

（2）非即时退款：若半自动售票机不能查询到车票余值，则回收无效票，填写"无效车票处理申请表"，请乘客在规定的几个工作日后，凭车票处理申请表收据到指定的车站办理退款。

（五）退票

城市轨道交通运营企业供乘客使用的IC票卡是有价证券，一经乘客购买，正常情况下是不允许退票的，但在特殊情况下，也可办理退票。不同的城市轨道交通运营企业对能否进行退票及退票时的限制条件各不相同。根据退票的责任主体不同，可分为乘客责任退票及城市轨道交通运营企业责任退票。

1. 乘客责任退票

乘客责任退票是指乘客自身原因造成购买单程票后不能及时乘坐或者储值票有余值但不再继续使用时的退票情形。

(1) 退单程票。对于已售出的单程票，不同的城市轨道交通运营企业有不同的退票规定，有些城市轨道交通运营企业规定：单程票一经售出，若不属于城市轨道交通运营企业的责任，则一律不予退款（如成都地铁）。

出有些城市轨道交通运营企业规定：单程票售出当天，卡内信息可以读取，未曾用于乘坐地铁，在规定的时限内（如广州地铁要求在购票后30分钟内），乘客要求退票时，半自动售票机可以按行政事务办理退款业务，填写"退款/票处理记录表"，按票价全部退还给乘客，并由客运值班员审查确认，若超过系统规定的时间则不予退款。

(2) 退许可票（展商卡、纪念乘次票）。储值票在使用过程中，如还存有余值，但乘客不再需要而要求退款时应按以下情况分别办理。

①储值票未损坏，能查询到余值，半自动售票机办理退款业务，填写"退款/票处理记录表"，将车票余值及押金退还给乘客，并由客运值班员审查确认。

②若储值票持卡人保管不善，出现卡折叠、断裂、涂鸦、粘贴异物、缺边、缺角、打孔或人为原因造成票面图案脱色或脱漆，但能查询到余值，即不可循环使用的车票，则押金不退，只退余值。

③若储值票不能进行更新处理或不能查询到余值，则按无效票办理退款业务。

为了保证储值票退款的安全和准确，中央计算机系统还可设置退款条件、使用次数限制、余值限制等以确保退票处理有足够的安全性，防止发生欺骗行为。

2. 城市轨道交通运营企业责任退票

当车站发生不可预料的事件，如列车故障、行车安全事故等造成乘客不能按时乘车，乘客提出退票要求时，在任何车站，持单程票的乘客均可在当日或规定的日期内（如成都地铁要求在10日内）办理单程票退票，填写"退款/票处理记录表"，使用储值票的乘客可在下次进站时给予免费更新。

3. 退票作业程序

当乘客要求退票时，厅巡岗站务员应引导乘客去客服中心办理。售票员应根据需要先分析车票状态，确认车票能否办理退款，并根据退票的相关规定为乘客办理退票业务。

三、半自动售票机系统退出

每班次工作结束后，需要终止系统操作。单击"退出"按钮，进入系统主界面，完成退出操作，即一个完整的班次结束。站务员每次登录和退出半自动售票机时，系统将统计、生成班次表，用于记录该班次的操作和收益情况。下一班次的操作员可以选择重新登录，然后开始下一班次的操作。

实操模块

[实训任务]

半自动售票机的售票、充值及事务处理。

[实训目的]

掌握半自动售票机的功能及操作。

[实训环境]

车站综合实训室。

[实训指导]

（1）依照半自动售票机的外部结构图认知半自动售票机的内部结构。

（2）按半自动售票机操作系统的功能提示，熟练进行发售、充值、补票、异常票卡处理、验卡、行政事务处理、退票等与乘客相关的票务事务操作。

拓展模块

（一）自助票务处理机的功能

自助票务处理机是一种乘客自行完成基本票务处理的设备，操作时无须工作人员参与，一般设置在进出站自动检票机前，为非付费区和付费区乘客提供服务。

自助票务处理机中装有读卡器、二维码摄像头、触控屏等模块，如图 3-96 所示。设备不具备票卡回收、硬币及纸币模块，主要用于处理二维码票、储值票业务，满足乘客在设备上进行基本异常票务处理、扫码支付、展示二维码支付等需求。作为半自动售票机的功能子集，自助票务处理机在大客流时可进行票务异常处理。设备预留摄像头、扩音器、收音器等模块，具备将移动售票机升级为人工远程服务终端的能力，配备专门的客服人员，为开展人工智能服务铺垫。客服人员可为乘客使用自助票务处理机提供远程指导，提升了服务效率，扩大了服务范围。

图 3-96　自助票务处理机的外观

（二）自助票务处理机乘客操作

当维护门关闭，设备正常且在运营时间内时，触摸显示屏显示前台业务界面。业务界面面向需要进出站的乘客，主要包含 4 个功能：票卡处理、票卡充值、中英文切换和操作指引，如图 3-97 所示。除此之外，该界面显示站点名称、时间、工作区域等设备信息。

1. 票卡处理

在非付费区和付费区，乘客可在自助票务处理机上对票卡进行分析，以及进行不同的异常处理。工作区域的切换可通过修改配置文件或在后维护的本机配置界面修改配置项实现。修改配置信息后需要重启设备方可生效。

（1）非付费区。在非付费区的自助票务处理机，其界面正下方显示工作区域为"非付费区"。乘客将票卡放置在读卡器感应区，然后点击"票卡处理"按钮。在票卡处理界面显示票卡信息及需要进行的更新操作。

在非付费区，乘客可对票卡进行清入站操作，如图3-98所示。其他操作，乘客需前往客服中心进行处理。

（2）付费区。付费区的自助票务处理机，其界面正下方显示工作区域为"付费区"。乘客将票卡放置在读卡器感应区，然后点击"票卡处理"按钮。在票卡处理界面显示票卡信息及需要进行的更新操作。

在付费区，乘客可对票卡进行超时更新（见图3-99）、超程更新、超时/超程更新等操作。其他操作，乘客需前往客服中心进行处理。

图3-97　前台业务界面　　　图3-98　清入站操作　　　图3-99　超时更新

2. 票卡充值

乘客需将票卡放置在读卡器感应区，然后点击"充值"按钮，在票卡充值界面选择充值金额和支付方式后进行支付，如图3-100所示。支付成功后设备进行写卡操作，乘客可点击"打印"按钮进行单据打印。

项目三 自动售检票系统终端设备操作

3. 中英文切换

乘客可在业务界面点击相应按钮进行中英文切换。如图 3-101 所示为切换成英文后的界面。

图 3-100　票卡充值界面　　　　图 3-101　英文界面

4. 操作指引

乘客可在此界面查看自助票务处理机业务界面的操作指引。

5. 支付方式

自助票务处理机支持的支付方式有卡支付（仅限更新操作）和移动支付（支付宝支付及微信支付），其中移动支付支持扫码支付和付款码支付，二维码读写器连接正常时，提示乘客出示付款码。

（三）自助票务处理机后维护操作

当维护门被打开后，设备主界面切换至后维护界面。后维护界面面向地铁维护人员，主要包含 5 个功能：登录与退出登录、硬件检查、本机配置、软件版本、运营统计、主程序操作，如图 3-102 所示。

1. 登录与退出登录

打开维护门，进入登录界面。如图 3-103 所示，操作员可输入账号和密码进行登录。

维护人员在联机状态下登录，可通过联机认证获取功能权限列表，若点击无权限的列表，系统会提示维护人员无此权限；在脱机状态下登录，系统提示维护人员联机认证超时，可转入本地认证。

图 3-102　后维护界面　　　　　　图 3-103　后维护登录界面

2．硬件检查

设备出现故障后，维护人员可在后维护界面点击"硬件检查"按钮，进入硬件功能检测界面，对读写功能、扫码枪、打印机、到位开关传感器进行状态检测，如图3-104所示。检测后设备显示检测结果，有助于维护人员排查故障。

故障排除后，维护人员应退出登录，关上维护门，将界面切换到前台业务界面。

3．本机配置

在后维护界面点击"本机配置"按钮，进入本机配置界面。该界面显示设备的基础配置信息，维护人员可在此界面修改车站编号、本机IP、本机ID、系统时间及工作区域，如图3-105所示。修改配置信息后重启设备，配置生效。

图 3-104　硬件功能检测界面　　　　图 3-105　本机配置界面

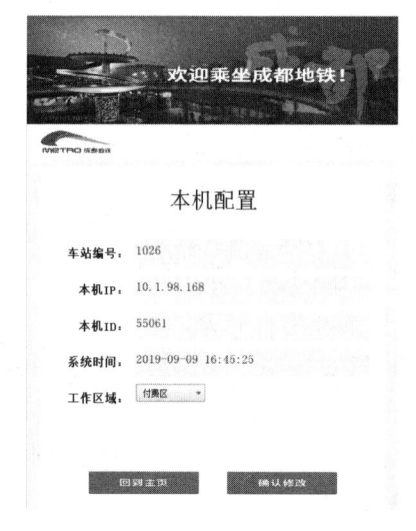

4. 软件版本

在后维护界面点击"软件版本"按钮，进入软件版本界面。该界面提供对设备软件版本、参数版本、底层驱动版本、底层软件版本的查询功能，如图 3-106 所示。

在参数信息界面可进行读写器参数版本和设备软件参数版本的查询，如图 3-107 所示。

图 3-106 软件版本界面　　　　　　　　图 3-107 参数信息界面

5. 运营统计

在后维护界面点击"运营统计"，进入运营统计界面。运营统计界面包括 4 个子功能：交易统计、寄存器统计、异常统计、运营全状态。

（1）交易统计。在运营统计界面点击"交易统计"按钮，即可进入交易统计界面。输入要统计的交易时间范围，点击"查询"按钮，界面显示交易时间内发生的交易记录，如图 3-108 所示。默认查询最近 30 条交易记录。查询后选择交易记录，点击"打印"按钮，即可补打单据。

（2）寄存器统计。在运营统计界面点击"寄存器统计"按钮，即可进入寄存器统计界面，查看寄存器信息。寄存器统计界面显示每日票卡充值、更新的统计数量和金额，如图 3-109 所示。

（3）异常统计。在运营统计界面点击"异常统计"按钮，即可进入异常统计界面（与交易统计界面相似）。输入要统计的交易时间范围，点击"查询"按钮，界面显示交易时间内发生的异常记录。默认查询最近 30 条异常记录。

（4）运营全状态。在运营统计界面点击"运营全状态"按钮，即可进入运营全状态界面。界面内显示网络连接状态、充值功能、票卡处理功能、二维码验证功能、打印机模块、读写器模块等是否可用，如图 3-110 所示。

图 3-108　交易统计界面

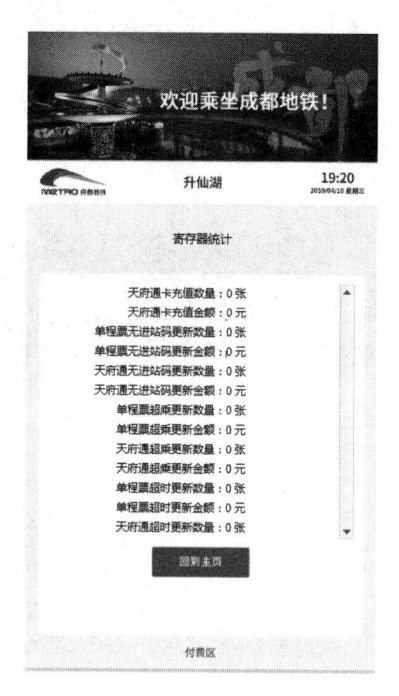

图 3-109　寄存器统计界面

6. 主程序操作

在后维护界面点击"主程序操作"按钮，进入主程序操作界面。维护人员可在主程序操作界面进行重启系统、重启程序、关闭系统、退出等操作，如图 3-111 所示。

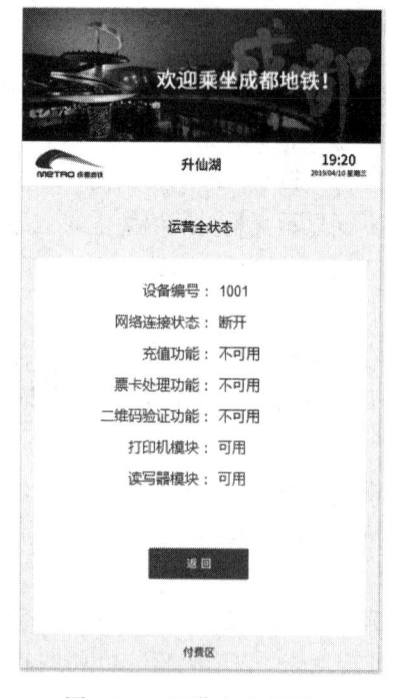

图 3-110　运营全状态界面

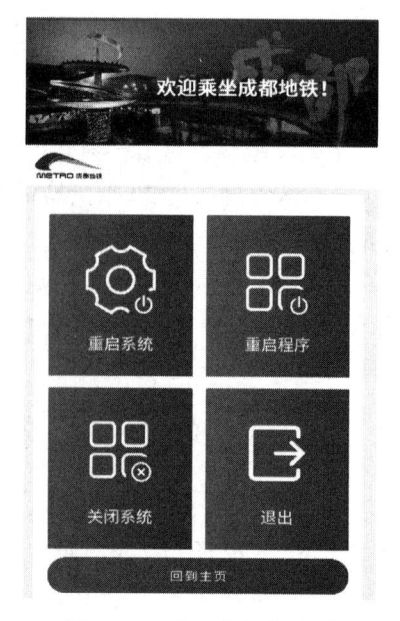

图 3-111　主程序操作界面

目标检测

[知识目标检测]

1. 填空题

（1）_____属于采用人工方式为乘客提供服务的售/补票设备。

（2）半自动售票机的操作员一般分为_____、_____及_____。

（3）单程票发售包括_____和_____发售。

（4）售票作业时必须遵守"_____"。

（5）行政事务处理包括_____、_____等业务。

（6）根据退票的责任主体不同，可分为_____及_____。

2. 选择题

（1）半自动售票机用于以人工方式完成（　　）。

A. 车票的发售、充值、补票　　　　B. 车票分析

C. 退票　　　　　　　　　　　　　D. 票务处理

（2）IC 票卡的种类包括（　　）。

A. 单程票　　　B. 储值票　　　C. 纪念票　　　D. 计次票

（3）半自动售票机可以对不能正常打开自动检票机的票卡进行读卡分析。主要异常包括（　　）。

A. 非付费区票卡为已入站状态　　　B. 付费区票卡无入站标志

C. 卡余值不足　　　　　　　　　　D. 超乘、滞留超时

（4）要发售预制票，应得到当班（　　）的指令。

A. 行车值班员　　　B. 客运值班员　　　C. 值班站长　　　D. 售票员

3. 判断题

（1）功能单一的半自动售票机应服务于非付费区乘客，而半自动补票机则服务于付费区乘客。（　　）

（2）售票作业时若前一位售票员没有签退，则可以不登录自己的账号和密码。（　　）

（3）票卡在交给乘客之前，必须使用半自动售票机进行分析。（　　）

（4）当车站发生不可预料的事件，如列车故障、行车安全事故等造成乘客不能按时乘车时即可退票。（　　）

（5）每班次工作结束后，需要终止半自动售票机系统操作。（　　）

[技能目标检测]

根据前述实训任务，分组模拟训练，在实训室进行考核，要求边操作边口述，以此来检测技能目标的达成度。具体检测项目、评分标准及得分如表 3-7 所示。

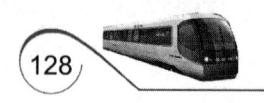

表 3-7　技能目标检测

序号	检测项目	检测项目	评分标准	得分
1	识别半自动售票机（10分）	主机、操作员显示屏、外置读卡器、票据打印机、付费区和非付费区乘客显示屏、键盘、鼠标	漏项或错项，每项扣2分	
2	登录半自动售票机系统（2分）	在操作界面中单击"登录"按钮，输入员工号和密码（考场根据设备提供）登录后核对员工号信息及登录界面是否正常	未正确登录，扣2分	
3	发售单程票（30分）	根据站点或票价要求按售票流程发售一张单程票	单程票发售不成功，扣30分	
4	给储值票充值（25分）	根据乘客需要给储值票充值	充值不成功，一票否决，扣25分	
5	分析车票（30分）	根据乘客所在区域，分析乘客车票信息，并能正确向乘客解释	不能正确选择区域，扣30分	
6	退出系统（3分）	操作结束后退出系统，并确认退出系统成功	未正确退出系统或退出系统后未确认退出系统成功，扣3分	

[素质目标检测]

由教师根据学生课前预习情况、课中小组讨论及独立思考情况、课后作业及小组共同完成学习任务情况，以及技能目标检测环节的表现进行素质目标检测，如表3-8所示。

表 3-8　素质目标检测

序号	检测项目	评分标准	得分
1	学习能力的提升度（20分）	课前预习（5分）；课中主动回答问题（5分）；课后作业（5分）；小组作业（5分）	
2	团队协作的配合度（20分）	小组讨论发言频率（10分）；发言中的创新思维（10分）	
3	语言表达的清晰度（20分）	汇报问题的逻辑性（10分）；语言表达的流畅性（10分）	
4	思想意识的认知度（40分）	爱护公共财物的意识（20分）；按章操作设备的意识（20分）	

课后复习题

简述半自动售票机的功能及结构组成。

任务四　自动验票机操作

学习目标

[知识目标]

（1）掌握自动验票机的功能及结构组成。

（2）掌握自动验票机业务操作。

项目三　自动售检票系统终端设备操作

[技能目标]
（1）能辨识自动验票机的外部结构。
（2）能操作自动验票机帮助乘客查询车票信息。

[素质目标]
（1）培养分析问题及解决问题的能力。
（2）培养换位思考的人性化服务意识。

教学环境

车站综合实训室。

学习引入

城市轨道交通车站的站厅层布置了各种设备，其中票务管理室的终端设备有多种，除了大家非常熟悉的自动售票机、自动检票机和半自动售票机，还有其他设备吗？其作用又是什么呢？

理论模块

自动验票机（Ticket Checking Machine，TCM）安装在非付费区内，供乘客对票卡进行自助查询，能够读取地铁储值 IC 卡最近 10 次的交易记录，读取过程中不修改票卡上的任何数据。自动验票机如图 3-112 所示，手持式便携验票机如图 3-113 所示。

图 3-112　自动验票机（TCM）　　　　图 3-113　手持式便携验票机（PCA）

自动验票机的功能及结构组成

自动验票机具有票卡查询、乘客服务信息查询等功能，其主要由主机、电源、读卡器、乘客显示屏等组成。

票卡查询是指读取票卡信息，不包括写票功能，工作人员将票卡在阅读器/天线处出示后 1 秒内能显示票卡的以下内容（见图 3-114）。

（1）票卡的卡号。
（2）票卡的类型。
（3）票卡的余值/使用次数：显示该票卡当前所剩余值及使用次数。
（4）票卡的有效期：显示该票卡的有效期限。

图 3-114 自动验票机查询界面

（5）票卡无效的原因（如安全性检查、出入顺序检查、黑名单票卡检查、超乘、超时等）。

（6）交易历史记录等。

乘客服务信息由后台定制下载，可以是 Flash、图片、文本文件。所提供的乘客服务信息力求方便、实用。乘客服务内容可定制，当一屏显示不完时，可使用垂直滚动条翻屏。

技术模块

自动验票机的操作步骤

步骤 1：将票卡出示在验卡区（50 厘米以内），如图 3-115 所示。

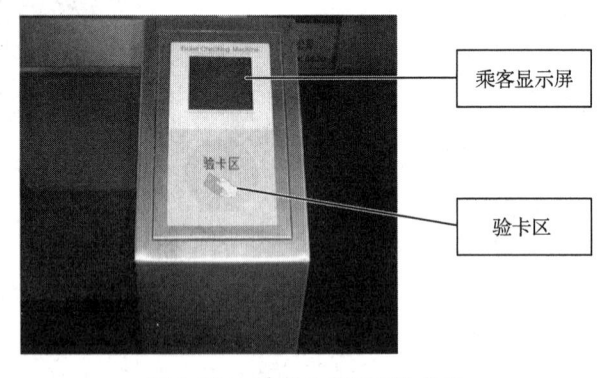

图 3-115 乘客显示屏和验卡区

步骤 2：在乘客显示屏上读取票卡信息。

步骤 3：如果乘客显示屏无信息，则重复步骤 1 后再读取。

项目三 自动售检票系统终端设备操作

实操模块

[实训任务]

小组讨论设计乘客需要查询票卡信息的情景,以厅巡岗站务员角色运用自动验票机为乘客查询票卡信息,并为乘客做好解释。

[实训目的]

掌握自动验票机的功能及结构组成。

[实训环境]

车站综合实训室。

[实训指导]

(1)依照自动验票机的操作步骤读取票卡信息。
(2)根据自动验票机的显示解读票卡信息内容。

拓展模块

让我们一起学习便携式手持验票机吧!

便携式手持验票机是一种离线式检票设备,由站务员或稽查员手持,对乘客的电子票卡进行扣款、验证和记录;为乘客提供进站检票和出站检票服务,以及在不同区域(非付费区和付费区)移动提供验票服务。

便携式手持验票机可以读写轨道交通的专用票和一卡通的数据,有助于在客流高峰或自动检票机出现故障时缓解自动检票机的工作压力。

(一)便携式手持验票机的功能模块

便携式手持验票机由登录界面→主界面进入进站检票、出站检票、验票、查询四大功能模块。

登录界面用于选择对应的线路及车站后登录,如图 3-116 所示。

主界面用于显示进站检票、出站检票、验票、查询四大模块,如图 3-117 所示。

图 3-116 登录界面    图 3-117 主界面

1. 进站检票

进站时用进站检票模块，需要对票卡进行读写操作。点击"进站检票"按钮，把票卡放到机器背面的射频识别区域，点击"验票"按钮，系统自动读取。如果在刷卡期间拿开票卡后点击"验票"按钮，系统提示放票卡。不点击按钮时，不验证票卡。

2. 出站检票

出站时用出站检票模块，需要对票卡进行读写操作。点击"出站检票"按钮，把票卡放到机器背面的射频识别区域，点击"验票"按钮，系统自动读取。如果在刷卡期间拿开票卡后点击"验票"按钮，系统提示放票卡，不点击按钮时，不验证票卡。

3. 验票

验票模块主要用于查询票卡的信息。首先点击"验票"按钮，进入验票界面；其次选择是付费区还是非付费区验票，如果选择付费区，则进入付费区；然后把要验证的票卡放至机器背面的射频识别区域，点击"验票"按钮，系统自动读取票卡的相关信息并显示出来。如果在刷卡期间拿开票卡后点击"验票"按钮，系统提示放票卡，不点击按钮时，不验证票卡。

4. 查询

查询模块主要用于查询票卡当日的交易数据，以及票卡的信息。

（二）便携式手持验票机的操作

1. 进站检票

（1）单程票进站检票。操作步骤如下。

①在登录界面选择当前线路及车站。

②在主界面点击"进站检票"按钮。

③把票卡放到机器背面的射频识别区域。

④点击"验票"按钮。

⑤便携式手持验票机返回票卡信息界面，如图 3-118 所示。

（2）进站检票异常。

①黑名单票卡。为黑名单票卡时，检票结果显示"进站检票失败，票卡被锁!"

②线路站点不对应。为非本站的票卡时，检票结果显示"进站检票失败，非售票车站进站!"

③过期票卡。为过期票卡时，检票结果显示"进站检票失败，票卡逻辑有效期失效!"

④出站票卡。为出站票卡时，检票结果显示"进站检票失败，进出站不匹配!"

⑤重复检票。重复检同一张票卡时，检票结果显示"进站检票失败，进出站不匹配!"

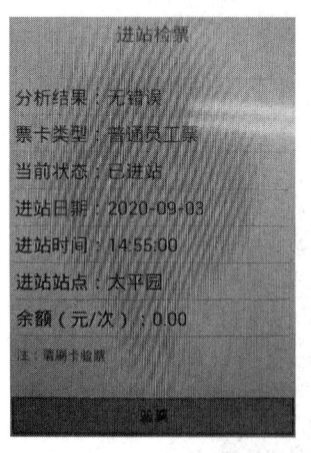

图 3-118 进站检票界面

⑥异常票卡。为异常票卡时，检票结果显示"进站检票失败，参数不匹配!"

2. 出站检票

（1）单程票出站检票。操作步骤如下。

①在登录界面选择当前线路及车站。

②在主界面点击"出站检票"按钮。

③把票卡放到机器背面的射频识别区域。

④点击"验票"按钮。

⑤便携式手持验票机返回票卡信息界面，如图 3-119 所示。

（2）出站检票异常。

①黑名单票卡。为黑名单票卡时，检票结果显示"出站检票失败，票卡被锁！"

②线路站点不对应。为路程超过本站的票卡时，检票结果显示"出站检票失败，超程！"

③过期票卡。为过期票卡时，检票结果显示"出站检票失败，票卡逻辑有效期失效！"

④进站票卡。为进站票卡时，检票结果显示"出站检票失败，进出站不匹配！"

⑤重复检票。重复检票时，检票结果显示"出站检票失败，进出站不匹配！"

⑥异常票卡。为异常票卡时，检票结果显示"出站检票失败，参数不匹配！"

3. 验票

验票界面如图 3-120 所示。

（1）付费区验票。

付费区验票操作步骤如下。

①在登录界面选择当前线路及站点。

②在主界面点击"验票"按钮。

③在验票界面点击"付费区"按钮。

④把票卡放到机器背面的射频识别区域。

⑤点击"验票"按钮。

⑥验票结果显示界面如图 3-121 所示。

图 3-119　出站检票界面 　　图 3-120　验票界面 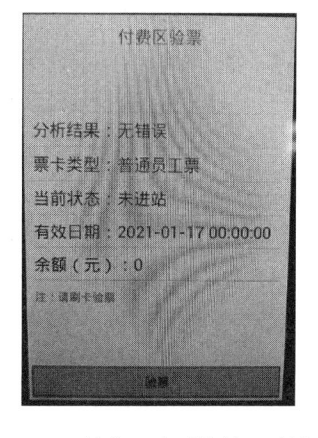　　图 3-121　付费区验票结果显示界面

（2）非付费区验票。

非付费区验票操作步骤如下。

①在登录界面选择当前线路及站点。

②在主界面点击"验票"按钮。

③在验票界面点击"非付费区"按钮。

④把票卡放到机器背面的射频识别区域。

⑤点击"验票"按钮。

⑥验票结果显示界面如图 3-122 所示。

4. 查询（查询交易数据接口暂未开放）

查询界面如图 3-123 所示。

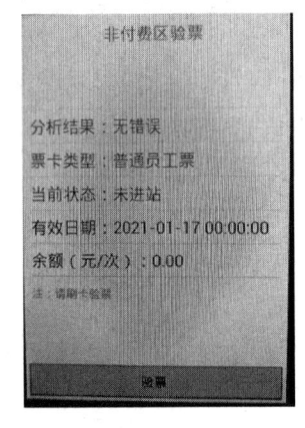

图 3-122　非付费区验票结果显示界面　　　图 3-123　查询界面

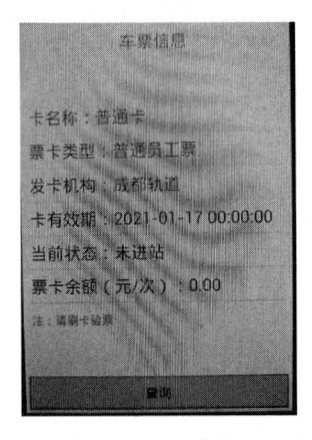

目标检测

[知识目标检测]

1. 填空题

（1）_____安装在非付费区内，供乘客对票卡进行自助查询。

（2）自动验票机具有_____查询、_____查询等功能。

2. 选择题

（1）自动验票机的英文缩写是（　　）。

A．TVM　　　　　　B．AGM　　　　　　C．PCA　　　　　　D．TCM

（2）自动验票机可显示的内容有（　　）。

A．票卡的卡号和类型

B．票卡的余值/使用次数：显示该票卡当前所剩余值及使用次数

C．票卡的有效期：显示该票卡的有效期限

D．票卡无效的原因（如安全性检查、出入顺序检查、黑名单票卡检查、超乘、超时等）

E．交易历史记录

3. 判断题

（1）自动验票机能够读取地铁储值 IC 卡的交易记录，根据实际情况，也可以修改异常票卡上的进出站数据。（　　）

（2）乘客服务信息只能是文本文件。（　　）

[技能目标检测]

根据前述实训任务，分组模拟训练，在实训室进行考核，要求边操作边口述，以此来检测技能目标的达成度。具体检测项目、评分标准及得分如表 3-9 所示。

表 3-9　技能目标检测

序号	检 测 项 目	评 分 标 准	得分
1	自动验票机外部结构识别（40 分）	识别错误，一项扣 5 分	
2	操作自动验票机进行票卡查询（40 分）	查询流程错误，扣 40 分	
3	解读票卡信息（20 分）	信息解读错误，一项扣 5 分	

[素质目标检测]

由教师根据学生课前预习情况、课中小组讨论及独立思考情况、课后作业及小组共同完成学习任务情况，以及技能目标检测环节的表现进行素质目标检测，如表 3-10 所示。

表 3-10　素质目标检测

序号	检 测 项 目	评 分 标 准	得分
1	学习能力的提升度（20 分）	课前预习（5 分）；课中主动回答问题（5 分）；课后作业（5 分）；小组作业（5 分）	
2	团队协作的配合度（20 分）	小组讨论发言频率（10 分）；小组情景设计及模拟（10 分）	
3	语言表达的清晰度（20 分）	汇报问题的逻辑性（10 分）；语言表达的流畅性（10 分）	
4	思想意识的认知度（40 分）	换位思考的意识（20 分）；以人为本的服务意识（20 分）	

课后复习题

简述自动验票机的功能及结构组成。

任务五　车站计算机操作

学习目标

[知识目标]

（1）理解车站设备监控子系统的操作步骤。

（2）理解车站票务管理子系统的操作步骤。

[技能目标]

（1）能操作车站设备监控子系统。

（2）能操作车站票务管理子系统。

[素质目标]

（1）培养分析问题及解决问题的能力。

（2）培养良好的团队合作精神。

（3）培养统一领导及服从指挥的职业意识。

教学环境

票务管理实训室及车站控制实训室。

学习引入

2021年5月20日，上海地铁官方微博发消息称，15号线因线路设备故障，华东理工大学站至娄山关路站区段列车限速运行，发车班次间隔延长，预计晚点15分钟以上，请乘客及时调整出行方式。11:36，上海地铁表示，15号线因线路设备故障，启动轨道交通蓝色预警。

因为地铁延误，乘客的票卡可能会出现超时的情况，车站将如何设置乘客的出站模式呢？车站又是通过什么设备来设置出站模式呢？

技术模块

车站计算机由两部分组成。其中一部分是设置在车站控制室的车站计算机，主要负责对所在车站的自动售检票系统终端设备和进出客流进行实时监视等；另一部分是设置在票务管理室的车站计算机，主要负责车站车票及票款收入的数据输入、管理等，并且只允许当班票务管理人员或以上级别管理人员、值班员、自动售检票系统维修人员等在车站计算机系统的操作终端上进行操作或查询。不同操作终端的界面不同，下面以某城市轨道交通运营企业车站计算机系统操作终端的操作为例进行介绍。

一、车站设备监控子系统操作

正常情况下，车站计算机应全日开启。它以客流分析、设备状态监视及设备命令控制为业务核心，帮助各站点分析客流量，尽快定位有问题的设备及部件，在客户端对设备进行简单控制等，提高总体工作效率和工作质量。其操作管理由车站当班值班站长和值班员共同负责。

运营开始前，由行车值班员负责在车站计算机上登录后确认自动售检票系统终端设备是否开启（正常情况下，自动售票机、自动检票机等终端设备将一直处于上电状态。在每日运营结束后，所有终端设备都将在系统设置的时刻自动进入关闭状态，此时乘客显示器黑屏，设备进入省电模式，而在次日运营开始前，各终端设备又将在系统设置的时刻自动恢复为正常服务模式），监测车站计算机与各设备的连接情况等。同时，由巡站人员现场确认自动售检票系统终端设备是否处于正常服务模式。

运营过程中，由行车值班员实时监控各种自动售检票系统终端设备的状态，当设备出现故障或处于报警状态时，通过报警信息及时确认报警设备和报警原因，并针对不同原因进行相应处理。必要时,可通过车站计算机查询设备的状态、自动检票机的检票记录、系统的参数等,打印/显示有关报表,控制站厅的各种自动售检票系统终端设备等。

运营结束后,由行车值班员或以上级别人员通过车站计算机对自动售检票系统终端设备设置暂停服务,然后退出。

当车站发生设备故障或出现紧急情况时,需由值班站长或以上级别人员向行车调度申请在车站计算机上设置执行相应的降级运营模式或紧急放行模式。

(一) 系统登录

首先打开车站控制室的车站计算机显示屏电源,然后打开主机电源,系统启动后主程序自动以全屏方式运行,此时设备监控子系统操作主界面中的各功能模块按钮均处于未激活状态,需单击"操作员登录"按钮,在进入如图 3-124 所示的设备监控子系统登录界面,输入用户(操作员)编号和口令(密码)后单击"登录"按钮,进入操作主界面,如图 3-125 所示。操作主界面中各功能模块的功能按钮均根据操作员的权限相应地被激活,即操作员可以操作系统允许的功能。

图 3-124 设备监控子系统登录界面

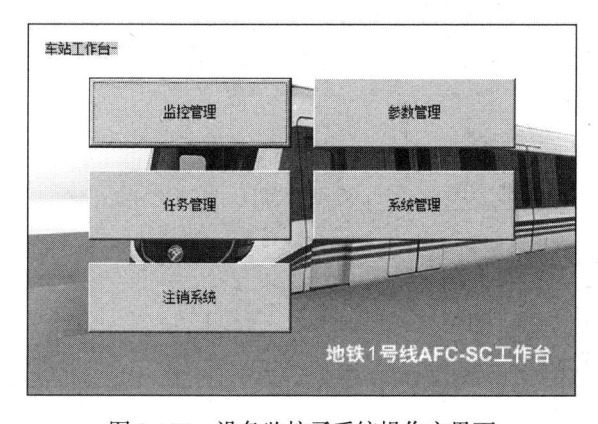

图 3-125 设备监控子系统操作主界面

(二) 设备监视

车站设备监控子系统对自动检票机、自动售票机、半自动售票机的运行状态进行实时监

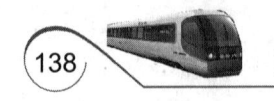

视，并根据显示信息进行相应处理，如提示需更换自动检票机票箱或自动售票机钱箱、票箱等时，需安排更换工作；提示设备故障时，需通过故障描述上报自动售检票系统维修调度处理。设备监视方式如下。

（1）在操作主界面单击"监控管理"按钮，可进入设备实时状态监视界面（见图3-126），各类设备的图标颜色随着设备状态和事件的变化实时变化。

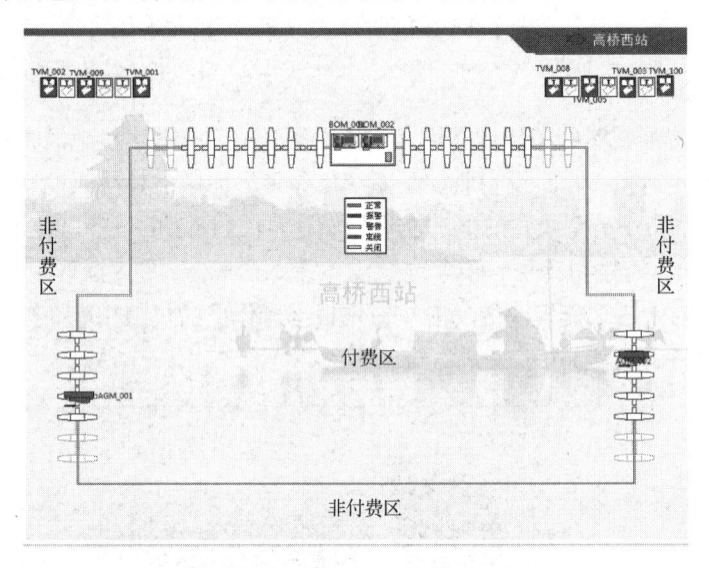

图3-126　设备实时状态监视界面

（2）在任意一个设备监控子系统操作界面单击"实时监视"→"设备实时状态"按钮，进入设备实时状态列表界面（见图3-127），其中显示各类设备的工作状态等。

图3-127　设备实时状态列表界面

（三）客流监视

车站设备监控子系统对所在车站进出站客流进行监视，以分析车站客流量的变化情况。客流监视方式如下。

（1）在任意一个设备监控子系统操作界面单击"实时监视"→"实时客流曲线"按钮，进入实时客流曲线界面（见图 3-128），显示近 24 小时所在车站总进出站客流曲线。

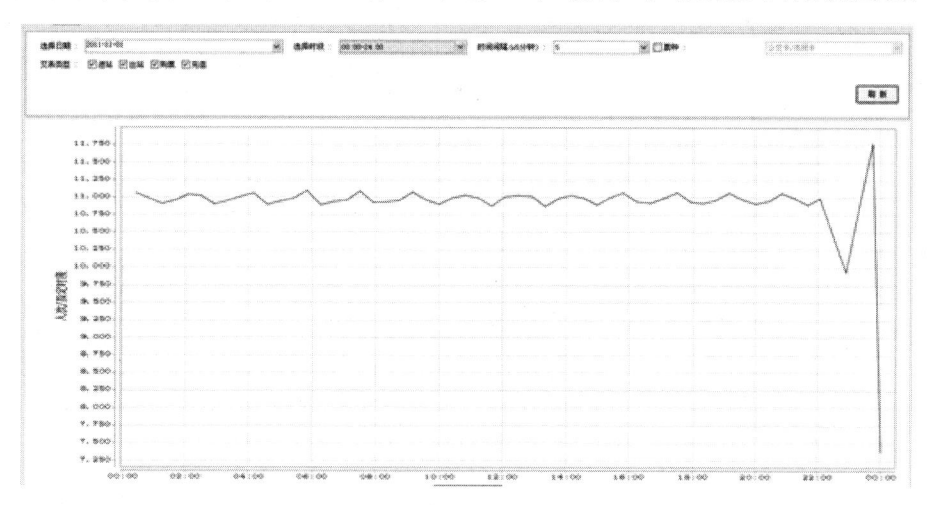

图 3-128　实时客流曲线界面

（2）在任意一个设备监控子系统操作界面单击"实时监视"→"实时客流列表"按钮，进入实时客流列表界面（见图 3-129），显示不同时间段所在车站总进出站客流列表。

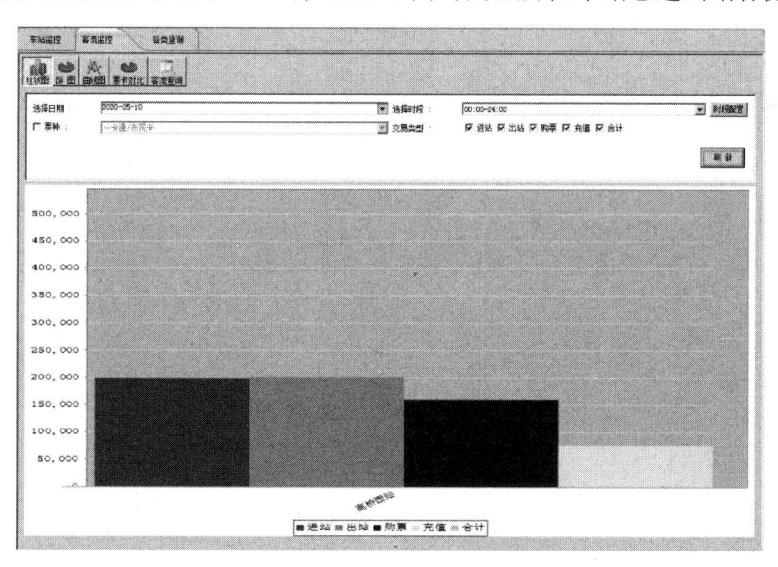

图 3-129　实时客流列表界面

（四）设备控制

车站设备监控子系统通过对所在车站自动售检票系统终端设备进行简单的命令控制，

完成对自动检票机、自动售票机、半自动售票机等的操控。主要设备控制方式如下。

（1）在任意一个设备监控子系统操作界面单击"控制命令"→"AG 控制"按钮，进入自动检票机控制界面（见图 3-130），即在设备选择区域选中相应的自动检票机，选择需执行的命令（包括正常运营或停止运营命令、扇门开关命令、双向自动检票机运行方式命令等），并将其发送到自动检票机，自动检票机根据接收到的命令执行相关操作。

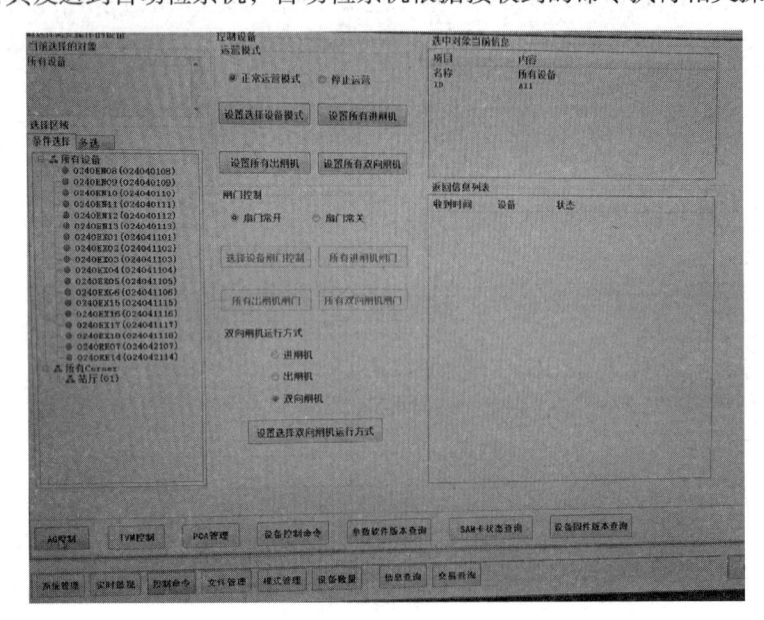

图 3-130　自动检票机控制界面

（2）在任意一个设备监控子系统操作界面单击"控制命令"→"TVM 控制"按钮，进入自动售票机控制界面（见图 3-131），即在设备选择区域选中相应的自动售票机，选择需执行的命令（包括正常运营或停止运营命令，正常充值或停止充值、正常发售或停止发售单程票、正常接收或停止接收纸币命令等），并将其发送到自动售票机，自动售票机根据接收到的命令执行相关操作。

（3）在任意一个设备监控子系统操作界面单击"控制命令"→"设备控制命令"按钮，进入设备控制界面（见图 3-132），即在设备选择区域选中相应的设备，选择需执行的命令（包括正常服务或停止服务命令、远程关机或远程启动命令等），并将其发送到相应设备，设备根据接收到的命令执行相关操作。

（五）模式管理

当所在车站发生设备故障或紧急情况时，需在车站计算机上将自动售检票系统由正常运营模式设置为降级运营模式或紧急放行模式，即单击"模式管理"→"模式设置"按钮，弹出"发送运营模式"对话框（见图 3-133），选择对应的降级运营模式或紧急放行模式，进行模式启用设置操作。自动售检票系统终端设备接收到命令后按相应的运营模式处理车票（具体内容见项目六任务二"非正常运营情况下的票务应急处理"）。

项目三　自动售检票系统终端设备操作

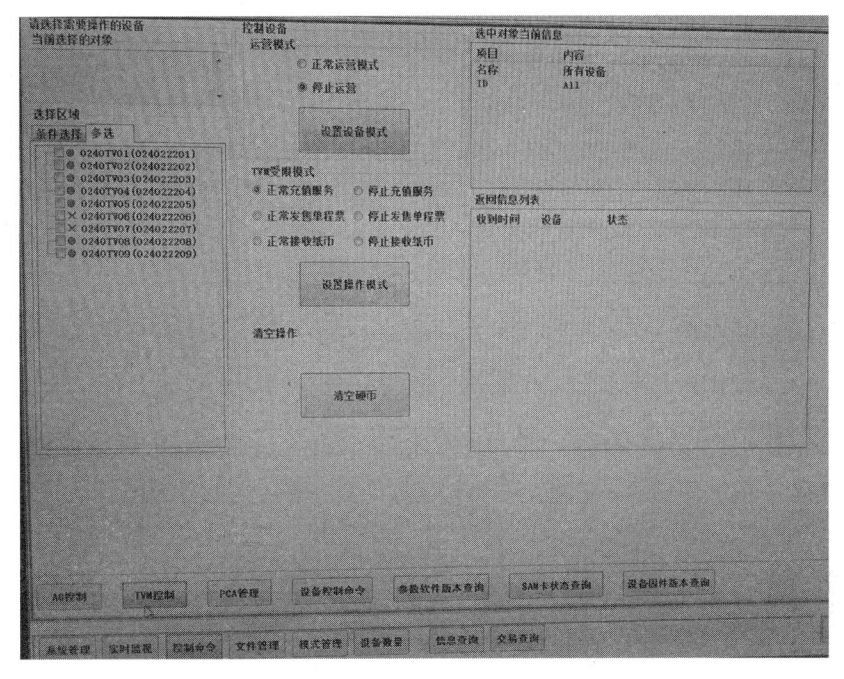

图 3-131　自动售票机控制界面

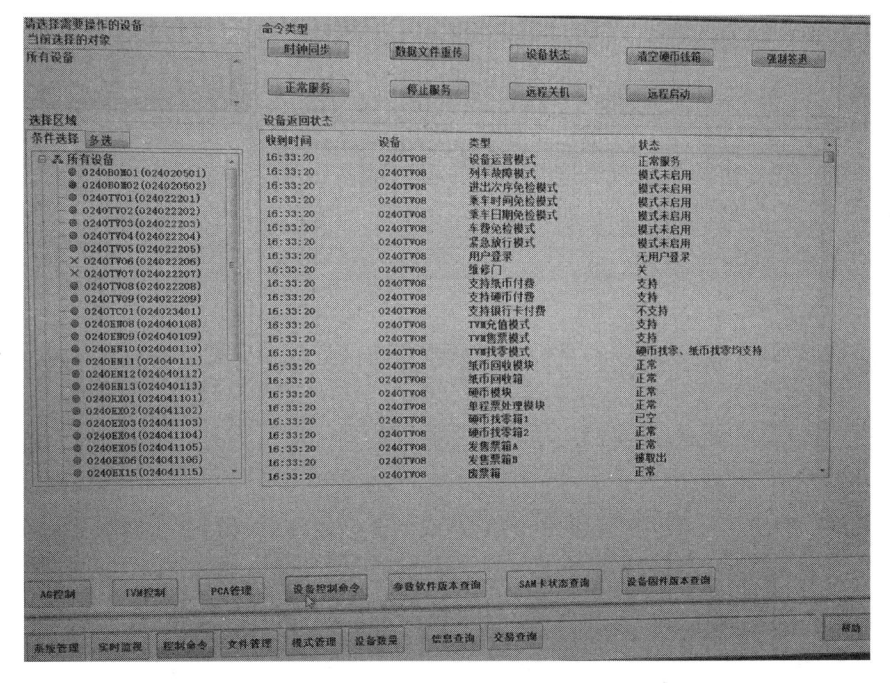

图 3-132　设备控制界面

降级运营模式、紧急放行模式的设置决策人为车站值班站长或以上级别人员，由其向行车调度申请设置模式，行车调度确认后通知自动售检票系统调度执行相应模式。部分模式的具体设置如下。

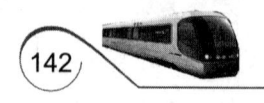

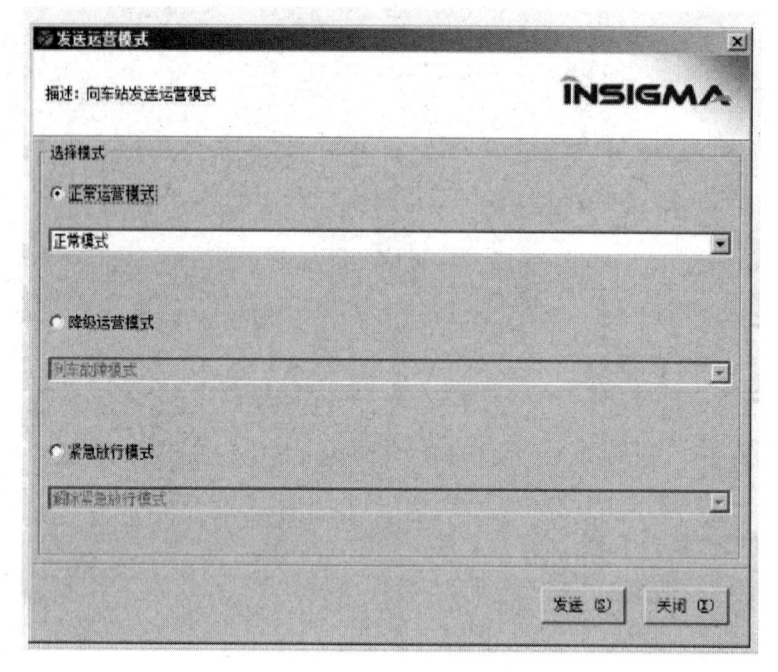

图 3-133 "发送运营模式"对话框

1. 进出站免检模式

（1）设置原则：车站的进站自动检票机全部发生故障无法立即修复，或者由于车站出现大客流情况无法立即缓解，大量由本站进站的乘客未通过进站自动检票机。

（2）设置：自动售检票系统调度接到行车调度的通知后，为车站设置该模式。

（3）取消：故障站进站自动检票机恢复正常、大客流控制结束 2 小时后，行车调度通知自动售检票系统调度取消该模式。

2. 时间免检模式

（1）设置原则：时钟错误或列车延误等城市轨道交通运营企业原因导致乘客手中的车票超时。

（2）设置：自动售检票系统调度接到行车调度的通知后，为时钟错误的车站或列车延误时受影响的车站设置该模式。

（3）取消：在解决了乘客车票时间的问题或列车恢复正常运行 2 小时后，行车调度通知自动售检票系统调度取消该模式。

3. 超程免检模式

（1）设置原则：接到行车调度有关"列车越站"的通知。

（2）设置：自动售检票系统调度接到行车调度的通知后，为列车越站后停靠的第一个车站设置该模式。

（3）取消：车站确认越站列车上的乘客出站完毕后报行车调度，由行车调度通知自动售检票系统调度取消该模式。

4. 紧急放行模式

（1）设置原则：车站出现火灾、爆炸等紧急情况危及乘客生命安全，需及时疏散乘客出站的紧急情况。

（2）设置：对于出现紧急情况的车站，可由防灾系统自动联动设置该模式，也可在接到车站值班站长或以上级别人员的通知后，由车站控制室值班人员通过扭转紧急按钮设置该模式。

（3）取消：车站控制室值班人员接到车站值班站长及以上级别人员的通知后取消该模式。

（六）信息查询

车站所有自动售检票系统终端设备的交易数据和客流数据都能实时上传到车站计算机系统并保存，以供查询。在任意一个设备监控子系统操作界面单击"信息查询"→相应数据查询按钮后进入相应信息查询界面，输入查询条件便能对相关数据进行查询。例如，在客流查询界面输入查询条件，可实现按时间间隔、运营日等查询客流数据（见图 3-134）。

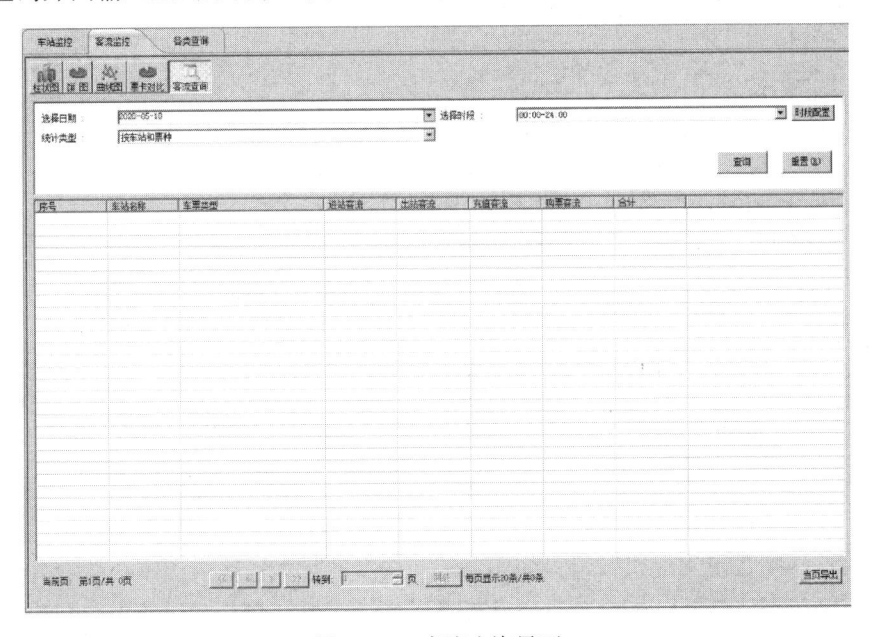

图 3-134　客流查询界面

二、车站票务管理子系统操作

车站票务管理子系统包括车票配发调度管理和票款管理两大模块。车票配发调度管理模块的主要功能是对车站库存车票的配发入库和调度管理，包括配发车票、车票调入、车票调出、上交车票和客值交接班。票款管理模块的主要功能是对票款的管理，包括银行配备用金、现金解行、上日实际解行、售票员配票款、售票员下班上交票款、售票员预收款、零钞申请、免费客流登记、短款补款登记、自动售票机、自动售票机/自动充值机钱箱回收补币补票等。下面介绍主要操作。

（一）系统登录

首先打开票务管理室的车站计算机显示器电源，然后打开主机电源，系统启动后主程序自动以全屏方式运行，此时车站票务管理子系统操作主界面中的各功能模块按钮均处于未激活状态，需单击"操作员登录"按钮，进入如图 3-135 所示的登录界面，输入用户（操作员）名和密码后，单击"登录"按钮，进入操作主界面，如图 3-136 所示。操作员既可以直接单击主界面上的按钮，也可以在菜单栏中选择相应的选项进行操作。

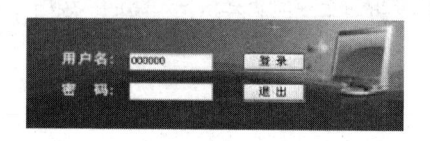

图 3-135　车站票务管理子系统登录界面

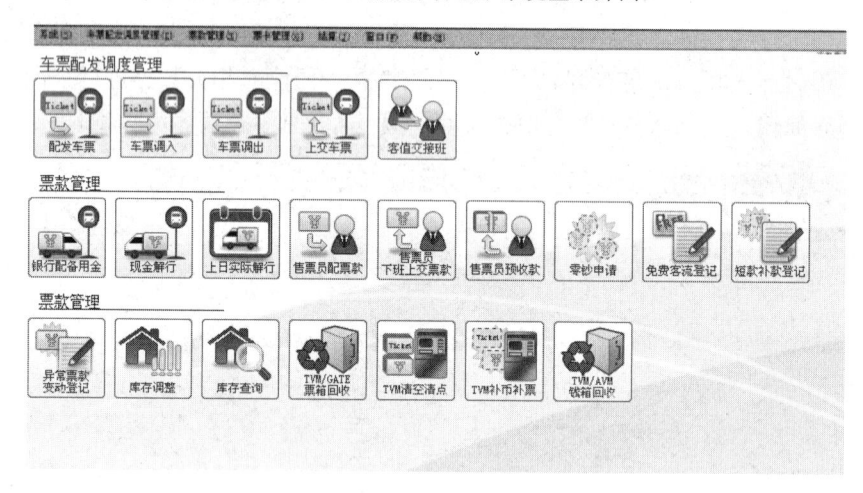

图 3-136　车站票务管理子系统操作主界面

（二）车票配发调度管理

1. 配发车票

配送部门向车站配发车票时，车站可通过"配发车票"窗口查看配发车票的票种和数量，系统默认实际数量为配发数量，如不一致，根据实际数量输入。车票配送人员与客运值班员根据"配票明细单"核对车票信息正确后进行车票交接，客运值班员在车站票务管理子系统操作主界面单击"配发车票"按钮，进入"配发车票"界面。单击"增加"按钮，进入"配发车票编辑窗体"界面（见图 3-137）进行配发车票操作，并在"配票明细单"上签收，车站保存最后一联，其他联由车票配送人员上交配送部门。

2. 上交车票

车站上交车票分为两种，一种是随报表上交的车票；另一种是指定上交的车票。

（1）随报表上交的车票。客运值班员在车站票务管理子系统操作主界面单击"上交车票"按钮，进入"上交车票"界面。单击"增加"按钮，进入"上交车票编辑窗体"界面（见图 3-138），输入需上交车票的类型、数量等，并将用票务专用信封分类加封好的车票随报表上交。

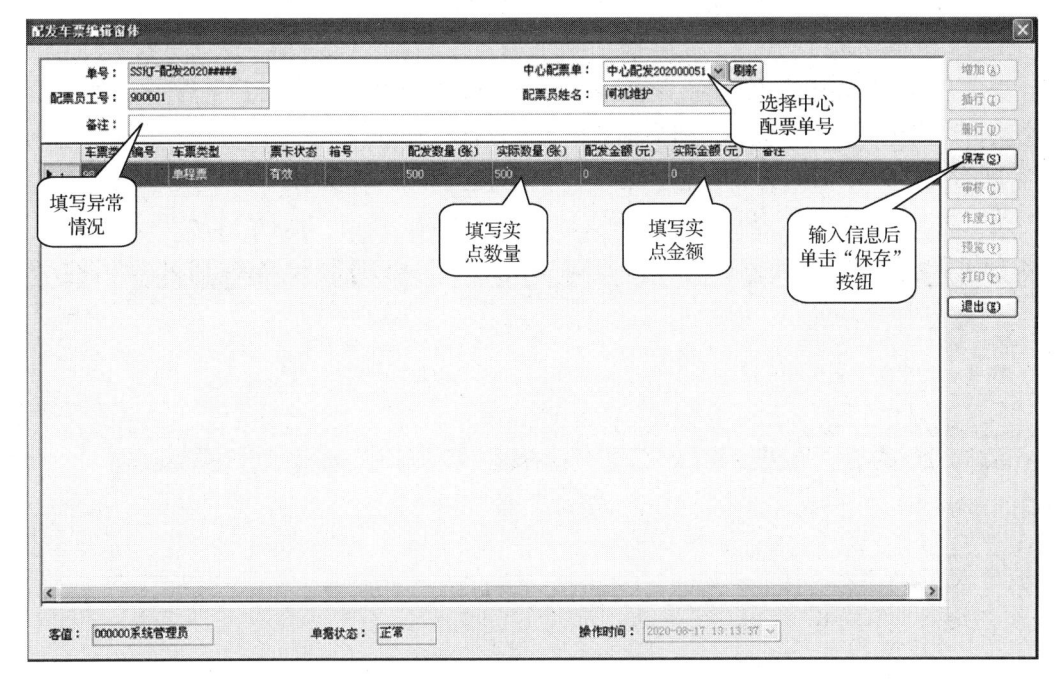

图 3-137 "配发车票编辑窗体"界面

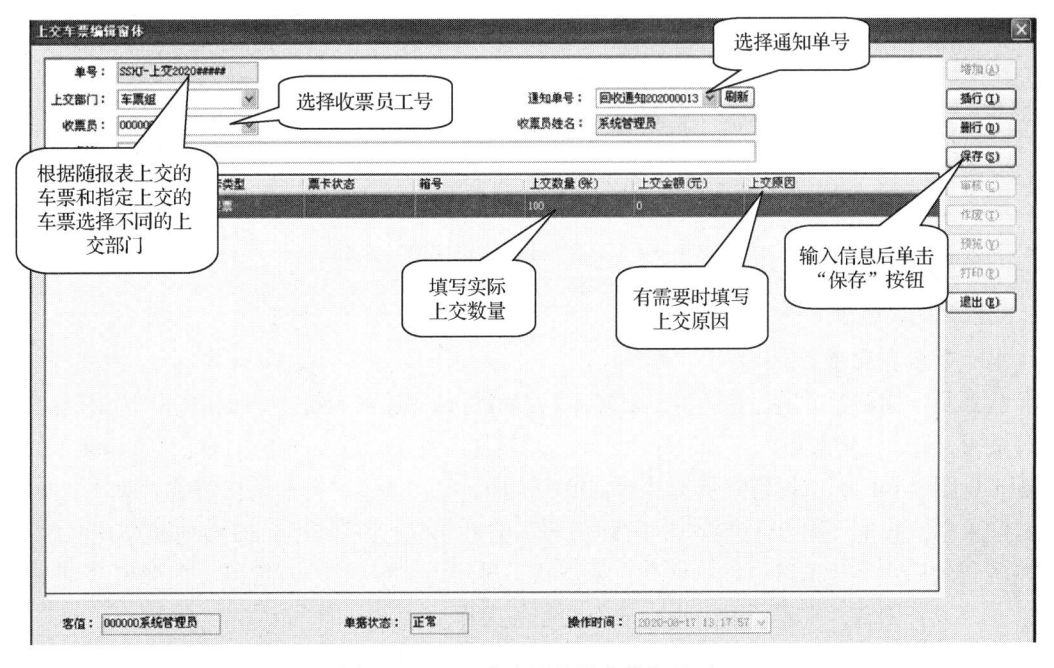

图 3-138 "上交车票编辑窗体"界面

（2）指定上交的车票。由回收部门在票务管理子系统上通知车站需上交的车票类型、数量等，客运值班员在车站票务管理子系统操作主界面单击"上交车票"按钮，进入"上交车票"界面。单击"增加"按钮，进入"上交车票编辑窗体"界面，选择通知单号后，明细表中会自动列出需上交车票的类型、数量等，客运值班员按要求提前准备好车票，并输入需上交的车票类型、数量等。

3. 客值交接班

交班客运值班员退出系统后，接班客运值班员重新登录并进入操作主界面。单击"客值交接班"按钮，进入客值交接班界面。单击"增加"按钮，进入"客值交接班编辑窗体"界面（见图3-139），根据交班客运值班员和接班客运值班员确认的"客运值班员交接班本"填写接班时车票、票款及备用金的账面数量、账面金额，单击"保存"按钮后退出系统。

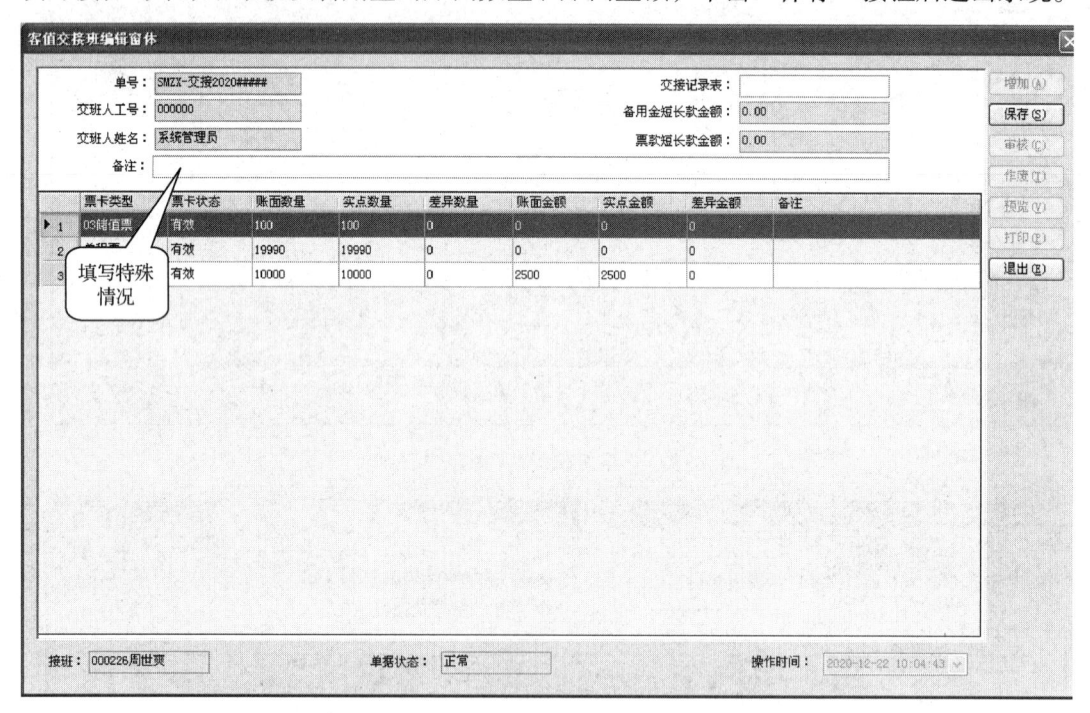

图3-139　"客值交接班编辑窗体"界面

（三）票款管理

1. 售票员配票款

售票员上岗配票款时，客运值班员在车站票务管理子系统操作主界面单击"售票员配票款"按钮，进入"售票员配票款"界面。单击"增加"按钮，进入"售票员配票款编辑窗体"界面（见图3-140），选择售票员工号后，单击"插行"按钮，选择配给售票员的票款类型编号，输入车票数量、备用金金额等。客运值班员输入完成，售票员当面确认客运值班员输入的内容正确后，客运值班员确认保存，单据状态显示为"审核"。若售票员在售卖过程中需追加车票或备用金，则需要重新进行前面的相关操作。

2. 售票员下班上交票款

售票员当班结束与客运值班员结账时，客运值班员在车站票务管理子系统操作主界面单击"售票员下班上交票款"按钮，进入"售票员下班上交票款"界面。单击"增加"按钮，进入"售票员下班上交票款编辑窗体"界面（见图3-141），选择下班售票员工号后，单击"插行"按钮，输入车票上交数量及手中现金总额（当班期间的票款和备用金总额）的实际清点数量。售票员确认客运值班员输入的相关信息正确后，客运值班员确认保存，退出登录。

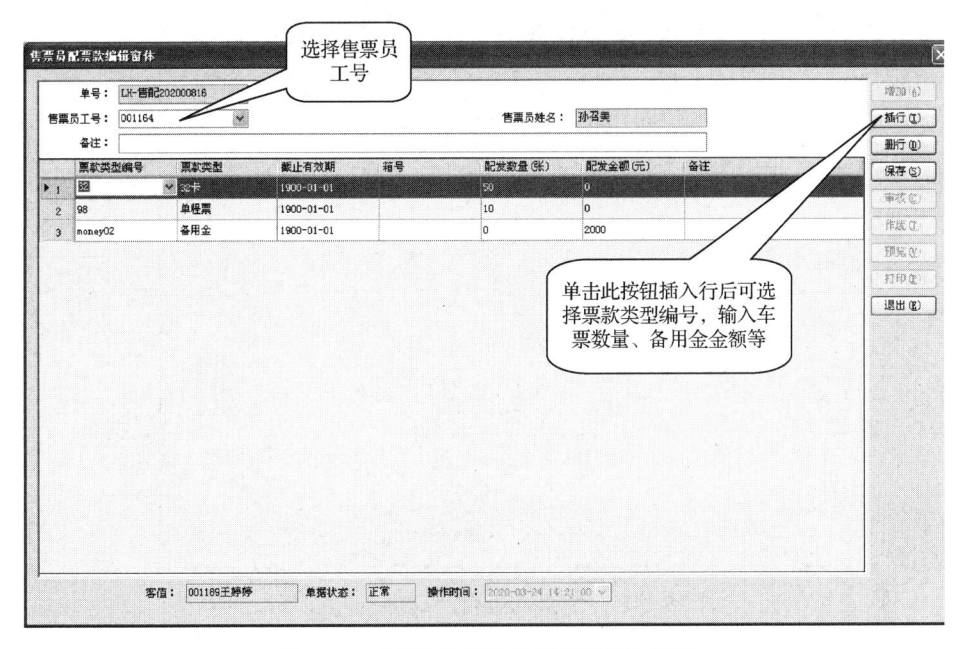

项目三　自动售检票系统终端设备操作

图 3-140　"售票员配票款编辑窗体"界面

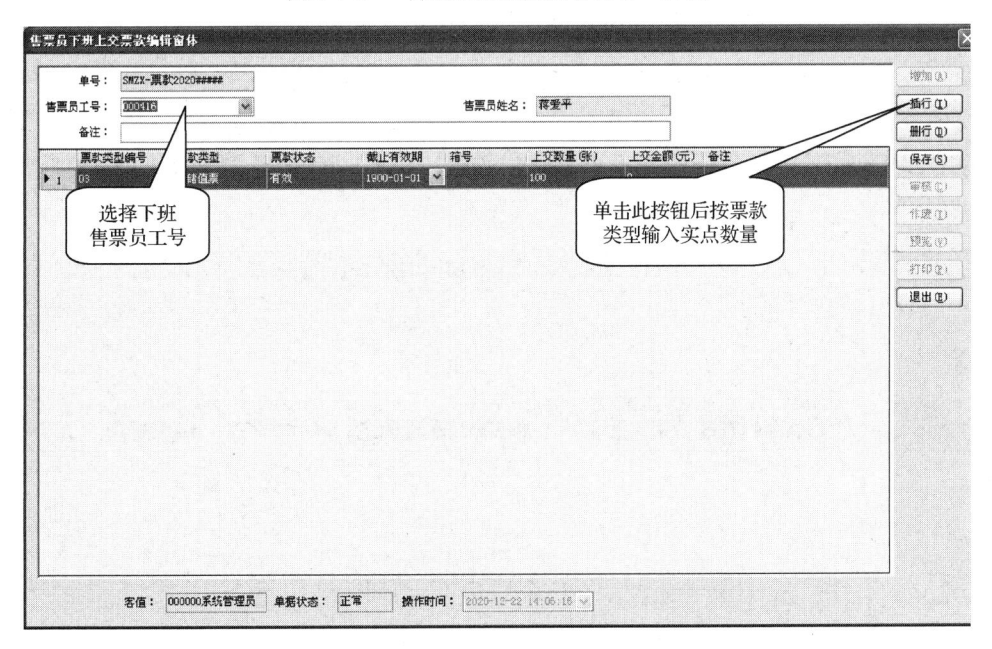

图 3-141　"售票员下班上交票款编辑窗体"界面

3．短款补款登记

进行短款补款登记时，客运值班员在车站票务管理子系统操作主界面单击"短款补款登记"按钮，进入"短款补款登记"界面。单击"增加"按钮，进入"短款补款登记编辑窗体"界面（见图 3-142），选择补款人工号后，单击"插行"按钮，输入结算单号，根据"补款通知书"输入短款金额，并根据售票员补交情况填写已补交金额等。

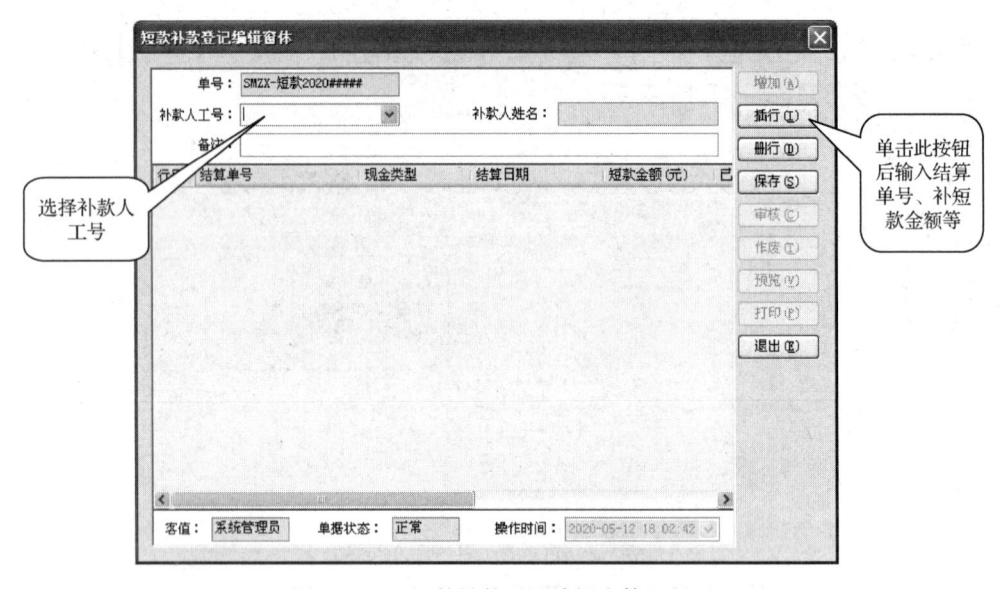

图 3-142 "短款补款登记编辑窗体"界面

4. TVM 补币补票

车站进行补币补票时,客运值班员在车站票务管理子系统操作主界面单击"TVM 补币补票"按钮,进入"TVM 补币补票"界面。单击"增加"按钮,进入"TVM 补币补票编辑窗体"界面(见图 3-143),选择补币补票人工号后,单击"插行"按钮,选择自动售票机编号,根据"TVM 补币打印小单"输入箱号、数量、金额等,客运值班员和售票员确认保存。

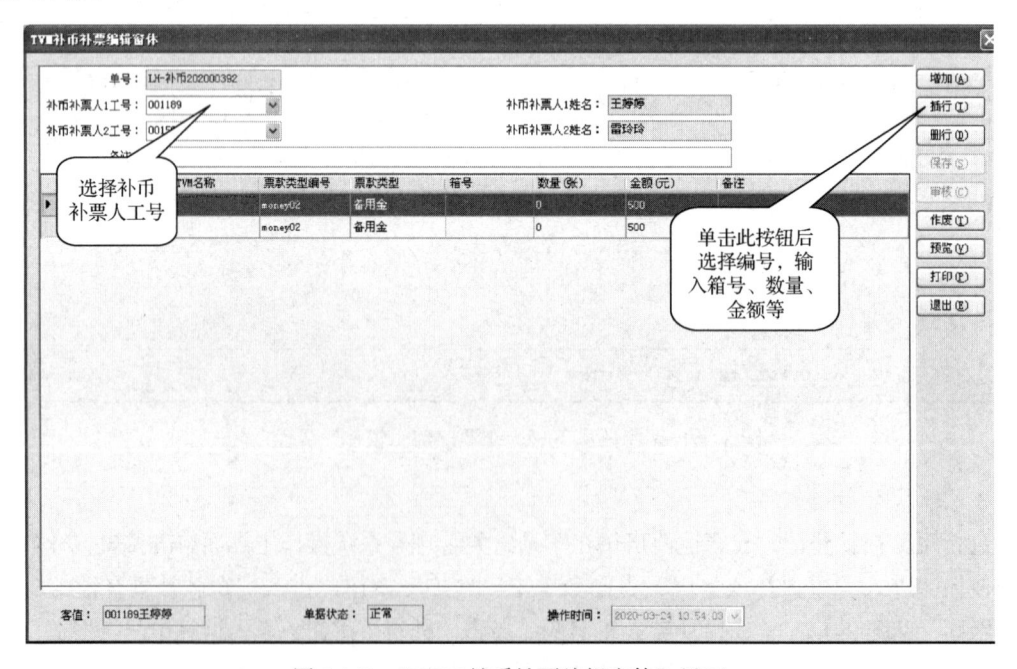

图 3-143 "TVM 补币补票编辑窗体"界面

5. TVM/AVM 钱箱回收

车站进行钱箱清点时，客运值班员在车站票务管理子系统操作主界面单击"TVM/AVM 钱箱回收"按钮，进入"TVM/AVM 钱箱回收"界面。单击"增加"按钮，进入"TVM/AVM 钱箱回收编辑窗体"界面（见图3-144），选择操作员工号后，单击"插行"按钮，选择自动售票机/自动充值机编号，根据手工报表"钱箱清点报告"中的机点金额和实点金额输入机器读数、实点金额等，并将手工报表"备注"栏中所反映的异常情况输入"备注"栏中，需由另一个清点人员确认后由客运值班员保存。

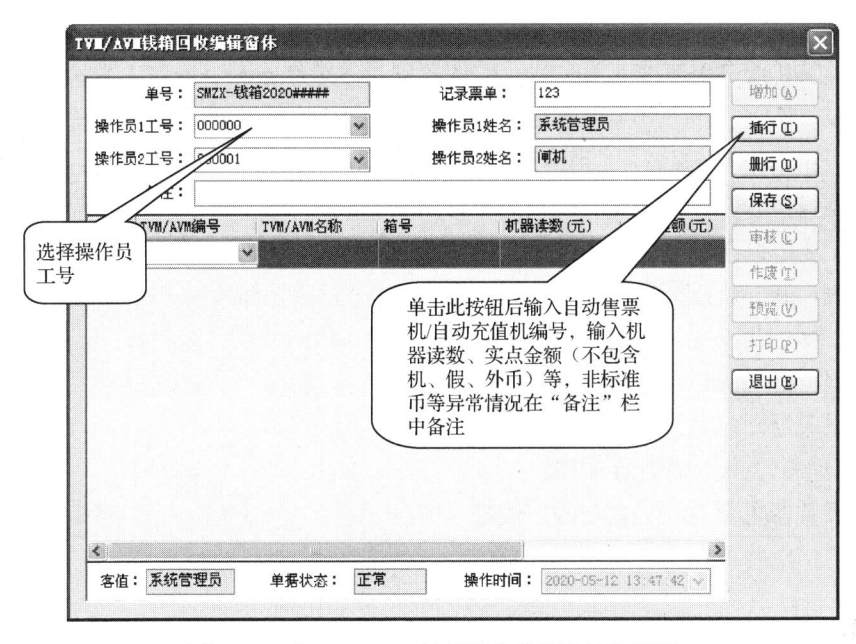

图 3-144 "TVM/AVM 钱箱回收编辑窗体"界面

实操模块

[实训任务]

分组模拟客运值班员对车站计算机两个子系统进行操作的情景。

[实训目的]

熟悉车站计算机的功能及操作流程。

[实训环境]

城市轨道交通车站票务管理实训室。

[实训指导]

（1）依照车站设备监控子系统的操作步骤，通过车站计算机进行设备监视、客流监视、模式管理、信息查询。

（2）依照车站票务管理子系统的操作步骤，通过车站计算机进行车票配发调度管理、票款管理。

拓展模块

车站计算机的主要故障有哪些？该如何处理？

（一）车站计算机服务器不能正常启动

1. 个案描述

车站计算机服务器不能正常启动，服务器硬盘故障灯常亮，维修人员检查后发现服务器硬盘指示灯不亮。服务器主机不能识别硬盘，检查 220V 交流电源输入正常，检查主机与硬盘连线正常，拆开服务器，用清洁的压缩空气和软毛刷清洁服务器各硬件表面积尘后，安装插槽硬盘指示灯正常闪亮，硬盘能正常识别，故障修复。

2. 原因分析

硬盘表面和安装插槽积尘，导致服务器主机检测不到硬盘。

3. 判断要点

（1）服务器电源是否存在故障。
（2）服务器硬盘是否存在故障。
（3）服务器主板是否存在故障。
（4）服务器主板与硬盘之间的连线是否完好。
（5）清洁电路板和安装插槽上的灰尘。

4. 处理建议

（1）检查服务器故障指示灯，按故障指示灯检查相应故障部件。
（2）检查服务器的交流电源输入电压，观察服务器的两个交流转换直流电源变压器指示灯，绿色代表电源正常，必要时更换电源。
（3）检查服务器硬盘，观察硬盘指示灯是否正常闪亮，安装位置是否正确，硬盘是否正常运转。
（4）检查服务器主板，若主板表面有积尘，应用清洁的压缩空气或软毛刷清洁，检查主板上各电子元器件和连线，必要时更换主板和重新连线。
（5）检查硬盘和主板之间的连线，固定好接口，必要时重新连线。
（6）清洁硬盘、电路板和板卡安装插槽上的灰尘。

5. 注意事项

在进行设备的清洁和维护时，应注意人身安全和设备安全；必须在断电的情况下才能对电路板进行清洁，清洁时使用清洁的压缩空气或软毛刷，同时注意不要弄断电路板的线缆。

（二）车站计算机服务器与线路中央计算机系统无通信

1. 个案描述

服务器与线路中央计算机系统无通信，维修人员检查后发现车站计算机各软件和程序运行正常,在服务器上对站厅设备执行 Ping 命令,对各设备执行 Telnet 命令,均正常。服务器可正常识别网卡,交换机和网线接头正常,重启服务器,发现系统运行缓慢,打开系统进程查看 CPU 使用率,发现进程内有多个相同程序文件同时运行,关闭相同程序,再次重启服务器,运行正常。

2. 原因分析

多个相同程序文件同时运行导致系统运行缓慢,服务器与线路中央计算机系统无通信。

3. 判断要点

(1)服务器与线路中央计算机系统通信程序是否出错。

(2)服务器与服务器光纤交换机连接线或者插头是否牢固、完好。

(3)服务器网络交换机是否存在故障。

4. 处理建议

(1)检查服务器与线路中央计算机系统通信程序,在设备管理器内查看网卡能否被识别。

(2)检查服务器网线和网线接头,必要时更换网线或重做水晶接头。

(3)检查服务器网络交换机,观察各指示灯是否指示正常。

(4)检查 CPU 使用率,关闭重复或不必要的程序文件。

5. 注意事项

作为一名维修人员,要对设备软件和硬件有一定的掌握能力,排查故障时要心思细密,考虑多发因素。

目标检测

[知识目标检测]

1. 填空题

(1)车站计算机由两部分组成。其中一部分是设置在＿＿＿＿＿＿＿＿＿＿＿＿；另一部分是设置在＿＿＿＿＿＿＿＿＿＿＿＿＿＿＿。

(2)当所在车站发生设备故障或出现紧急情况时,需在车站计算机上将自动售检票系统由正常运营模式设置为＿＿＿＿＿＿模式或＿＿＿＿＿＿模式。

(3)当时钟错误或列车延误等城市轨道交通运营企业原因导致乘客手中的车票超时时,设置＿＿＿＿＿＿模式。

(4)车站票务管理子系统包括＿＿＿＿＿＿＿＿和＿＿＿＿＿＿＿两大模块。

2. 选择题

(1)允许在车站计算机系统的操作终端上进行操作或查询的人员有(　　)。

A. 站长　　　　　　　　　　　　B. 值班站长

C. 值班员　　　　　　　　　　　D. 自动售检票系统维修人员

(2)降级运营模式、紧急放行模式的设置决策人为(　　)。

A. 站务员　　B. 票务工作人员　　C. 值班站长　　D. 行车值班员

（3）当车站的进站自动检票机全部发生故障无法立即修复，或者由于车站出现大客流情况无法立即缓解，大量由本站进站的乘客未通过进站自动检票机时，设置（　　）。

A. 进出站免检模式　　　　　　　　B. 时间免检模式
C. 超程免检模式　　　　　　　　　D. 紧急放行模式

（4）车站票务管理子系统的票款管理包括的功能有（　　）。

A. 售票员配票款　　　　　　　　　B. 售票员下班上交票款
C. 短款补款登记　　　　　　　　　D. TVM 补币补票
E. TVM/AVM 钱箱回收

3．判断题

（1）正常情况下，车站计算机在运营结束后关闭，在运营开始前开启。（　　）

（2）当所在车站发生设备故障或出现紧急情况时，需由值班站长或以上级别人员向行车调度申请在车站计算机上设置执行相应的降级运营模式或紧急放行模式。（　　）

（3）车站计算机可以完成对自动检票机、自动售票机、半自动售票机等的操控。（　　）

（4）当车站出现火灾、爆炸等紧急情况危及乘客生命安全，需及时疏散乘客出站的紧急情况时，可设置紧急放行模式。（　　）

（5）车站上交车票为随报表上交的车票。（　　）

[技能目标检测]

根据前述实训任务，分组模拟训练，在实训室进行考核，要求边操作边口述，以此来检测技能目标的达成度。具体检测项目、评分标准及得分如表 3-11 所示。

表 3-11　技能目标检测

序号	检测项目	评分标准	得分
1	辨别车站设备监控子系统和车站票务管理子系统（40 分）	辨别错误，每项扣 20 分	
2	操作车站设备监控子系统（30 分）	不能正确登录，扣 10 分；不会监视设备，扣 5 分；不会监视客流，扣 5 分；不会控制设备，扣 5 分；不会设置终端设备模式，扣 5 分	
3	操作车站票务管理子系统（30 分）	不能正确登录，扣 10 分；不能正确进入车票配发调度管理、票款管理模块实现相关功能，每项扣 10 分	

[素质目标检测]

由教师根据学生课前预习情况、课中小组讨论及独立思考情况、课后作业及小组共同完成学习任务情况，以及技能目标检测环节的表现进行素质目标检测，如表 3-12 所示。

表 3-12　素质目标检测

序号	检测项目	评分标准	得分
1	学习能力的提升度（20 分）	课前预习（5 分）；课中主动回答问题（5 分）；课后作业（5 分）；小组作业（5 分）	

续表

序号	检 测 项 目	评 分 标 准	得分
2	团队协作的配合度（20分）	小组讨论发言频率（10分）；小组讨论过程中的创新思维（10分）	
3	语言表达的清晰度（20分）	汇报问题的逻辑性（10分）；语言表达的流畅性（10分）	
4	思想意识的认知度（40分）	统一指挥的意识（20分）；服从指挥的职业意识（20分）	

课后复习题

1. 简述车站计算机的功能。
2. 简述车站计算机设备监控子系统的组成。

项目四　车站车票和现金管理

项目描述

车票和现金管理是车站日常票务运作的重要工作之一。本项目主要介绍了车站车票和现金安全管理的内容，车票和现金的加封、交接，车票的开封，票务钥匙及工具和器具，以及票款收入结算等内容。

任务一　车站车票和现金的安全管理

学习目标

[知识目标]

（1）掌握车站车票和现金的安全管理规定。
（2）掌握车站车票的存放、加封、开封、清点和盘点规定，以及车站现金的加封方法。

[技能目标]

（1）会使用信封加封车站车票。
（2）能按规定存放车站车票。
（3）能正确加封车站现金。

[素质目标]

（1）树立安全第一及预防为主的职业意识。
（2）培养遵章守纪及精益求精的工匠精神。

学习引入

在票务工作中，预制票与普通单程票的卡面并没有什么区别，那么车站应该如何保管与存放预制票，保证预制票的安全和使用？

教学环境

票务管理实训室或虚拟仿真实训中心。

理论模块

一、车站车票的安全管理

（一）车站车票的管理流程

车站车票的管理包括车票配发、使用、调拨、收缴、注销等大循环环节；在车站内又包括车票赋值与发售、进站检票、出站检票、回收等小循环环节。

车站车票的管理流程如图 4-1 所示。

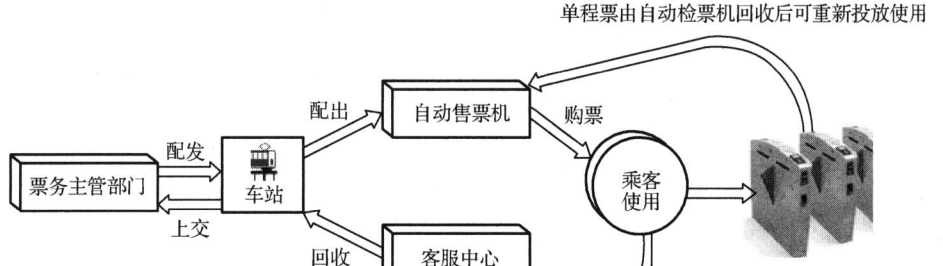

图 4-1　车站车票的管理流程

（二）车站车票的安全管理规定

1. 车站车票的安全管理区域

车站车票应存放在车站的安全管理区域，即票务管理室、客服中心（含临时票亭）、自动售票机票箱、半自动售票机票箱、出站自动检票机票箱等内。

> **知识链接**
>
> 为车站车票设置安全管理区域是为了保证车票的存放安全，但是车票在使用了一段时间后，则会由于乘客的接触被污染，尤其在疫情等特殊时期。为了保证乘客的人身健康，车站会定期对车票进行清洗、消毒等操作。
>
> 请扫码 4-1 学习文档，了解票卡清洗机操作及维护。
>
> 4-1　票卡清洗机操作及维护

2. 票务管理室的安全管理规定

（1）分类存放车票，建立台账进行记录，定期专人盘点。

（2）存放车票的票柜、保险柜无人值守时应处于锁闭状态。

3. 客服中心的安全管理规定

车票应放在乘客接触不到的地方，且客服中心应随时处于锁闭状态。

4. 运送途中的安全管理规定

车票在运送途中一律放在上锁的售票盒、票箱或票务手推车中，两名站务员负责运送途中的安全。

5. 其他安全管理规定

（1）车票在任何地点存放都要有相应人员负责。

（2）对车票进行清点和交接，均需在有效监控范围内进行。

（三）车站车票的保管规定

需根据车票的性质和票种，在票务管理室内划分区域，对车票实行分类存放，建立专门的台账对车票的分类存放、配发、回收等流通情况进行记录，并定期安排专人对各类车票进行全面盘点，以确保台账与实点情况相符。保管车票时，注意防折弯、刻画、腐蚀、水浸、重压和高温。

1. 单程票的保管

普通单程票需存放在车站的安全管理区域，通常存放在票务管理室、自动售票机、半自动售票机和出站自动检票机内。

为避免混淆不同性质的单程票，一般将普通单程票的存放区域分为循环区和上交区。

（1）循环区车票的来源有票务主管部门配发或调配的普通单程票、出站自动检票机回收的普通单程票、运营结束后自动售票机票箱结存的普通单程票、运营结束后从单程票人工回收箱分拣出的可用普通单程票。

（2）上交区车票的来源有自动售票机、半自动售票机、出站自动检票机等自动售检票系统终端设备中的废票，运营结束后从单程票人工回收箱分拣出的废票、已售单程票、无效单程票、过期的预制票等。

预制票由票务主管部门配发到各站，以应对特殊情况下车站售票能力不足时使用，通常存放在客服中心或临时票亭内。与普通单程票不同，预制票已被赋值，处在"已售状态"，应等同于现金管理，所以车站应将未即时配出的预制票放置在保险柜内保管。存放预制票时应注意两点：一是不同价格的预制票不能混放；二是不同有效期的预制票不能混放。

知识链接

对预制票的存放特别强调上述两点规定，但是有些车站工作人员无视规定，对预制票管理混乱，导致账实不符，造成票务违章。

请扫码4-2学习文档，了解预制票管理混乱事件，理解精益求精、遵章守纪等精神的重要性。

4-2 预制票管理混乱事件

2. 储值票的保管

储值票应存放在保险柜内，由客运值班员负责其安全，下班时应与接班客运值班员按规定进行交接。

二、车站现金的安全管理

（一）车站现金的组成

车站现金包括票款和备用金，要严格执行财务管理规定，严禁坐支票款、挪用备用金和弄虚作假。票款和备用金要分区管理，避免发生备用金误解行的情况。

1. 票款

票款是指车站通过自动售票机、半自动售票机或临时票亭向乘客发售车票及办理票卡充值、更新等售/补票业务过程中所产生的现金收益。

2. 备用金

备用金是指上级主管部门（车务中心）配发给车站，专用于给乘客兑零、找零等的周转资金及乘客受伤等事项发生时的应急基金启用款项，所以备用金分为两类：一类为日常备用金，另一类为应急备用金。

（二）车站现金的管理流程

票款经车站工作人员清点后需及时存入企业在银行的专用账户；备用金配发到车站后主要供车站流通和发生客伤时应急使用。

车站现金的管理流程如图 4-2 所示。

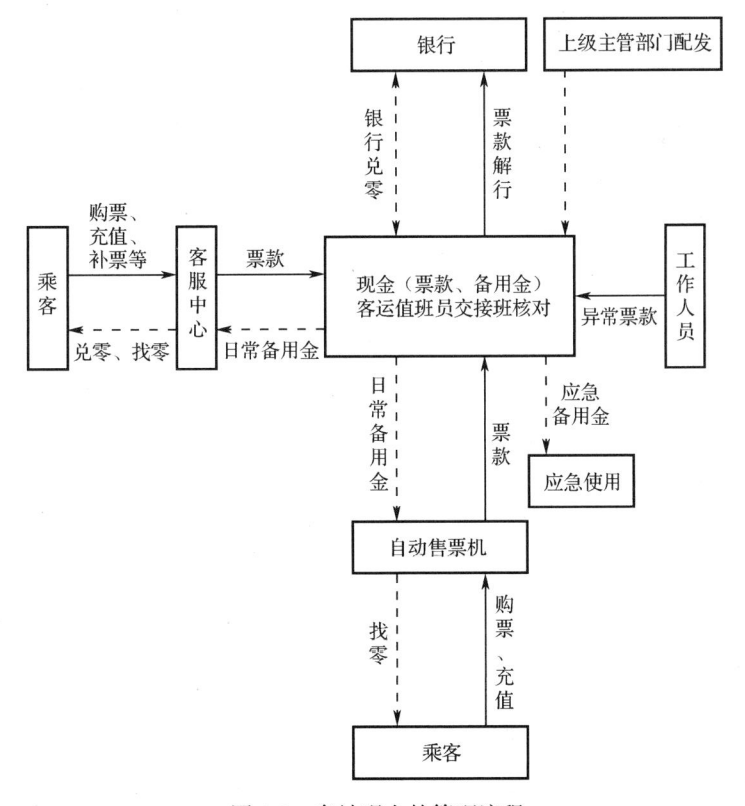

图 4-2 车站现金的管理流程

(三) 车站现金的安全管理规定

车站在具体负责现金的日常安全时，应对现金的使用和保管设立安全管理区域，对票务管理室、客服中心和现金运送途中易产生安全隐患的地方制定相关的安全管理规定，以保证现金在车站的安全。

1. **车站现金的安全管理区域**

以保证车站现金安全为目的，原则上车站现金只能存放在专门的现金安全管理区域，主要包括票务管理室、客服中心（含临时票亭）、自动售票机钱箱。

在车站安全管理区域操作现金时必须做好安全保护，不操作时必须处于安全锁闭状态。

2. **票务管理室的安全管理规定**

票务管理室应保持锁闭状态（票务管理室门和防盗门需同时锁闭），门钥匙由专人保管及使用。

在票务管理室内处理完毕的现金，应立即锁入保险柜或钱箱中，使之处于有效监控范围内。

室内应配置闭路电视监控设备，24小时开启，能对所有现金操作环节进行实时监视和实时录像，录像资料未经批准不得删剪。票款的清点和交接必须在有效监控范围内进行，不得随意挪动摄像头的位置。

每个月定期对票务管理室内备用金的库存情况进行盘点，做到账实相符。

3. **客服中心的安全管理规定**

客服中心应随时保持锁闭状态，门钥匙由专人保管及使用。车站需随时监控临时票亭的安全情况，做好防盗工作。

客服中心营业时，应将现金存放于专门的现金抽屉或器皿中，不得放在乘客可触及的地方。

为降低客服中心的现金保管风险，客运值班员应根据售票员的票款收入情况向售票员预收票款。

4. **人员进出票务管理室和客服中心实行登记制度**

除当班售票员、站长及以上级别人员外，其他人员必须得到当班值班站长或以上级别人员的许可，并由当班客运值班员陪同方可进入票务管理室和客服中心。车站需设立台账，记录进入人员、进入原因、进入时间及离开时间。

当班客运值班员离开票务管理室或售票员离开客服中心时，票务管理室和客服中心内的所有人员必须随同离开，不得逗留。

在非运营时间，除当班客运值班员、值班站长及售票员进行票务相关工作外，其他任何人员不得进入票务管理室；特殊情况时需由当班值班站长或以上级别人员同意并陪同进入。

5. **运送途中的安全管理规定**

现金从一个安全管理区域到另一个安全管理区域的运送途中必须放入上锁的钱箱、票盒或票务手推车中，由两名站务员负责运送。

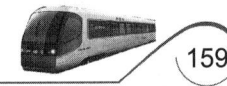

（四）备用金管理

一般情况下，车站上级主管部门负责城市轨道交通运营企业所辖各站备用金的统计和申领，负责配合财务部门对各站备用金进行配发、补还等相关工作。各站负责本站备用金的安全和日常管理，负责据实提供车站备用金的相关数据，及时、准确地填报车站备用金的相关表单。

1. 备用金的配发

（1）备用金一般由财务部门统一配发给车站，将各站的首次备用金金额申请汇总，根据核准金额配发给车站。若需要对备用金的额度进行调整，需经上级主管部门备用金管理人员审核，提交财务部门核准，并根据核准金额进行调整。

（2）备用金基本为固定数额，根据每个车站的客流和现金周转情况确定。若遇大型节假日，可根据需要增配备用金，节假日结束后归还增配的部分；若车站出现突发客流等预计之外的情况导致车站备用金临时短缺，因时间紧迫而无法及时从财务部门借支备用金时，可根据实际运营情况进行站间备用金调配，突发情况结束后归还原车站。

（3）备用金的配发和归还方式由财务部门规定。

2. 备用金的使用

（1）日常备用金的使用。

①配备给售票员，满足当班兑零或找零需要。

②补充到自动售票机，满足自动售票机的找零需要。

③预交给银行，作为与银行兑换零钱的现金。

（2）应急备用金的使用。在紧急情况下，如有乘客在车站受伤，车站需启动应急程序，可从应急备用金中借支。

3. 备用金的日常管理

（1）备用金的使用范围应严格控制，必须专款专用，严禁挪作他用。

（2）备用金要指定专人负责保管，使用和借出要备案。

（3）每班都要进行备用金交接，交接时必须完整填写"备用金交接记录表"。

（4）每日运营结束后，备用金管理人员必须及时清点车站备用金，做到账实相符。

知识链接

备用金的日常管理规定要求备用金必须专款专用，严禁挪作他用。可是有些车站工作人员打起了应急备用金的主意，私自挪用。

请扫码 4-3 学习文档，了解此类事件，思考这种行为与哪些核心价值观是相悖的。

4-3 应急备用金被挪用事件

4. 备用金的补还

（1）车站与银行兑零时发生差错由银行负责多退少补，可由财务部门与银行协商采取按次或按月（季）结算、补还。

（2）原则上，车站在运作过程中不会产生备用金差额，当特殊情况下产生备用金差额时，需通过报告形式申请补还。

> **知识链接**
>
> 特殊情况下产生备用金差额时应通过规定的渠道和形式申请补还，可是在实际工作中却有这样的反例值得我们思考。
>
> 请扫码4-4学习文档，了解此类事件，分析这种行为产生的原因及如何避免这种行为发生。
>
> 4-4 私自填平备用金事件

> **技术模块**

一、车站车票的加封

车站车票（包含票据）在存放或上交时应进行加封，按规定加封好的车票便于保管与存放、清点及上交。根据车站车票的种类、性质等需要，可用定制票盒、票袋、票务专用信封、封条进行加封。

1. 车站车票加封的原则

（1）应由当班客运值班员与车站其他工作人员双人对车票实施加封，加封后必须保证一经破封无法复原。

（2）不同性质的车票应分开加封。

（3）应在加封好的封条骑缝处加盖加封人名章，封条上必须注明加封车票的种类、数量、加封车站、加封人和加封日期。

2. 车站车票加封的方法

（1）使用定制票盒加封时，用封条在票盒中间部位进行"一"字形缠绕后加封。

（2）使用票袋加封时，应将票袋口用绳子缠绕扎紧后，再用封条缠绕加封。

（3）使用票务专用信封加封时，应采用"工"字加封法，放入车票后将信封口封住，再用封条将信封背面的接缝处封住，最后在信封背面的封条骑缝处及信封正面盖章，如图4-3所示。

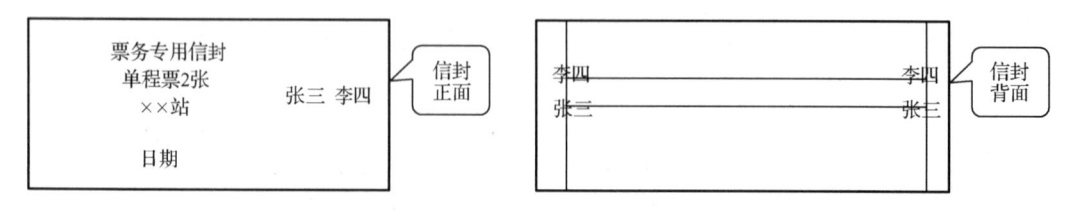

图4-3 车站车票"工"字加封示意图

（4）直接使用封条加封时，应采用"十"字加封法，将车票整理整齐后直接用封条加封，如图4-4所示。

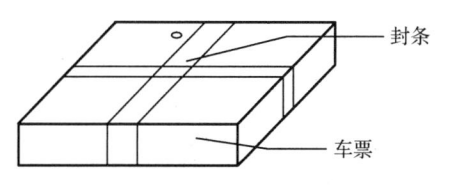

图 4-4　车站车票"十"字加封示意图

二、车站现金的加封

为保证车站现金管理的安全、有序，应加封进行保管。可用钱袋、票务专用信封、封条对现金进行加封。

1. 车站现金加封的原则

（1）应双人对现金实施加封，加封后必须保证一经破封无法复原。

（2）应在加封好的封条骑缝处加盖加封人名章，封条或票务专用信封的正面必须注明加封现金的金额、加封车站、加封人和加封日期。

2. 车站现金加封的方法

（1）使用钱袋加封时，应将钱袋口用绳子缠绕扎紧后，再用封条缠绕加封。钱袋加封适用于硬币；纸币需用钱袋加封时，应先使用封条或票务专用信封加封后，再放入钱袋内加封。

（2）使用票务专用信封加封时，应采用"工"字加封法，放入现金后将信封口封住，再用封条将信封背面的接缝处封住，最后在信封背面的封条骑缝处及信封正面盖章，如图 4-5 所示。信封加封仅适用于同一面额不足 100 张零散纸币，按面额大小归整后放入信封内进行加封。

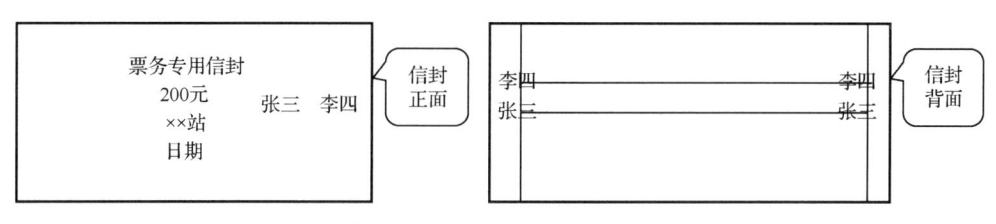

图 4-5　车站现金"工"字加封示意图（纸币）

（3）直接使用封条加封时，应采用"一"字加封法，用封条（或扎把带）缠绕经归整的纸币中部，如图 4-6 所示。封条加封只适用于纸币加封，各面额纸币清点满 100 张时加封一次。

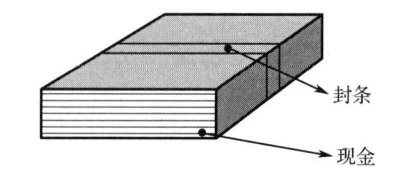

图 4-6　车站现金"一"字加封示意图（纸币）

三、车站车票的开封、清点和盘点

1. 车站车票的开封、清点规定

（1）车站所有车票的开封、清点必须由当班客运值班员与车站其他工作人员双人在票务管理室的监控状态下共同完成。

（2）对开封后未即时配出的车票，开封人员需及时对清点过的车票按规定双人加封。

（3）车票开封后，如发现数量或信息有误，开封人员需及时报站长或当班值班站长到票务管理室确认，并在相关台账或交接本上做好记录，车票和封条封存，待站长或当班值班站长核查清楚后方可使用，同时车站应立即将情况报上级主管部门，上级主管部门要及时组织调查并在 5 个工作日内将调查情况书面报安全部门和票务主管部门。车站需要用车票时可开另一包封口完好的车票。

2. 车站车票的盘点规定

（1）盘点工作由客运值班员和当班值班站长双人进行。

（2）为了核实账面车票数量与实存车票数量是否相符，每月最后一天运营结束后应对站存车票（含票据）分票种、票价进行全面清点。

实操模块

[实训任务]

（1）加封车站车票和现金。

（2）车站车票存放。

[实训目的]

掌握车站车票和现金的加封原则和方法。

[实训环境]

票务管理实训室。

[实训指导]

（1）教师指导学生分别按定制票盒、票袋、票务专用信封、封条加封车票的方法和步骤，准确完成对车站各类车票的加封，并保证符合车票的加封原则。

（2）教师指导学生分别按钱袋、票务专用信封、封条加封现金的方法和步骤，准确完成对车站各类现金的加封，并保证符合现金的加封原则。

拓展模块

票务钥匙及工具和器皿应如何使用与管理？

（一）票务钥匙的种类

票务钥匙是指车站在开展票务工作时所使用的钥匙，主要包括自动售检票系统设备钥匙及各票务相关岗位在保管车票、现金等工作中所使用到的票务工具、器具钥匙和票务管理用房钥匙，主要有自动售票机维修门钥匙、自动检票机维修门钥匙、钱箱钥匙、票箱钥匙、车票回收箱钥匙、票柜钥匙、保险柜钥匙、点钞室监视系统钥匙、票务管理室门钥匙、客服中心门钥匙等，如图4-7所示为常用的票务钥匙。票务钥匙仅限于机械钥匙，不含票务用房门禁系统的智能卡。

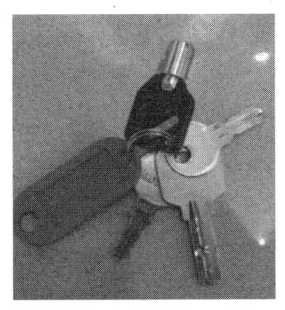

图4-7 常用的票务钥匙

票务钥匙一般分为日常用钥匙和备用钥匙。备用钥匙的作用是在工作人员不慎遗失或损坏日常用钥匙时，车站能使用其正常开展票务工作。

（二）票务钥匙的管理

票务钥匙直接影响车站车票、现金和设备的安全，车站必须严格按要求加强对票务钥匙的管理。下面以某地铁运营公司对票务钥匙的管理为例进行介绍。

1．票务钥匙的保管规定

（1）所有的票务钥匙均统一配发，统一管理，不得复制，不得私自接收，不得遗失。

（2）车站需设立"票务钥匙总清单"，记录车站所有票务钥匙的总数及各层级使用、保管的票务钥匙数量。车站各层级人员需设立台账，记录每班票务钥匙的保管、使用和交接情况。

（3）日常用票务钥匙由当班客运值班员或以上级别人员保管，备用钥匙（除票务管理室门钥匙和防盗门钥匙、保险柜钥匙、钥匙柜门钥匙外）由指定负责人加封后保管。如图4-8所示为票务管理室票务钥匙柜。

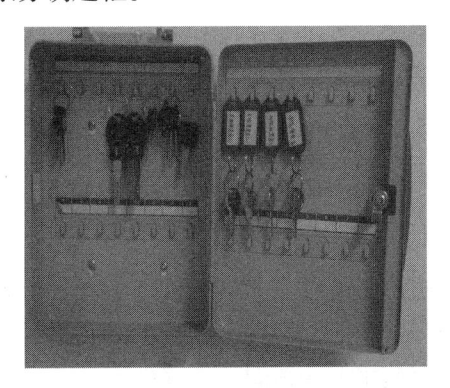

图4-8 票务管理室票务钥匙柜

（4）票箱钥匙由当班客运值班员负责保管，借用和归还必须办理交接手续，记入台账；钱箱钥匙、票柜钥匙及保险柜钥匙必须加锁保管，不能带离票务管理室。

（5）客服中心门钥匙、半自动售票机维修门钥匙及现金抽屉钥匙由相关岗位人员负责对口交接保管，确保随时可用。

（6）在对票务钥匙的保管过程中需注意防止折断、重压，以避免对钥匙造成损坏。

（7）钥匙如有损坏或丢失要及时上报，在调查原因并采取相应补救措施后，对当事人进行一定的处罚。

2. 票务钥匙的使用规定

根据实际工作需要及收益的安全管理需要，对于一些直接影响收益安全的操作环节，需由双人保管的不同钥匙共同完成操作，以达到互相监督的目的。票务钥匙借出时，借用人应负责钥匙的使用安全和保管。借用人使用完毕后应立即归还，并遵循"谁借用，谁归还"的原则，不得随意转借他人使用，每日运营结束后，保管人需对所保管的钥匙进行清点，并确认全部归还。

3. 票务钥匙的交接规定

（1）借用票务钥匙必须在"票务钥匙交接表"上登记。表4-1所示为票务钥匙交接表。

表4-1 票务钥匙交接表

年

日 期	借用时间	钥匙名称	数 量	用 途	借用人	发放人	归还时间	归还人	回收人

（2）日常用票务钥匙（票务管理室门钥匙、保险柜钥匙、票柜钥匙、钥匙柜门钥匙及维修专用钥匙除外）全部由使用人和当班客运值班员直接进行交接。

（3）票务管理室门钥匙、保险柜钥匙、票柜钥匙和钥匙柜门钥匙由每班客运值班员之间进行当面交接。

（4）维修专用钥匙由车站控制室值班员与维修工程部自动售检票系统专业人员之间进行交接。

（5）紧急按钮钥匙由每班值班站长之间进行当面交接。

（6）钱箱钥匙由当班值班站长携带保管和当面交接。

（三）票务工具和器具的类型及用途

在日常票务工作中，车站需要进行大量车票和现金的清点及运送工作。为了提高车站票务工作的效率，同时保证车票和现金清点工作的准确，以及车票、现金及相关票务设备在运送途中的安全，通常需要使用一些辅助工具和器具。

票务工具和器具包括票箱（含自动检票机、自动售票机和半自动售票机的储票箱、废票箱)、定制票盒、钱箱(含自动售票机的纸币钱箱和硬币钱箱、补币箱)、配票(款)箱、车票回收箱、验钞机、点钞机、点币机、点票机、售票盒、币托、票袋、钱袋、票务专用信封、票柜、保险柜、封装袋(箱)、票务手推车等。

1. 票箱和钱箱

票箱和钱箱主要用于存放车票和现金,是票务工具和器具中较为贵重的设备。如图4-9和图4-10所示分别为某地铁的票箱和回收钱箱。

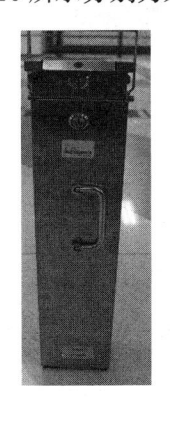

(a)硬币回收钱箱　　(b)纸币回收钱箱

图4-9　票箱　　　　　　　　　　图4-10　回收钱箱

2. 配票(款)箱

配票(款)箱用于售票员日常工作中票卡、备用金、票款的收纳,上岗前从票务管理室领出,下班前将其交还,如图4-11所示。

3. 验钞机

验钞机一般借助多种验钞手段,如荧光检测、红外穿透检测、磁性检测、激光检测等,通过对人民币的纸质、油墨的颜色与厚度、磁性、荧光字等各方面进行检测,达到辨别其真伪的目的,如图4-12所示。

图4-11　配票(款)箱　　　　　　图4-12　验钞机

4. 点钞机、点币机和点票机

点钞机、点币机和点票机分别用于对纸币、硬币和票卡进行清点,具有速度快、准确率高的特点,如图4-13～图4-15所示。

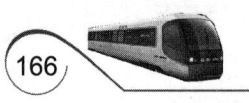

图 4-13 点钞机 　　　　　　图 4-14 点币机

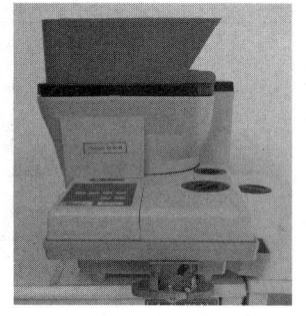

（a）筹码型单程票点票机 　　（b）卡片型单程票点票机

图 4-15 点票机

5. 票袋、钱袋及票务专用信封

票袋、钱袋及票务专用信封是用来加封车票和现金的容器。

6. 票柜及保险柜

票柜用于存放本站的车票，没有配备票柜的车站也可以将车票存放于保险柜中。保险柜用于存放本站的现金等贵重物品。

7. 票务手推车

票务手推车用于装运各种票箱、钱箱等贵重设备及车票、现金等有价证券，可锁闭，保障设备及有价证券运送的安全性和方便性，如图 4-16 所示。

图 4-16 票务手推车

（四）票务工具和器具的管理

票务工具和器具配发到车站后，车站需设置专门的票务工具和器具台账，用于记录票务工具和器具的保管、交接和使用情况。保管人员需根据书面台账定期对所负责保管的所有票务工具和器具进行盘点，清点票务工具和器具的种类及数量，并检查确认状态是否良好，确保做到账实相符。

在使用过程中需注意保持票务工具和器具的清洁，爱护票务工具和器具，注意避免其受损。尤其对于贵重的票箱和钱箱，在使用过程中要求做到轻放，不要在地上拖行，以免刮花；装有票的票箱和装有钱的钱箱要用双手摆放；票箱、钱箱放入票务手推车时要注意放置平稳，推行时要匀速前进；保持票箱和钱箱的清洁；放在高处的票箱和钱箱要注意靠墙放，以免落下时造成损坏；禁止用脚踩钱箱或坐在钱箱上。

（1）票务工具和器具要逐级进行管理，明确责任人。各班的交接工作要建立相应的管理台账，由当班客运值班员全权负责保管。

（2）票务工具和器具的更换统一报车务分部，由车务分部负责进行更换。

（3）票务工具和器具要存放在票务管理室或其他专门位置，以免无关人员接触。

（4）票务工具和器具应轻拿轻放，不可随意摆放，用后要及时放回。

（5）票务管理室内的票务工具和器具由当班客运值班员全权负责保管。

（6）客服中心内的票务工具和器具由当班售票员全权负责保管。

目标检测

[知识目标检测]

1. 填空题

（1）车站现金包括_____和_____。

（2）车站备用金分为两类：一类为_____备用金，另一类为_____备用金。

（3）车票在运送途中一律放在_____的售票盒、票箱或票务手推车中，_____名站务员负责运送途中的安全。

（4）除当班售票员、站长及以上级别人员外，其他人员必须得到当班_____或以上级别人员的许可，并由当班_____陪同方可进入票务管理室和客服中心。

（5）为避免混淆不同性质的单程票，一般将普通单程票的存放区域分为_____和_____。

（6）存放预制票时应注意两点：一是_____；二是_____。

（7）对开封后未即时配出的车票，开封人员需及时对清点过的车票按规定_____加封。

（8）票务管理室内的票务工具和器具由当班_____全权负责保管。

（9）票务钥匙在使用过程中应遵循"_____"的原则，不得随意转借他人使用。

（10）日常用票务钥匙由当班_____或以上级别人员保管，备用钥匙（除

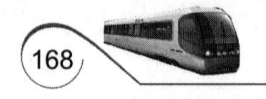

票务管理室门钥匙和防盗门钥匙、保险柜钥匙、钥匙柜门钥匙外）由_____加封后保管。

2．选择题

（1）车站车票应存放在车站的安全管理区域，即票务管理室、客服中心（含临时票亭）等内。以下不属于车票的安全管理区域的是（　　）。

A．车站控制室　　　　　　　　　　B．自动售票机票箱

C．半自动售票机票箱　　　　　　　D．出站自动检票机票箱

（2）应（　　）人对现金实施加封，加封后必须保证一经破封无法复原。

A．单　　　　B．双　　　　C．3　　　　D．4

（3）直接使用封条对车票进行加封时，应采用"（　　）"字加封法。

A．一　　　　B．工　　　　C．五　　　　D．十

（4）以下车票应放入上交区的是（　　）。

A．损坏的普通单程票　　　　　　　B．过期的预制票

C．已有入站标志且无法更新的单程票　D．出站自动检票机回收的车票

（5）以下区域不能存放现金的是（　　）。

A．票务管理室　　　　　　　　　　B．自动售票机钱箱

C．客服中心　　　　　　　　　　　D．出站自动检票机票箱

（6）以下不属于票务钥匙的是（　　）。

A．就地控制盘（PSL）用钥匙　　　 B．自动售票机维修门钥匙

C．半自动售票机维修门钥匙　　　　D．票箱钥匙

3．判断题

（1）存放现金的安全管理区域包括售票员制服口袋里。（　　）

（2）原则上，车站在运作过程中不会产生备用金差额。（　　）

（3）预制票在票务管理室内应和其他车票一样存放在票柜里。（　　）

（4）车票开封后，如发现数量或信息有误，开封人员报站长或当班值班站长到票务管理室确认后即可使用。（　　）

（5）当乘客摔伤后需要到医院进行治疗时，可启用日常备用金。（　　）

（6）用来与银行兑零的现金属于票款的一部分。（　　）

[技能目标检测]

根据前述实训任务，分组模拟训练，在实训室进行考核，要求边操作边口述，以此来检测技能目标的达成度。具体检测项目、评分标准及得分如表4-2所示。

表4-2　技能目标检测

序号	检测项目	评分标准	得分
1	车票加封（20分）	语言标准（5分）；行为举止标准（5分）；车票加封操作标准（10分）	

续表

序号	检 测 项 目	评 分 标 准	得分
2	现金加封（20分）	语言标准（5分）；行为举止标准（5分）；现金加封操作标准（10分）	
3	单程票存放（40分）	语言标准（5分）；行为举止标准（5分）；普通单程票存放区域正确（15分）；预制票存放区域正确（15分）	
4	现金存放（20分）	语言标准（5分）；行为举止标准（5分）；现金存放区域正确（10分）	

[素质目标检测]

由教师根据学生课前预习情况、课中小组讨论及独立思考情况、课后作业及小组共同完成学习任务情况，以及技能目标检测环节的表现进行素质目标检测，如表4-3所示。

表4-3　素质目标检测

序号	检 测 项 目	评 分 标 准	得分
1	学习能力的提升度（20分）	课前预习（5分）；课中主动回答问题（5分）；课后作业（5分）；小组作业（5分）	
2	团队协作的配合度（20分）	小组讨论发言频率（10分）；小组情景设计及模拟（10分）	
3	语言表达的清晰度（20分）	汇报问题的逻辑性（10分）；语言表达的流畅性（10分）	
4	思想意识的认知度（40分）	精益求精的认知度（20分）；遵章守纪的认知度（20分）	

课后复习题

1. 简述车站车票的安全管理规定。
2. 简述车站车票的保管规定。
3. 简述车站车票加封的原则及方法。
4. 简述车站车票的清点规定。
5. 什么是票款？
6. 什么是备用金？
7. 简述车站现金的安全管理规定。

任务二　车站车票和现金的交接

学习目标

[知识目标]

（1）掌握车站车票和现金的交接原则。
（2）掌握车站内部各岗位之间的车票和现金交接作业标准流程。
（3）掌握车站与外部各岗位之间的车票和现金交接流程。

[技能目标]

（1）能按标准流程完成车站内部各岗位之间的车票和现金交接任务。

（2）能与上级主管部门完成车票交接任务。

（3）能与银行完成票款解行及备用金兑零任务。

[素质目标]

（1）培养细致耐心及精益求精的工匠精神。

（2）树立遵章守纪的岗位责任意识。

学习引入

小张和小王在学校是师兄弟，住同一个宿舍，平时爱好也相近，是无话不谈的好朋友。小张是师兄，毕业后应聘到一家城市轨道交通运营企业工作，通过了站务员上岗资格证的考试，成为一名正式的地铁员工。等到小王毕业时，小张隆重推荐本企业。于是小王也应聘到该企业，刚好和小张分到了同一个车站。此时，小张是本站的客运值班员，小王是本站的售票员。2020年5月18日，小王是中班售票员，小张是夜班客运值班员，运营结束后，小王下班找小张结账。结账工作中，小张并没有认真复核交班人小王上交的实际票款金额，就在"售票员结算单"上签名确认了。后来在全天票款收入结算中发现账款不符，逐一倒推才发现是这个环节出现了问题。请大家思考一下，这个问题说明了什么？

教学环境

票务管理实训室或虚拟仿真实训中心。

理论模块

一、车站车票和现金的交接原则

（一）车站车票的交接原则

在实际运营中，配发车票、上交车票、车票站间调配等环节都存在车票交接的情况。具体交接原则如下。

（1）交接双方应当面清点车票数量，确认车票信息无误后办理签认交接手续。

（2）对加封的车票进行交接时，接班人应确认加封正确完好后按加封数量签认交接。

（3）交接时若发现车票数量或信息有误，接班人应及时报站长或当班值班站长到票务管理室确认，并在相关台账或交接本上做好记录，按实际数量签收。站长或当班值班站长应及时调查原因，视情况进行处理，同时及时将事情经过报上级主管部门。

（二）车站现金的交接原则

（1）车站进行现金交接时，需建立交接凭证和统计台账，交接人员依据交接凭证办理交接手续并做好书面交接记录。

（2）纸币：在票务管理室的有效监控范围内，双方当面清点金额后签认交接。

（3）硬币：在票务管理室的有效监控范围内，对已加封的硬币，确认加封正确完好后按加封金额签认交接；对零散硬币，按实点数量签认交接。

（4）交接时若发现实点金额与交接凭证有误，交接双方需及时核查更正。不能及时查明原因的，应立即报站长或当班值班站长到票务管理室确认，按实点金额签收，短款由交班人补足，长款随当天票款上交，同时在相关交接本上记录相关情况，并立即将情况报上级主管部门组织调查。

（5）严禁信用交接未经清点或未加封的现金。

技术模块

一、车站内部各岗位之间的车票和现金交接

（一）客运值班员与客运值班员之间的车票和现金交接

1. 车票交接

（1）接班客运值班员应依据"客运值班员交接班本"上的记录与交班客运值班员当面清点票务管理室内所有车票的数量及编号、当日的"车票上交单"和"车票配送单"，确认无误后签收。

（2）交接班时若发现车票数量或信息有误，应及时报当班值班站长到票务管理室确认，按实际数量签收。由接班客运值班员在"客运值班员交接班本"和"车站售/存票日报"上记录相关情况，交班客运值班员、接班客运值班员和当班值班站长三方签章确认，并立即将情况报站长及时组织调查，并在5个工作日内将调查情况报票务主管部门。

知识链接

为了能理论联系实际地学习客运值班员与客运值班员之间进行车票交接的作业流程，请扫码4-5观看某车站客运值班员与客运值班员之间的车票交接视频。

4-5 客运值班员与客运值班员之间的车票交接

2. 现金交接

客运值班员与客运值班员之间的现金交接主要是指各班客运值班员在交接班过程中对车站票款和备用金的交接。

（1）交接前，交班客运值班员需根据相关原始报表记录核算交接时的票款收入金额及备用金金额，并记录在"客运值班员交接班本"和"车站营收日报"上，作为交接凭证。

（2）交接时，接班客运值班员应依据"客运值班员交接班本"和"车站营收日报"上的记录在监控状态下与交班客运值班员当面清点票务管理室内的所有现金，并核对封包数量及金额等，确认无误后在"客运值班员交接班本"上签收，并在票务管理系统的"客运值班员交接模块"中插入新记录，输入现金交接情况。交接时若发现票款、备用金数目有误，需再次进行清点，通过查看录像等方式进行调查，并立即报站区长，同时按最终确认数量签收。站区长及时报地铁运营公司，由地铁运营公司负责调查处理。若经地铁运营公司调查后，差额原因无法查明，则短款由交班人补足，长款随当天票款解行。

知识链接

为了能理论联系实际地学习客运值班员与客运值班员之间进行现金交接的作业流程，请扫码 4-6 观看某车站客运值班员与客运值班员之间的现金交接视频。

4-6 客运值班员与客运值班员之间的现金交接

（二）客运值班员与售票员之间的车票和现金交接

1. 开窗前的交接

开窗前，客运值班员应给当班售票员配票、配备用金，即客运值班员需在售票员到岗开窗前配备一定数量的车票和备用金，填写"售票员结算单"，待售票员到票务管理室后，监控售票员进行清点，确认所配备的各类车票和备用金数量与"售票员结算单"上记录的开窗张数、备用金数量一致后，再签名确认。

知识链接

为了能理论联系实际地学习配票的作业流程，请扫码 4-7 观看某车站客运值班员为售票员配票的视频。

4-7 客运值班员为售票员配票

2. 开窗中的交接

售票员当班期间，由于客流量较大，开窗前所配车票及备用金不够时，可向客运值班员要求增配一定数量的车票和备用金，双方应当面清点确认后在"售票员结算单"上注明增配的车票与备用金金额，客运值班员签名确认，并在票务管理系统中输入增配的车票及备用金金额；当客服中心票款收入数量较多时，为了保证票款安全，客运值班员向售票员预收一定的票款时，双方应当面清点和交接所预收的款项，客运值班员在"售票员结算单"上签名确认。

3. 结账时的交接

售票员每班工作结束后，应将所有票款、备用金、人工发售的结余车票锁入售票盒，到票务管理室与客运值班员结账。结账是指客运值班员在当班售票员工作结束后，在票务管理室的有效监控范围内，对售票员在客服中心售票等相关工作中实际收取的乘客票款（包括预收款）、回收的结余车票，进行双方共同清点确认，填写"售票员结算单"关窗张数，并将结余车票、备用金和当班票款收入交当班客运值班员保管，完成后在票务管理系统"售票员上交票款"模块中输入交接数据。对于售票员回收的半自动售票机不能正常发售的车票或其他种类的无效车票，售票员必须及时加封，在封条上注明车票类型、票种、数量、加封车站、加封人和加封日期，由客运值班员根据封面的张数与"无效/过期票处理记录表"的张数进行核对，确认后接收。

知识链接

为了能理论联系实际地学习结账的作业流程，请扫码4-8观看某车站客运值班员与售票员之间结账的视频。同时请思考，为何严禁信用交接，这体现了哪些职业素养。

4-8 客运值班员与售票员之间结账

（三）售票员与售票员之间的交接

交班售票员与接班售票员确认半自动售票机显示的车票编号，交班售票员退出半自动售票机，将抽屉的车票和现金整理好放入票盒，填写"客服中心交接班本"，回票务管理室结账。接班售票员登录半自动售票机，将本班车票和备用金摆好放入抽屉，做好售票的准备工作。此交接作业是售票员交接班作业内容的重要组成部分。

二、车站与外单位之间的车票和现金交接

（一）清分中心票务部与车站之间的车票交接

清分中心票务部应根据各条线各站的客流特点为各站配发一定数量的车票，包括储值票、普通单程票、预制票及纸质车票。

1. 配票时的交接

车票配收员到达车站后，客运值班员在票务管理室根据"配送票明细单"当面交接车票，确认无误后签名，并在"车站售/存票日报"和"客运值班员交接班本"上做好记录。

（1）储值票交接规定。必须在监控状态下当面清点储值票的车票数量，无误后，接收人签收；若发现车票信息有问题则及时报上级主管部门。

（2）普通单程票交接规定。对于已加封的单程票，接收人确认加封正确完好后按加封数量交接。

（3）预制票交接规定。当班客运值班员与车票配收员负责将预制票按售出期限、票价分开摆放后在监控状态下用点票机进行清点交接。每开封清点完一盒并及时加封后方可清点下一盒车票。

（4）纸质车票交接规定。纸质车票按加封数量交接，车站应在10日内自行完成数量和信息的确认，确认过程中若发现数量和信息有误应立即通知清分中心票务部。

（5）交接车票数量有误的规定。当客运值班员与车票配收员交接车票发现数量有误时，车站应按实际数量接收车票，客运值班员应在"配送票明细单"上注明问题车票的票种和数量，相关车票的加封人、加封时间和加封内容，同时由客运值班员与车票配收员签名确认，按实际接收的车票填写"车站售/存票日报"。

2. 车站将回收的车票上交时的交接

车站在规定时间内根据要求将回收的车票上交给清分中心票务部。回收的车票有售卖剩余且已过期的预制票、车站自动售检票系统终端设备产生的废票、客服中心回收的无效票、待清洗或指定要回收的车票等。

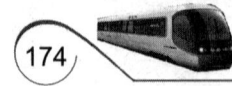

当车站接到通知要上交回收的车票时，客运值班员应按要求提前加封好要上交的车票并填写"车票上交单"。当车票配收员到达车站后，根据"车票上交单"的内容清点各种回收车票的加封数量，确认无误后签收。

（二）车票调（借）用时的交接

1. 站间调票时的交接

当某车站由于进站客流量突增造成车票不足时，可以向清分中心票务部申请，由清分中心票务部下达指令，从其他车站进行车票的调入处理。车票的调入站及调出站均应根据调入（出）车票的类型、数量等相关信息填写"车票调入（出）记录"。

2. 借用测试车票时的交接

当车站自动售检票系统终端设备发生临时故障需要借票测试时，可以借用自动检票机回收票，填写"车票/现金借出记录表"。借票人员应在当日将车票（已被自动检票机回收的测试车票除外）交还车站，但需在"车票/现金借出记录表"上注明。

（三）车站与银行之间的票款交接

车站与银行之间的票款交接称为票款解行，主要是指车站将票款收入存入企业在银行的专用账户的过程。票款收入一般要求每日按时解行，解行方式由各个城市轨道交通运营企业视情况而定。

1. 票款解行方式

目前，城市轨道交通运营企业的票款解行方式主要有直接解行和打包返纳两种。

（1）直接解行是指由车站清点票款，并由车站人员送到银行，银行工作人员与车站交款人员当面清点票款并返还"现金送款单"的解行方式。这种方式适用于有驻站银行的车站。

（2）打包返纳是指由银行或专门的押运公司到车站收取票款，然后运送到银行，银行工作人员按规定清点票款后于次日返还"现金送款单"，最终确认金额的解行方式。这种方式适用于距离银行较远的车站。

> 📖 **知识链接**
>
> 为了能理论联系实际地学习车站票款解行的作业流程，请扫码4-9观看某车站票款解行的视频，并分析其属于哪种解行方式。
>
> 4-9 票款解行

2. 票款解行时间

城市轨道交通运营企业应根据车站的特点及银行的服务时间确定解行时间，以保证车站能尽可能多地将票款存入银行，尽量减少在车站过夜的票款，以降低车站的保管风险。

3. 票款解行操作程序

（1）封装。车站当日需要解行的票款由客运值班员一人在有效监控范围内清点，清点完毕由当班值班站长复核并确认金额后，由客运值班员填写"现金交款单"，注明交款金额、企业交款账户等信息，与加封好的票款一起装入专用钱袋中。装袋完成后，客运值班员及当班值班站长在有效监控范围内使用银行提供的专用锁条顺序穿过专用钱袋锁孔后拉紧锁条完成封装。

（2）解行。票款解行流程如图4-17所示。

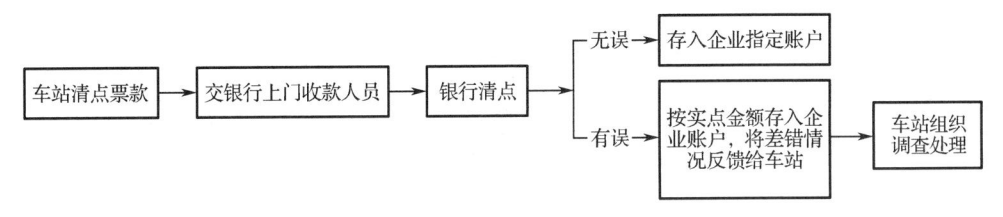

图4-17　票款解行流程

当班客运值班员在解行时将钱袋交予银行上门收款人员。银行上门收款人员抵达后，当班客运值班员需核实其身份，双方共同核对解行钱袋数量、编号及加封情况，无误后办理交接手续，由银行上门收款人员将票款送达银行。银行在清点完收到的票款并确认无误后存入企业指定账户。

银行在清点车站解行票款的过程中，发现长短款（假钞不计入实点金额，发现假钞时按短款处理）时，按实点金额入账，并将差错情况反馈给相关车站，车站组织调查处理。

（四）车站与银行之间的兑零

1. 制订兑零计划

车站需兑换用于给乘客兑零、找零的零钞时，应使用车站日常备用金，并根据车站客流情况、硬币流通情况制订与银行的兑零计划（如遇节假日大客流等特殊情况，原则上，上级主管部门需提前一周汇总各车站的兑零计划，明确零钞需求总量后按银行要求通知银行，以便银行备钞），按先付后收原则与银行进行兑零，保证每天有足够的零钞库存量用于周转。

2. 兑零操作程序

客运值班员负责车站的日常兑零工作，根据实际兑零需求，在票务管理室的有效监控范围内清点现金，清点完毕由值班站长复核并确认金额后，由客运值班员填写"零钞兑换单"，注明兑零金额、日期等，并由客运值班员、值班站长签章和加盖车站公章。将兑换现金和"零钞兑换单"装入钱袋内，用一次性锁扣进行封包。在票款解行时将兑换零钞钱袋一并交予银行上门收款人员。

银行收取兑换零钞钱袋后在银行的有效监控范围内开包清点车站上交的现金。

车站收到银行返还的兑付零钞时应先确认钱袋上的封签（封条和封条上的签章）完好，再按封签或封捆硬币的封条上的累加金额在双方交接登记本上的兑换金额处签名确认，办理交接。

3. 兑零相关规定

若发现兑换现金金额与"零钞兑换单"上的兑零金额不符，长款由银行次日从对应车

站收回，短款由银行按实际金额兑付。

若交接兑零款时发现封条破损，车站应当场清点硬币数量，如清点无误，填写"零钞兑换单"并与当日兑零纸币一起装包；如发现短款，车站应同时将短款的原封箱单、整捆原封条、整把（卷）原腰条（包装纸）返还银行。

车站必须当日由客运值班员和站务员双人在有效监控范围内完成返还的兑付零钞清点工作，清点时若发现有差额（长短款等情况），应保留该批钱袋上的封签或封捆硬币的封条（有名章部分），同时将封签或封捆硬币的封条（有名章部分）用信封加封后返还银行。如为长款，将长款加封后返还银行；如为短款（假币、外币、少币等情况），由银行补还车站。

实操模块

[实训任务]

小组讨论，根据各岗位职责设计车站内部各岗位交接车票和现金的情景，分岗位模拟交接作业流程。

[实训目的]

掌握车站内部各岗位之间车票和现金的交接作业。

[实训环境]

票务管理实训室或虚拟仿真实训中心。

[实训指导]

教师指导学生掌握车票交接与发售的内容，以及现金的交接原则和客运值班员与售票员之间的现金交接规定。

拓展模块

车站票据及票务台账应如何管理？

（一）车站票据管理

1. 车站票据的类型

车站票据包括发票、收据、"零钞兑换单"、"现金交款单"等。

（1）发票。发票是指在购销商品、提供或接受服务，以及从事其他经营活动中开具、收取的收付款凭证（经税务部门监制）。

车站使用的发票有定额客运发票和手写客运发票。定额客运发票是票面已印制固定金额的发票，是在乘客持普通单程票、预制票、外服卡乘坐地铁时使用的；乘客索取发票时，按当次车费开具同等金额的发票。手写客运发票是由人工填写的普通发票，用于提供交易金额较大（如出售团体票）或非整数的客运服务，以及出售纪念票时使用。

（2）收据。收据是一种收付款凭证，一般在没有使用发票的场合使用，主要分为内部收据和外部收据。

（3）零钞兑换单。"零钞兑换单"是由车站客运值班员在与银行兑零时填写的，用于记录车站需要与银行兑零的备用金金额。

（4）现金交款单。"现金交款单"是由车站客运值班员在票款解行时填写的，用于记录车站送交银行的实际票款金额。

2. 车站票据管理流程

（1）票据申印。发票的申印由使用部门根据使用情况提前申报需求计划，报财务部门审批，发票到货后，办理登记和领用手续。收据、"零钞兑换单"由使用部门根据需要印刷。"现金交款单"由使用部门根据使用情况通知银行送达。

（2）票据保管。所有的票据都应按流程进行交接，并放在票务管理室的指定地方。票据应按类型分开存放，由专人负责保管，出入库应有台账记录。

其中，车站应在领用新的定额客运发票时，将已使用完的定额客运发票存根上交至上级主管部门统一保管，上级主管部门在收到发票存根时，应与"票据领用登记本"上的发放情况进行对照检查。上级主管部门将回收的发票存根上交财务部门。财务部门根据税务部门的具体要求办理缴销。

要定期对票据进行检查和监督，即票务稽查，针对存在的不足，提出改进措施。所有出库使用的票据，相关人员均需按交接规定办理相关手续。车站票据的报损信息由车站按期用票务专用信封加封保管（信封上需详细注明加封的相关内容）。

（3）票据换发。售票员在半自动售票机上为乘客发售/充值票卡后，随票卡配发等额发票等报销凭证。在自助售票机上购买/充值车票的乘客，凭借设备打印小单，至客服中心换取等额发票等报销凭证，车站不得虚开报销凭证。

（二）车站票务台账管理

车站票务台账有"值班站长交接班本""客运值班员交接班本""售票员交接班本"及"票务钥匙、工具和器具交接记录本"等。车站票务台账的填写与保管应严格按管理规定完成，避免因台账填写不规范和保管不当而对车站票务收益安全造成影响。

1. 台账填写要求

（1）台账填写要求真实、准确、完整、及时。台账填写完毕，填写人员必须签名（章）。

真实，即必须如实填写台账，不得捏造事实，弄虚作假。

准确，即需确保填写的数据正确。

完整，即必须按台账所列事项填写，不得遗漏。如为需过底的台账，双面均需清晰完整。

及时，即台账必须在规定期限内填制完毕。

（2）台账中的文字需按要求填写。

必须用蓝色或黑色笔填写文字，字迹必须清晰、工整，不得潦草。

阿拉伯数字应一个一个地写，不得连笔书写。其中的金额项，小数点后无数字时，应写"00"或"—"。

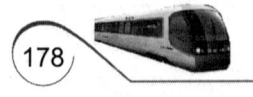

不得随便空着不填，凡不产生数据（客观原因）的空格，均需用"#"表示。

（3）台账改错规定。台账填写发生错误时，不得刮擦、挖补、涂抹或用化学药水更改字迹。更改数字必须用划线更正法，即在台账中的错误文字或数字上划一条红线，以示注销。要求划去整个错误数字，然后在该处盖上更改人员的名字修正章以示负责。如涉及金额的修改，必须由修改双方共同签名确认。

（4）作废台账处理规定。因填写错误而使台账作废时，必须注明"作废"字样，整份保存，不得撕毁。

2. 台账保管

（1）使用中的台账必须置于票务安全管理区域，运营结束后，各岗位工作人员负责整理相应区域的票务台账。

车站需确保所保管台账的安全，同时，将设备打印小单与对应的"乘客事务处理单"妥善保管，并配合各级检查使用。

（2）使用后的旧台账，车站应按月归类整理，并由双人装订成册。装订时要加装专用封面、封底，封面注明加封车站、加封台账名称、加封时间及装订人姓名、员工号。车站所有台账的保管年限为2年。台账必须先放在票务管理室内保管，期限满半年的，按月份打包加封后存放于车站备品库。台账保管期满由车站按年份打包，并列出清单，由地铁运营公司统一协调处理。经相关部门会签后，方可销毁。严禁车站或个人私自对票务台账进行销毁。

3. 台账申印

（1）车站台账的申印、发放及保管由地铁运营公司负责。

（2）台账格式、内容需调整时，由地铁运营公司客运管理部根据运营管理需求统一调整。

目标检测

[知识目标检测]

1. 填空题

（1）对加封的车票进行交接时，接班人应确认加封正确完好后按_____交接。

（2）现金交接时，严禁_____未经清点或未加封的现金。

（3）配票是指客运值班员为售票员配备各种_____、_____的过程。

（4）目前，城市轨道交通运营企业的票款解行方式主要有_____和_____两种。

（5）车站与银行解行时，应填写"_____"。

（6）开窗前，客运值班员与售票员之间的交接，主要交接的是_____和_____。

（7）客运值班员与客运值班员交接班时若发现车票数量或信息有误，应及时报_____到票务管理室确认，按_____签收。

（8）车站应制订与银行的_____，按_____原则，使用车站日常备用金与银行进行兑零。

（9）车站与银行兑零时，需填写"_____"。

（10）银行收取兑换零钞钱袋后在_____下开包清点车站上交的现金。

2. 选择题

（1）客运值班员与客运值班员交接班时发现车票数量或信息有误，依照流程按实际数量签收后，应报站长及时组织调查，并在（　　）个工作日内将调查情况报票务主管部门。

　　A. 3　　　　　B. 4　　　　　C. 5　　　　　D. 6

（2）票款收入一般要求（　　）按时解行，解行方式由各个城市轨道交通运营企业视情况而定。

　　A. 每日　　　B. 每周　　　C. 每旬　　　D. 每月

（3）（　　）负责车站的日常兑零工作。

　　A. 售票员　　B. 行车值班员　C. 客运值班员　D. 值班站长

（4）纸质车票按加封数量交接，车站应在（　　）日内自行完成数量和信息的确认。

　　A. 3　　　　　B. 6　　　　　C. 8　　　　　D. 10

（5）以下车票需车站上交给清分中心票务部的是（　　）。

　　A. 循环使用的单程票　　　　　B. 过期的预制票
　　C. 有效的纪念票　　　　　　　D. 有效的预制票

（6）A站需要从其他车站调入一定数量的普通单程票，可能是由于（　　）。

　　A. A站突发进站大客流　　　　B. A站自动售票机故障
　　C. A站自动检票机故障　　　　D. A站突发出站大客流

3. 判断题

（1）直接解行适用于距离银行地理位置较远的车站。（　　）

（2）客运值班员负责给当班售票员配票、配备用金。（　　）

（3）若发现兑换现金金额与单据上的兑零金额不符，长款由银行次日从对应车站收回，短款由银行按实际金额兑付。（　　）

（4）车站当日需要解行的票款由售票员一人在有效监控范围内清点。（　　）

（5）车票配收员到达车站后，售票员在票务管理室根据"配送票明细单"当面交接车票。（　　）

[技能目标检测]

根据前述实训任务，分组模拟训练，在实训室进行考核，要求边操作边口述，以此来检测技能目标的达成度。具体检测项目、评分标准及得分如表4-4所示。

表 4-4　技能目标检测

序号	检测项目	评分标准	得分
1	客运值班员与客运值班员之间的车票和现金交接（20分）	语言标准（5分）；行为举止标准（5分）；交接作业程序标准（10分）	
2	客运值班员为售票员配票、配备用金（30分）	语言标准（5分）；行为举止标准（5分）；交接作业程序标准（10分）；报表填写的准确性（10分）	
3	客运值班员与售票员之间结账（30分）	语言标准（5分）；行为举止标准（5分）；交接作业程序标准（10分）；报表填写准确（10分）	
4	票款解行（20分）	语言标准（5分）；行为举止标准（5分）；解行作业程序标准（10分）	

[素质目标检测]

由教师根据学生课前预习情况、课中小组讨论及独立思考情况、课后作业及小组共同完成学习任务情况，以及技能目标检测环节的表现进行素质目标检测，如表4-5所示。

表 4-5　素质目标检测

序号	检测项目	评分标准	得分
1	学习能力的提升度（20分）	课前预习（5分）；课中主动回答问题（5分）；课后作业（5分）；小组作业（5分）	
2	团队协作的配合度（20分）	小组讨论发言频率（10分）；小组情景设计及模拟（10分）	
3	语言表达的清晰度（20分）	汇报问题的逻辑性（10分）；语言表达的流畅性（10分）	
4	思想意识的认知度（40分）	诚实守信的认知度（20分）；遵章守纪的认知度（20分）	

课后复习题

1. 车站内部客运值班员与售票员之间的交接内容有哪些？
2. 客运值班员与车票配收员之间交接车票的注意事项有哪些？
3. 车站与外部进行车票交接涉及的部门或单位有哪些？具体的交接内容有哪些？
4. 车站解行的作用是什么？具体有哪些解行规定？

任务三　票款收入结算

学习目标

[知识目标]

（1）掌握车站票款收入结算规定。
（2）掌握车站票务报表填写方法。

[技能目标]

（1）能完成车站票款收入结算。

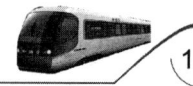

（2）能正确填写票款收入相关报表。

[素质目标]

（1）树立遵章守纪及诚实做人的思想品质。
（2）培养耐心细致及严谨认真的工作作风。

学习引入

2022年12月17日早上6:00，A站夜班客运值班员王××给早班售票员陈××配备用金421元，2元、3元、4元、5元预制票各5张，普通单程票60张。当班期间，陈××发售2元普通单程票10张、3元普通单程票5张。10:01，一名乘客到客服中心反映01号自动售票机发售2元无效票1张，无法进站；10:30，一名乘客持单程票声称无法进站（显示已进站时间为10:25）；11:00，一名乘客持1张3元普通单程票要求退票（显示当日于本站购买，未进站）；12:00后客流大量增加，站长下令发售预制票，当班售票员共发售2元预制票3张，3元预制票3张；14:30，陈××到王××处结账，实点金额45元。请问，如果你是本班售票员，需要填写哪些报表来记录当班期间发生的事务？如何正确填写？

教学环境

理实一体化教室或票务管理实训室。

理论模块

车站在进行票款收入结算时需依据相关规定填写相关票务报表，完成结算工作。票务报表包括手工填写和计算机打印出来的报表，是记录车站现金交接，收益汇总，车票交接、发售与站存车票的原始台账，也是进行票务收入核对的重要依据，在车站票务工作中起着非常重要的作用。车站在票务报表的填写和保管方面都需严格执行相关收益安全管理规定，避免因票务报表填写不规范和保管不当而对票务收益安全造成影响。

一、票务报表的种类

车站票务报表的种类较多，通常是根据车站车票和现金管理需要及收益结算需要确定的。由于各个城市轨道交通运营企业的管理模式和要求不同，票务报表的类型和名称也有所不同。一般情况下，票务报表包括以下几种。

（1）售票员结算单。
（2）乘客事务处理单。
（3）钱箱清点报告。
（4）车站营收日报。
（5）车站售/存票日报。
（6）车票/现金借出记录表。
（7）车票上交单。

二、票务报表的填写方法

不同岗位的工作人员需要填写的报表不同。其中，售票员填写的报表主要有"售票员结算单"和"乘客事务处理单"。客运值班员填写的报表主要有"钱箱清点报告""车站营收日报""车站售/存票日报""车票/现金借出记录表"和"车票上交单"。因为各个城市轨道交通运营企业的管理模式和自动售检票系统的操作要求不同，故票务报表的格式和填写方法也有一定区别，并且随着自动售检票系统的不断改进或设备、票务规章的变化，各城市轨道交通运营企业的票务报表格式和填写方法也会有相应改变。下面介绍部分城市轨道交通运营企业票务报表（手工报表）的填写规定。

1. 售票员结算单

"售票员结算单"（见表4-6和表4-7）是售票员进行票款收入结算过程中常见的报表。该报表在客运值班员给售票员配车票、票据、备用金及中途追加车票、备用金时，售票员向客运值班员预交款和结账等情况下填写，用于记录售票员实收总金额与所配备用金金额的情况，从而核算售票员当班期间的实际票款收入。

"售票员结算单"一般包括售票员和客运值班员班次、半自动售票机编号、配备用金金额，以及各类车票（储值票、普通单程票、预制票、城市一卡通、纸质车票等）开窗张数、关窗张数、出售张数、实收总金额等组成要素。其中，车票出售张数根据开窗张数减去关窗张数后的数量填写，实收总金额根据结账时的实点现金总额减去所配备用金金额后的金额填写，作为售票员实际票款收入结算的依据。

2. 乘客事务处理单

"乘客事务处理单"（见表4-8和表4-9）一般用于车站发生自动售票机少找零、卡币、卡票、发售无效票、扇门被误用、车票无效不能进出站、乘客无票乘车等特殊情况，需要在半自动售票机上进行相关乘客票务事务处理时填写，记录售票员进行的有关乘客票务事务处理结果，与"售票员结算单"一起构成售票员票款收入结算的依据。因为处理乘客票务事务时涉及系统对票款收入的统计和防止人为造成票款收入的损失，所以在处理乘客票务事务并填写"乘客事务处理单"时均要求车站客运值班员或以上级别人员到场处理情况并签名确认。

"乘客事务处理单"主要由售票员班次、事件详情、处理结果、涉及金额、乘客资料、办理人、确认人等要素组成，分为现金事务和非现金事务。现金事务处理主要是指发生自动售票机少找零、卡币、卡票、发售无效票等乘客票务事务，售票员需在半自动售票机上进行涉及现金的操作时，在对应栏填写信息或打"√"。例如，售票员办理"自动售票机收取了乘客现金，但发售无效票"的乘客票务事务时，不收取乘客现金，但在半自动售票机上为乘客发售一定面额的车票或退还一定金额的现金时，在对应栏填写信息或打"√"。非现金事务处理则主要是指发生扇门被误用、车票无效不能进出站、乘客无票乘车等乘客票务事务，涉及发售免费或付费出站票时的操作，需在对应栏填写信息或打"√"。

表 4-6 售票员结算单 1

No.00000000
年　月　日

站　　间						配备用金额		¥3000.00				
时　　间	8:00—14:00					客运值班员签名						
BOM	B01											
票种		项　目				售　出			票种		项　目	售　出
		开窗张数	关窗张数	¥	其他	押金	金额	¥			开窗张数 关窗张数 ¥ 张数 金额	
地铁IC卡车票	学生储值票	15	13		2	0	¥40.00	¥100.00	纸质车票	1元	10　5　　　5	¥5.00
	老年人储值票	15	13		2	0	¥40.00	¥100.00		2元	10　5　　　5	¥10.00
	城市一卡通	15	13		2	0	¥60.00	¥100.00		3元	10　5　　　5	¥15.00
										4元		
										5元		
										6元		
										7元		
										8元		
小 计 金 额						¥140.00		¥300.00	小 计 金 额			¥30.00
						收款人姓名					收款人姓名	
预收款金额						预收款金额						
实收款总金额						（根据结账时的实点现金金额减去所配备用金金额后的金额填写）						
备　注						（售票过程中出现的一些异常事件可在此处进行说明）						
售 票 员						客运值班员						
售票员工号						客运值班员工号						

表 4-7　售票员结算单 2

No.00000000　年　月　日

站　　　　间									
时　　　　间	8:00—14:00			配备用金金额		¥2500.00			
BOM	B02			客运值班员签名					
车票情况	票　种	项　　　目				出　　售			
		开窗张数	关窗张数	张　数		金　额 ¥		¥	其　他 ¥
	普通单程票	60	10	48		—			2
	2 元预制票	20	5	25		¥50.00			0
	3 元预制票	30	10	20		¥60.00			0
乘客票务事务差额 (+/−)						（根据"乘客事务处理单"中现金事务涉及金额的"合计"金额填写）			
单程票退款 (−)				实收金额					（根据"乘客事务处理单"中记录的退款金额填写）
BOM 票款									（根据实收金额减去预制票金额再减去一卡通售卡金额后的金额填写）
售票员				工　号					（根据结账时的实点现金金额减去所配备用金金额后的金额填写）
备　注				工　号					（根据售票过程中发生的与收益有关的异常事件填写）
客运值班员									

表 4-8 乘客事务处理单 1

___站　　　　　　　　　　　　　　　　　　　　　　　　　　　No.00000000　年　月　日

<table>
<tr><th rowspan="3"></th><th colspan="6">事 件 详 情</th><th rowspan="3">处 理 结 果</th><th rowspan="3">涉及金额
(+/-)</th><th colspan="3">乘 客 资 料</th><th rowspan="3">办 理 人</th><th rowspan="3">确 认 人</th></tr>
<tr><th>TVM
少找零</th><th>TVM
卡币</th><th>TVM
卡票</th><th>TVM
发售无效票</th><th>储值票
免费更新</th><th>其他</th><th>姓 名</th><th>电 话</th></tr>
<tr></tr>
<tr><td rowspan="2">现金事务</td><td></td><td>V03 ¥3.00</td><td></td><td></td><td></td><td></td><td>向乘客收取 1 元，发售 1 张 4 元单程票</td><td>¥-3.00</td><td>×××</td><td>×××</td><td>×××</td><td>×××</td></tr>
<tr><td colspan="6">（注明自动售票机编号、所涉及金额）</td><td>（填写具体乘客票务事务办理情况）</td><td></td><td>（乘客签名）</td><td></td><td>（当班售票员签名）</td><td>（客运值班员签名）</td></tr>
<tr><td>小 计</td><td colspan="6">BOM 发售有值票共　　　张</td><td></td><td>¥-3.00</td><td></td><td></td><td></td><td></td></tr>
<tr><td rowspan="3">非现金事务</td><td>闸门被误用</td><td>车票无效
不能出站
（注明票种）</td><td colspan="3">免费出站票</td><td>其　他</td><td>付费出站票</td><td rowspan="3">发售付费出站票 1 张</td><td></td><td></td><td></td><td></td></tr>
<tr><td></td><td></td><td>发售免费出站票 1 张</td><td></td><td></td><td></td><td>付费区持过期单程票</td><td>付费区
无票乘车</td><td>付费区持人为折损无效单程票</td><td></td><td></td><td></td><td></td></tr>
<tr><td>√</td><td></td><td>√</td><td></td><td></td><td>√</td><td></td><td>√</td><td></td><td></td><td></td><td></td></tr>
<tr><td>小 计</td><td colspan="6">发售免费出站票共　1　张　　发售付费出站票共　1　张</td><td></td><td></td><td></td><td></td><td></td><td></td></tr>
</table>

表 4-9 乘客事务处理单 2

No.00000000   年 月 日

站

	事 件 详 情				处 理 结 果		涉及金额(+/-)	乘 客	确 认 人
现金事务	①TVM少找零；②TVM卡币；③TVM卡票；④TVM发售无效票；⑤TVM充值异常；⑥其他				在B501上发售1张2元单程票给乘客		￥-2.00	×××(乘客签名)	×××(客运值班员或以上级别人员签名)
	16:00, T04发售1张2元无效票, 车票ID: ×××				(填写具体乘客票务办理情况)				
	(注明发生时间、设备编号、所涉及金额、张数、车票ID)								
				合 计			￥-2.00		

	免费出站票事件详情			普通单程票、预制票、纸质车票		金额(-)	办理时间	乘 客	确 认 人
	闸门误用	车票无效不能出站	其他	票种	车票ID				
非现金事务	√			普通单程票	×××	￥-2.00	10:30	×××(乘客签名)	×××(客运值班员或以上级别人员签名)
	发售1张	√		(按票种填写)	(填写车票经半自动售票机分析显示的逻辑编号，若为纸质车票则填写票面的编号)				

合计	发售免费出站票共 1 张				金额合计		￥-2.00		
备注	(在需反映其他特殊情况时填写)								
售票员	×××			员工号	×××	客运值班员		员工号	×××

3. 钱箱清点报告

"钱箱清点报告"（见表4-10）由客运值班员在每次更换完自动售票机钱箱进行钱箱清点时填写，用于记录自动售票机的钱箱收入。车站每日所有自动售票机钱箱实点金额扣除车站补币金额就是车站自动售票机票款收入。

"钱箱清点报告"一般由自动售票机编号、钱箱编号、机点金额、实点金额、差额、清点人员等要素组成。客运值班员每清点一次，就逐项填写一张"钱箱清点报告"，且纸币钱箱和硬币钱箱要分栏填写。

4. 车站营收日报

"车站营收日报"（见表4-11）由每班客运值班员根据"钱箱清点报告""售票员结算单"、自动售票机打印的补币单等记录填写本班的运营收入情况，再由每日夜班客运值班员计算车站当日的运营收入后完成该报表的填写，用于体现车站每日的运营收入情况。客运值班员需逐项填写钱箱票款、钱箱差额、补币金额、半自动售票机票款（售票员售卖各类车票所得的票款）等来计算自动售票机收入和售票员收入，再加上其他收入（如售卖纸质车票、团体票等的收入），形成车站营收总金额，并记录票款解行情况。

5. 车站售/存票日报

"车站售/存票日报"（见表4-12）由客运值班员根据本日的"售票员结算单""车票上交单""配票明细单"等报表填写，体现车站每日各类车票的发售数量及站存数量，主要由上日结存、增加栏、减少栏、本日结存四大部分组成。增加栏主要指因配票部门配发、自动检票机回收等增加的车票数量；减少栏主要指因自动售票机和半自动售票机发售、上交回收票等减少的车票数量；本日结存=上日结存+增加合计–减少合计。

6. 车票/现金借出记录表

"车票/现金借出记录表"（见表4-13）是车站在发生车票或现金的借出、归还业务时填写的，由借出部门填写（需由当班客运值班员填写），并由借入部门签章确认，作为借出部门和借入部门交接车票或现金的凭证，主要由借出车票、归还车票、借出现金、归还现金等要素组成，各栏下的相关项目需详细填写清楚，关键内容若有更改，必须由发放人和请借人双方签章确认。

7. 车票上交单

"车票上交单"（见表4-14）在车站上交车票时由当班客运值班员填写，记录车站上交车票类型、张数、金额等，作为双方交接的凭证。要求按车票类型填写，且写清楚上交原因。

三、票务报表的填写要求

票务报表填写是一项细致而严肃的工作，填制人员必须遵守票务规章制度。

（1）票务报表填写要求真实、准确、完整、及时。

真实，即报表必须由相关人员填写且如实反映票务情况，不得捏造事实，弄虚作假。

表 4-10　钱箱清点报告

站　　　　　　　　　　　　　　　　　　　　　　　　　　　　　　　　　　　　　No.00000000　年　月　日

TVM 编号	钱箱编号	清点硬币 机点金额	清点硬币 实点金额	差额(+/-)	TVM 编号	钱箱编号	清点纸币 机点金额	清点纸币 实点金额	差额(+/-)
T01	001	¥1000.00	¥999.00	¥-1.00	T01	101	¥1000.00	¥1000.00	¥0.00
T02	002	¥900.00	¥898.00	¥-2.00	T02	102	¥979.00	¥980.00	¥1.00
				（根据实点金额减去机点金额后的金额填写）					（根据实点金额减去机点金额后的金额填写）
合　计		¥1900.00	¥1897.00	¥-3.00	合　计		¥1979.00		¥1980.00		¥1.00
钱箱总数	2	签　章		清点时间 12:00	钱箱总数	2	签　章		清点时间 11:30
人　员				工　号	人　员				工　号
客运值班员				×××	客运值班员				×××
清点人员				×××	清点人员				×××
值班站长审核				×××	值班站长审核				×××

备注：清点钱箱过程中发现机币、假币、外币、残币等异常情况时，可在此处进行说明

表 4-11 车站营收日报

站　　　　　　　　　　　　　　　　　　　　　　　　　　　　　　　　　　No.00000000
　　　　　　　　　　　　　　　　　　　　　　　　　　　　　　　　　　　　　年　月　日

		早班	夜班	合计
TVM 收入	票款收入			
	钱箱票款（机点数量）	（根据"钱箱清点报告"中所有钱箱机点金额之和填写）		
	钱箱差额 (+/-)	（根据"钱箱清点报告"中差额之和填写）		
	补币金额 (-)	（根据自动售票机打印的补币单等记录填写）		
	小　计 (1)			
	BOM 票款	（根据"售票员结算单"中售票员操作半自动售票机所得票款填写）		
	小　计 (2)			
	预制票 (3)	（根据"售票员结算单"中的各面额预制票出售金额之和填写）		
	纸质车票 (4)			
一卡通收入	售卡金额	（根据"售票员结算单"中的城市一卡通出售金额填写）		
	小　计 (5)			
营收总金额 (6) (6) = (1) + (2) + (3) + (4) + (5)				
实际解行金额				（记录实际解行票款金额）
客运值班员		（早班客运值班员）	（夜班客运值班员）	（夜班客运值班员）
员　工　号		×××	×××	×××
备 注		（记录对收益结算有影响的情况）		
复 核 人		（负责审核当日报表的值班站长）	员　工　号	×××

表 4-12 车站售/存票日报

站　　　　　　　　　　　　　　　　　　　　　　　　　　　　　　　　　No.00000000
　　　　　　　　　　　　　　　　　　　　　　　　　　　　　　　　　　　年　月　日

票　种	上日结存 (a)	增加栏 (+)			小计 (b)	减少栏 (−)			小计 (c)	本日结存 (a)+(b)−(c)
^	^	配票	站机回收票	站间调入 其他	^	发售	上交回收票	上交废票 其他	^	^
普通单程票	1000	500	1500	10	2010	100	10	10	120	2890
2元预制票	100	0	50		50	20			20	130
3元预制票	100	0	50		50	20			20	130
4元预制票	100	0	50		50	20			20	130
2元纸质车票	100	0			0	0			0	100
3元纸质车票	200	0			0	0			0	200
4元纸质车票	200	0			0	0			0	200
小　计	1800									
		（配票部门配发车票数量）	（出站自动检票机回收车票数量）	（从其他车站调入的车票数量）		（自动售票机、半自动售票机人工发售的车票数量）	（上交配票部门要求回收的车票数量）	（上交自动售票机、半自动售票机人工发售的废票数量）		（"上日结存"+"增加栏"−"减少栏"）
盘点情况	（记录盘点售/存票时，车票实际张数与报表数是否一致）										
客运值班员	×××	员工号 ×××		复核人 ×××	员工号 ×××						

表4-13　车票/现金借出记录表

No.00000000

　站　　　　　　　　　　　　　　　　　　　　　　　　　　　　　　　　　　年　月　日

借出车票			
票　　种	张　　数	车票ID	借出原因
2元预制票	25		（　）测试自动售票机
3元预制票	25		（　）测试半自动售票机
4元预制票	15		（　）测试进出站自动检票机
（详细填写）	（详细填写）	（详细填写）	（√）站间调票
			（在相应借出原因项处打"√"）
发 放 人	×××	请 借 人	×××	请 借 部 门	A站
员 工 号	×××	员 工 号	×××	请 借 时 间	×年×月×日
归 还 车 票			
票　　种	张　　数	车票ID	备注：（注明原借出车票的日期及"车票/现金借出记录表"的编号）
（详细填写）	（详细填写）	（详细填写）	
归 还 人		签 收 人		归 还 部 门	
员 工 号		员 工 号		归 还 时 间	
借 出 现 金	(详细填写借出现金的金额及原因)				
发 放 人		请 借 人		请 借 部 门	
员 工 号		员 工 号		请 借 时 间	
归 还 现 金	（注明原借出现金的金额、日期及"车票/现金借出记录表"的编号）				
归 还 人		签 收 人		归 还 部 门	
员 工 号		员 工 号		归 还 时 间	

表 4-14　车票上交单

No.00000000

站　　　　　　　　　　　　　　　　　　　　　　　　　　　年　月　日

车票类型	张　数	ID 起止号	金　额	附　注
普通单程票	100			
设备废票	200			
预制票	1	×××××	¥2.00	
（根据客服中心车票回收计划中的回收车票类型填写）			（若该车票涉及具体金额须填写具体金额）	
合　计	301		¥2.00	
备　注				
制 表 人	（客运值班员填写）	员 工 号	×××	制表日期	××××
核 收 人	（客服中心核实签收人填写）	员 工 号	×××	核收日期	××××

准确，即填写报表前需认真核对实际情况，以正确无误的数据填列，并要仔细复核。

完整，即必须按报表所列事项填写，不得遗漏，且每日上交的报表必须连号（按票务管理部门配发的报表号码填写）。如为多联过底的报表，一定要写透，不能上面清楚，下面模糊。

及时，即报表必须在规定期限内填制完毕，并按规定时间上交票务管理部门，不得故意延迟。

（2）报表中的文字需按要求填写。

必须用蓝色或黑色笔填写文字，字迹必须清晰、工整，不得潦草。需过底的报表用圆珠笔填写，非过底的报表用钢笔或签字笔填写。阿拉伯数字应一个一个地写，不得连笔书写。其中的金额项，小数点后无数字时，应写"00"或"—"。报表的各项指标应按要求填写，不得随便空着不填，凡不产生数据（客观原因）的空格，均需用"—"表示。

（3）报表填写完毕，填写人员必须盖章确认。

四、票务报表的改错规定

票务报表一经相关当事人填写完毕，原则上不得更改。当报表填写发生错误，确需更改时，不得刮擦、挖补、涂抹或用化学药水更改字迹，需通知相关当事人确认，按规定用划线更正法当面进行更改，即在报表中的错误文字或数字上划一条红线，以示注销。要求划去整个错误数字，然后在该处盖上更改人员的名字修正章以示负责。

五、票务报表的废表处理

若一张票务报表更改次数过多导致报表记录不清，应另填写一份，该报表作废，加盖"作废"戳记（各城市轨道交通运营企业规定不同，如某公司规定更改次数达 8 次以上该报表作废），车站留存保管，不得撕毁和随意丢弃，以便与重填报表进行核对，并随当日报表于次日（节假日顺延）上交票务管理部门。重填的报表需在空白处注明重填人员、重填原因，并签章确认。

六、票务报表的交接

票务报表的交接要按规定的时间、地点和方式进行，各站客运值班员将车站的报表归整后放入文件袋中，做好报表交接的准备工作，由上级主管部门派人员按既定方式收取。

七、票务报表的保存

票务报表需在一定期限内留存，以备结算部门、审计部门提取相关数据。车站应定期按报表分类归整，检查报表是否完整、齐全，并按月装订成册。装订时要加装专用封面、封底，封面注明加封车站、加封报表名称、加封时间及装订人姓名、员工号，并设立专门的报表保管区域对报表进行保管（一般放在票务管理室内保管），确保报表的安全，具体保管期限按统计范畴规定执行（一般保管期限为 1 年），并列出清单。保管期满后由所属部门统一回收、注销或销毁，严禁私自注销或销毁。

技术模块

车站票款收入主要来源于两个方面：一是自动售票机票款收入，即由自动售票机出售车票及对储值票充值所得的收入；二是客服中心（含临时票亭）票款收入，即由售票员在客服中心操作半自动售票机发售、充值和处理车票，以及临时票亭发售车票所得的收入。

每日需由当班客运值班员负责对自动售票机补币和清点钱箱，负责对售票员配票、配备用金和结账，清点、结算本班的自动售票机票款收入和客服中心票款收入。每日运营结束后，当班客运值班员需将所有票款收入进行清点汇总，计算车站每日的运营总收入，并进行登记、系统输入、封装和解行，即将其存入企业在银行的专用账户。

一、自动售票机票款收入结算

（一）结算过程

当班客运值班员对自动售票机的票款收入结算主要通过对自动售票机补币和清点钱箱实现。

对自动售票机补币即清点一定金额的找零硬币和纸币后补充到自动售票机找零钱箱中，用于给乘客找零。完成补币操作后，将每台自动售票机补币金额汇总，作为给自动售票机配的备用金记录在相应台账中。每次更换自动售票机内的纸币、硬币回收钱箱后，需进行钱箱清点，并将钱箱实点金额记录在"钱箱清点报告"中。

之后，当班客运值班员清点、汇总所有钱箱金额，并扣除为自动售票机补币的所有金额，就是该班自动售票机的票款收入。

（二）结算规定

为保证自动售票机票款收入统计的准确性，车站对补入自动售票机的找零硬币、纸币清点必须按规范要求进行，即清点工作需由双人在票务管理室的有效监控范围内共同完成。

用于补币的钱币清点完至补币前，必须存放在票务管理室的有效监控范围内。清点钱箱时，相应的钱箱、钱袋和点币机必须放在安全管理区域。整个清点过程中，任何人不得遮挡监控设备，若监控系统发生故障造成车站无法按程序清点钱箱，必须由值班站长或以上级别人员和客运值班员双人一起清点钱箱，且必须逐一清点，每个钱箱的清点数量必须在有效监控范围内读数，并将实际清点数量及时记入"钱箱清点报告"对应的实点金额栏，每清点完一个钱箱，需确保钱箱已倒空，没有现金遗留在钱箱内。

清点钱箱过程中，非紧急情况不得离开票务管理室。在清点过程中，若发现假币、机币等异常情况，需要在"钱箱清点报告"备注栏中注明，假币、机币用票务专用信封加封后随报表上交相关部门。

二、客服中心票款收入结算

当班客运值班员对客服中心的票款收入结算主要通过对售票员配票和配备用金及结账实现。客服中心的实收票款收入等于与售票员结账时的实点金额加上预收票款（如无预收票款，则为零）再减去为售票员配的备用金金额。

当班客运值班员清点、汇总的当班期间所有的客服中心实收票款金额就是该班客服中心的票款收入。

三、每日运营总收入结算

客运值班员在每日运营结束后，需根据"钱箱清点报告""售票员结算单"等报表、台账，对各班所有自动售票机票款收入和客服中心票款收入进行清点和汇总，计算每日运营总收入，填写"车站营收日报"，记录车站每日运营收入情况，并按"车站营收日报"的数据将所有票款封装，存入企业在银行的专用账户。

实操模块

[实训任务]

小组讨论，设计自动售票机票款收入与客服中心票款收入结算任务情景，分岗位进行模拟，并按要求填写报表。

[实训目的]

掌握票款收入结算的流程及标准。

[实训环境]

综合实训室。

[实训指导]

按作业标准完成自动售票机票款收入与客服中心票款收入结算，依照报表填写规定及票款收入结算的相关规定填写相关报表。

拓展模块

车站电子报表应如何填写？

为了提高票款收入核算的准确性，各城市轨道交通运营企业已慢慢用电子报表替代手工填写的报表。相关人员通过进入车站票务管理系统，选择相应功能模块，按系统提示输入票务数据，再由系统自动计算、形成电子报表。相关人员在进入票务管理系统时必须输入工号和密码，经系统识别后方可进入。如图4-18所示为某地铁运营公司客运值班员为售票员配车票、配备用金的"售票员结算单"电子报表输入界面。

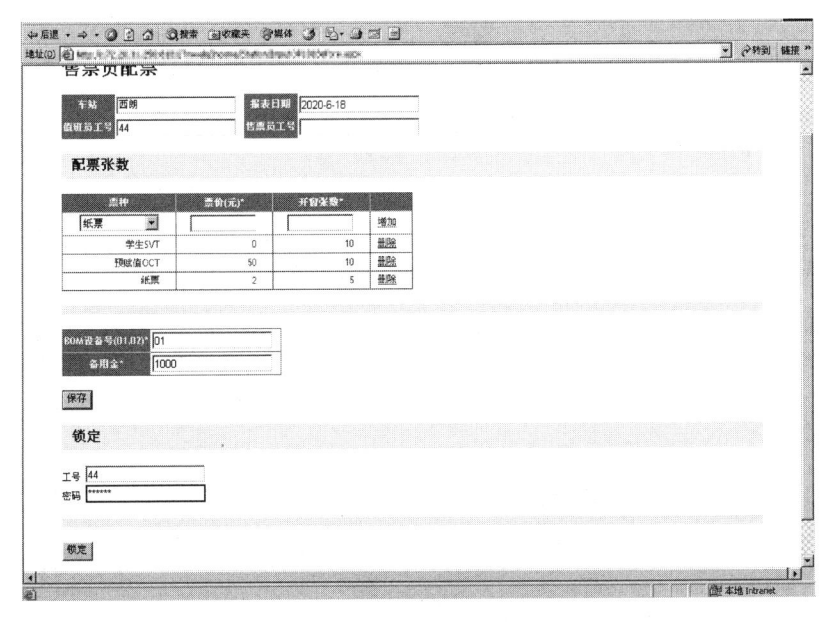

图4-18 "售票员结算单"电子报表输入界面

目标检测

[知识目标检测]

1. 填空题

（1）票务报表填写要求_____、_____、_____、_____。

（2）当票务报表填写发生错误，确需更改时，需通知相关当事人确认，按规定用_____当面进行更改。

（3）车站票款收入主要来源于两个方面：一是_____收入；二是_____收入。

（4）客服中心票款收入结算的主要参与岗位有_____和_____。

2. 选择题

（1）以下票务报表中，需要售票员填写的是（　　）。

A. 售票员结算单　　　　　　　　　B. 乘客事务处理单
C. 钱箱清点报告　　　　　　　　　D. 车站营收日报

（2）进行自动售票机票款收入结算时，客运值班员要填写的是（　　）。

A. 售票员结算单　　　　　　　　　B. 乘客事务处理单
C. 钱箱清点报告　　　　　　　　　D. 车站营收日报

（3）票务报表需在一定期限内留存，以备结算部门、审计部门提取相关数据。具体保管期限按统计范畴规定执行，一般保管期限为（　　）年。

A. 1　　　　　　B. 2　　　　　　C. 3　　　　　　D. 4

3. 判断题

（1）票务报表保管期满后由所属部门统一回收、注销或销毁，也可以自行注销或销毁。（　　）

（2）客运值班员在每日运营结束后，将各班所有自动售票机票款收入和客服中心票款收入进行清点和汇总，计算每日的运营总收入，填写"车站营收日报"。（　　）

[技能目标检测]

根据前述实训任务，分组模拟训练，在实训室进行考核，要求边操作边口述，以此来检测技能目标的达成度。具体检测项目、评分标准及得分如表4-15所示。

表4-15　技能目标检测

序号	检测项目	评分标准	得分
1	客服中心票款收入结算（30分）	语言标准（5分）；行为举止标准（5分）；票款收入计算准确（10分）；报表填写准确（10分）	
2	自动售票机票款收入结算（40分）	语言标准（5分）；行为举止标准（5分）；票款收入计算准确（20分）；报表填写准确（10分）	
3	车站每日运营总收入结算（30分）	语言标准（5分）；行为举止标准（5分）；票款收入计算准确（10分）；报表填写准确（10分）	

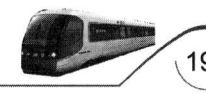

[素质目标检测]

由教师根据学生课前预习情况、课中小组讨论及独立思考情况、课后作业及小组共同完成学习任务情况，以及技能目标检测环节的表现进行素质目标检测，如表4-16所示。

表4-16　素质目标检测

序号	检测项目	评分标准	得分
1	学习能力的提升度（20分）	课前预习（5分）；课中主动回答问题（5分）；课后作业（5分）；小组作业（5分）	
2	团队协作的配合度（20分）	小组讨论发言频率（10分）；小组情景设计及模拟（10分）	
3	语言表达的清晰度（20分）	汇报问题的逻辑性（10分）；语言表达的流畅性（10分）	
4	思想意识的认知度（40分）	严谨认真的认知度（20分）；遵章守纪的认知度（20分）	

课后复习题

1. 车站票款收入主要来源于哪两个方面？
2. 与票款收入有关的票务报表有哪些？

任务四　票款差错及非标准币处理

学习目标

[知识目标]

（1）掌握收到假币及发生错款的处理原则。
（2）掌握假币的识别方法。

[技能目标]

（1）能识别钱币真伪。
（2）能正确处理票款差错。

[素质目标]

（1）培养认真严谨及一丝不苟的工作作风。
（2）培养诚实做人及实事求是的思想品质。

学习引入

汪某是一名刚考取站务员上岗资格证的地铁员工，这个月轮班到客服中心担任售票员的工作，没有想到的是，才上了一个星期，就因收到假币而需按规定自付补偿，让她痛定思痛，决定好好学习相关规定和业务知识，改掉自己平时马马虎虎的坏习惯。

教学环境

票务管理实训室。

理论模块

在日常票务工作中，难免碰到假币、错款等问题，为了预防此类问题的发生，除了应给票务工作人员配备相应的验钞设备，还应提高票务工作人员的整体素质及工作能力，这就要求所有票务工作人员在工作中细致谨慎、一丝不苟，正确使用验钞设备，掌握必备的票款收缴、鉴别、计算、找零等技巧。

一、客服中心收到假币及发生错款的处理原则

客服中心进行现金交易时，需要使用验钞设备辨别钞票真伪，当发现假币或无法确认真伪的钞票时，应予以拒收。在结账、缴款过程中发现收到假币时，若假币无法被车站验钞设备正常检出，则相应票款损失由城市轨道交通运营企业承担；若假币能够被正常检出，则相应票款损失由相应责任人承担。

一般情况下，当出现错款情况时，人工作业遵循"长款上交，短款自负"的处理原则。若由于设备故障引起差错（例如，半自动售票机车票批处理过程中应发行 20 张单程票，因设备故障实际只发行了 10 张，而设备记录发行了 20 张），则相应票款损失由城市轨道交通运营企业承担。银行在票款清点过程中发现所收现金与应交票款存在短款情况时，相应票款损失由票款解行封包人承担。

二、自动售票机收到错币及发生错款处理原则

清点自动售票机钱箱时，若发现票款存在机、假、残、外币，则将其对准摄像头形成近景记录后，当班客运值班员与值班站长或值班站长指定人员双方签名确认加封（加封内容为日期，车站名，设备名，机、假、残、外币种类、金额、数量、来源，双人签章），在"客运值班员交接班本"上备注说明，按扣除机、假、残、外币后的金额解行，并将机、假、残、外币情况报城市轨道交通运营企业归口管理部门，做好机、假、残、外币保管工作。无客运值班员的车站，由当班值班站长与钱箱清点人员双方签名确认加封，同时立即停用此自动售票机。

当自动售票机短款额在应收金额的 0.03% 以内时，可由城市轨道交通运营企业承担相应损失；当超出规定范围时，城市轨道交通运营企业成立相关联合调查组，对事件进行专项调查并提出处理意见。此外，若设备所收票款存在长款情况，则按规定上交。

三、收到假币的处理流程

（一）客服中心售票员

（1）怀疑收到假币时，请乘客更换。

（2）乘客执意不换的，将其币种、编号抄录下来，请乘客确认、签名，并留下身份证上的地址与实际居住地址、号码及联系电话。

（3）向乘客说明：此币明日交银行鉴别，如是假币，你必须前来付票款；如不是，我们会上门道歉并找零。

（二）客运值班员

售票员在售票工作中收到的假币，由收款人结账时现场补足，并由客运值班员做好记录，将假币在票务管理室的有效监控范围内单独封包，车站保管。因验钞设备、自动售票机验币模块功能失效导致工作人员错收假币的，城市轨道交通运营企业负责与设备商沟通设备问题整改、赔偿事宜。

拓展模块

如何识别真假人民币？

除了可使用验钞设备来识别钞票的真伪，为了以防万一，票务工作人员还应当掌握识别真假人民币的传统三招。

下面以 2015 年版第五套人民币 100 元纸币的识别方法为例进行介绍。

一转：转动钞票看变色。票面正面中部面额数字会变色，并可见一条光亮带上下滚动；转动钞票观察，票面正面右侧安全线由红色变为绿色。

二摸：触摸多处有凹凸。用手指触摸票面正面的毛泽东头像、国徽、"中国人民银行"行名、右上角面额数字、盲文，以及背面主景图案等处，有明显的凹凸感。

三透光：透光看双印。看水印是否清晰，透光观察票面正面左侧和背面右侧空白处，能看见立体、清晰的水印图案；看对印图案是否精准重合，透光观察正面左下方和背面右下方，正背面图案组成一个完整的面额数字。

主要防伪特征布局如图 4-19 所示。

图 4-19　2015 年版第五套人民币 100 元纸币主要防伪特征布局

①光变镂空开窗安全线：位于票面正面右侧。垂直票面观察，安全线呈品红色；与票面成一定角度观察，安全线呈绿色；透光观察，可见安全线中正反交替排列的镂空文字"¥100"，如图4-20所示。

②光彩光变数字：位于票面正面中部。垂直票面观察，数字以金色为主；平视观察，数字以绿色为主。随着观察角度的改变，数字颜色在金色和绿色之间交替变化，并可见到一条亮光带上下滚动。

③人像水印：位于票面正面左侧空白处。透光观察，可见毛泽东头像，如图4-21所示。

图4-20　光变镂空开窗安全线　　　　图4-21　人像水印

④胶印对印图案：票面正面左下方和背面右下方均有面额数字"100"的局部图案。透光观察，正背面图案组成一个完整的面额数字"100"，如图4-22所示。

⑤横竖双号码：票面正面左下方采用横号码，其冠字和前两位数字为暗红色，后六位数字为黑色；票面正面右侧采用竖号码，其冠字和数字均为蓝色。

⑥白水印：位于票面正面横号码下方。透光观察，可以看到透光性很强的水印面额数字"100"，如图4-23所示。

（a）正面图案　（b）背面图案　（c）完整图案

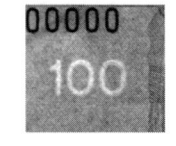

图4-22　胶印对印图案　　　　　　　图4-23　白水印

⑦雕刻凹印：票面正面的毛泽东头像、国徽、"中国人民银行"行名、右上角面额数字、盲文，以及背面主景图案等处均采用雕刻凹版印刷，用手指触摸有凹凸感。

实操模块

[实训任务]

根据所学知识对客服中心收到疑似假币及在自动售票机上结账时发现机币及长短款的情景分别按岗位进行模拟。

[实训目的]

掌握车站客服中心收到疑似假币的正确处理规定。

[实训环境]

车站综合实训室。

[实训指导]

按客服中心人员收到假币的处理规定完成实训任务。

目标检测

[知识目标检测]

1. 填空题

（1）一般情况下，当出现错款情况时，人工作业遵循"＿＿＿＿＿＿＿＿"的处理原则。

（2）客服中心进行现金交易时，需要使用验钞设备辨别钞票真伪，当发现假币或无法确认真伪的钞票时，应予以＿＿＿＿。

（3）在结账、缴款过程中发现收到假币时，若假币无法被车站验钞设备正常检出，则相应票款损失由＿＿＿＿＿＿承担。

（4）若自动售票机所收票款存在长款情况，则按规定＿＿＿＿。

2. 选择题

（1）当自动售票机短款额在应收金额的（　　）以内时，可由城市轨道交通运营企业承担相应损失。

A. 0.02%　　　　B. 0.03%　　　　C. 0.05%　　　　D. 0.06%

（2）无客运值班员的车站，当自动售票机收到机、假、残币时，由当班（　　）与钱箱清点人员双方签名确认加封，同时立即停用此自动售票机。

A. 值班站长　　　B. 行车值班员　　　C. 售票员　　　D. 站区长

3. 判断题

（1）车站售票员售票工作中收到的机、假、残、外币，由收款人结账时现场补足。（　　）

（2）银行在票款清点过程中发现所收现金与应交票款存在短款情况时，相应票款损失由银行承担。（　　）

[技能目标检测]

根据前述实训任务，分组模拟训练，在实训室进行考核，要求边操作边口述，以此来检测技能目标的达成度。具体检测项目、评分标准及得分如表 4-17 所示。

表 4-17　技能目标检测

序号	检 测 项 目	评 分 标 准	得分
1	客服中心收到伪钞的处理（25分）	语言标准（5分）；行为举止标准（5分）；处理事务准确（15分）	
2	在自动售票机结账时发现机币的处理（25分）	语言标准（5分）；行为举止标准（5分）；处理事务准确（15分）	
3	在自动售票机结账时发现长短款的处理（30分）	语言标准（5分）；行为举止标准（5分）；选择区域正确（10分）；报表填写规范（10分）	
4	真假人民币的识别（20分）	语言标准（5分）；行为举止标准（5分）；识别正确（10分）	

[素质目标检测]

由教师根据学生课前预习情况、课中小组讨论及独立思考情况、课后作业及小组共同完成学习任务情况，以及技能目标检测环节的表现进行素质目标检测，如表4-18所示。

表 4-18　素质目标检测

序号	检 测 项 目	评 分 标 准	得分
1	学习能力的提升度（20分）	课前预习（5分）；课中主动回答问题（5分）；课后作业（5分）；小组作业（5分）	
2	团队协作的配合度（20分）	小组讨论发言频率（10分）；小组情景设计及模拟（10分）	
3	语言表达的清晰度（20分）	汇报问题的逻辑性（10分）；语言表达的流畅性（10分）	
4	思想意识的认知度（40分）	严谨认真的认知度（20分）；遵章守纪的认知度（20分）	

课后复习题

1. 简述不同情景下假币及错款的处理原则。
2. 识别真假人民币的三招是什么？

项目五　车站异常的票务事务处理

项目描述

在日常运营中，车站客服中心除需要处理正常的售票、兑零、充值、问询外，还需要处理各种异常的乘客票务事务。乘客票务事务处理是指乘客在乘坐轨道交通工具的过程中，乘客自身原因或其他特殊原因造成无法正常进出站时所引起的票务事务处理。在实行计程票制的城市轨道交通运营企业，常见的实体票相关乘客票务事务有车票超程、超时、进出次序错误、无效，以及自动售票机卡币、卡票、找零不足和充值不成功、自动检票机扇门被误用、出站自动检票机吞票等。通过本项目的学习，应学会正确处理实体车票超程、超时、进出次序错误、无效等车票异常的票务事务；学会正确处理乘车码无效造成的票务事务；学会正确处理自动检票机和自动售票机工作异常、乘客用乘车码乘车时所产生的票务事务。

任务一　车票异常的票务事务处理

学习目标

[知识目标]

（1）理解乘客乘车时车票超程、超时、进出次序错误、无效的定义。
（2）掌握车票超程、超时、进出次序错误、无效的处理规定。
（3）掌握乘车码无效的处理规定。

[技能目标]

会进行乘客乘车时乘车凭证发生异常时的票务事务处理。

[素质目标]

（1）培养诚实做人及实事求是的优良品质。
（2）培养科学严谨及遵章守纪的工作作风。

学习引入

张先生在某城市地铁站持普通单程票出自动检票机时受阻，车站工作人员引导其到客服中心处理，售票员通过半自动售票机分析其车票信息，发现其所持车票余值不足（卡内余值

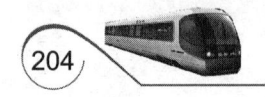

为 2 元，车程费为 4 元）。如果你是这名售票员，应如何向乘客解释？应采取什么措施进行处理才妥当？

教学环境

车站综合实训室。

技术模块

处理因车票异常引起的票务事务时，车站工作人员应引导乘客到车站客服中心，将实体票放置在半自动售票机读卡器上进行分析，再根据乘客所处的位置和车票的分析结果，按各城市轨道交通运营企业的票务事务处理规定，按异常票处理。车站常见的乘客持实体票（单程票和储值票）发生票务事务处理的规定如下。

一、车票超程

（一）车票超程的定义

车票超程是指按计程票价制计价时，付费区乘客所持车票余值不够支付按标准计算所得的起点站至终点站的单程车费，车票不能正常通过出站自动检票机的情况。

（二）车票超程的处理

1. 单程票超程

付费区乘客所持单程票超程时，售票员向乘客收取所欠车费后，在半自动售票机上操作更新车票，乘客持票出站。

2. 储值票超程

付费区乘客所持储值票超程时，售票员向乘客收取充值金额后，在半自动售票机上对车票进行充值操作，乘客持票出站。

二、车票超时

（一）车票超时的定义

车票超时是指乘客检票进入付费区后，因逗留时间过长，导致车票使用时间超过了系统规定的有效乘车时限（为避免乘客在列车上或车站付费区内长时间逗留，造成不必要的拥塞，城市轨道交通运营企业往往会对乘客进站检票至出站检票的时间进行限制），车票不能正常通过出站自动检票机的情况。

（二）车票超时的处理

1. 单程票超时

付费区乘客所持单程票超时时，售票员向乘客收取超时补款（各城市轨道交通运营企业自行规定）后，在半自动售票机上操作更新车票，乘客持票出站。例如，某城市轨道交通运营企业规定，乘客每次进站检票至出站检票的乘车时限为 180 分钟，超过乘车时限后，按出站所在线网最高票价核算乘客应支付的乘车费用。

2. 储值票超时

付费区乘客所持储值票超时时，若车票进站日期显示是当天，则售票员向乘客收取超时补款后，在半自动售票机上操作更新车票，乘客持票出站；若车票进站日期显示不是当天，则扣除上次乘车费用（一般是最低车程费）后，询问乘客当天的进站车站名称，输入进站码，更新车票，乘客持票出站。

车票超程和超时同时发生时，先按超时补款更新车票的时间及信息，再进行超程补款。

三、车票进出次序错误

车票进出站状态有两种：乘客持票入站后，车票为"已入站"状态，处于付费区模式；乘客持票出站后，车票为"未入站"状态，处于非付费区模式。

（一）车票进出次序错误的定义

车票进出次序错误是指车票所处的区域（非付费区或付费区）与乘客实际所在区域不一致的情况，主要表现为以下两种形式。

（1）乘客在非付费区，但车票显示已在进站自动检票机检过票，显示为"已入站"状态，不能再次检票进站，这种情况一般是由于乘客持票在进站自动检票机检票后未及时进站所致。

（2）乘客在付费区，但所持车票没有进站记录，仍显示为"未入站"状态，车票不能正常通过出站自动检票机，这种情况一般是由于乘客进站时没有成功检票，与其他乘客一起进站或没有经进站自动检票机检票而直接从其他地方进入付费区所致。

（二）车票进出次序错误的处理

车票进出次序错误时按乘客所处区域选择非付费区和付费区分别处理。不同类型的车票，其处理方法有一定的区别，下面以单程票和储值票为例叙述处理流程。

1. 单程票进出次序错误

（1）非付费区。乘客在非付费区而其所持单程票为"已入站"状态时，售票员在半自动售票机上的非付费区模式下分析车票：若车票上次检票时间与当前时间之差在系统允许的更新时间范围内，则免费将车票状态信息更新为"未入站"，乘客持票进站；若车票上次检票时间与当前时间之差已超出系统允许的更新时间范围或上次进站的车站不是本站，则按规定回收单程票，请乘客重新购票乘车。

（2）付费区。乘客在付费区而其所持单程票为"未入站"状态时，售票员在半自动售票机上的付费区模式下分析车票：根据分析显示的单程票发售车站名，输入进站码，将状态信息更新为"已入站"，乘客持票出站，单程票正常回收。

2. 储值票进出次序错误

（1）非付费区。乘客在非付费区而其所持储值票为"已入站"状态时，售票员在半自动售票机上的非付费区模式下分析车票：若车票上次检票时间与当前时间之差在系统允许的更新时间范围内，则免费将车票状态信息更新为"未入站"，乘客持票进站；若车票上次检票时间与当前时间之差已超出系统允许的更新时间范围或上次进站的车站不是本站，则按规定收取费用并将车票状态信息更新为"未入站"，乘客持票进站。

（2）付费区。乘客在付费区而其所持储值票为"未入站"状态时，售票员在半自动售票机上的付费区模式下分析车票：询问乘客进站的车站名，输入进站码，将车票状态信息更新为"已入站"，乘客持票出站。

乘客在付费区而其所持储值票已完成一次进出，即本次车程费已扣除时，按扇门被误用给乘客发放免费出站票出站。

四、车票无效

（一）车票无效的定义

车票无效是指车票在使用过程中，轨道交通设备原因或乘客自身原因造成车票异常（读卡器无法验出车票状态信息或车票状态信息不正常），无法正常通过进出站自动检票机，且无法通过半自动售票机进行更新处理的情况。

（二）车票无效的处理

车票无效的情况既可能发生在非付费区，也可能发生在付费区。处理时，需判断造成车票无效的原因，即是轨道交通设备原因还是乘客自身原因。

1. 非付费区

乘客持无效单程票要求乘车时，售票员需判断造成车票无效的原因。若属于乘客自身原因，则回收乘客手中的无效票，请乘客重新购票乘车；若属于轨道交通设备原因，如车票为自动售票机发售的无效票，则回收乘客手中的无效票，按规定处理乘客票务事务：在半自动售票机上给乘客免费发售一张等值普通单程票供乘客进站，并填写"乘客事务处理单"。

2. 付费区

乘客持无效单程票不能出站时，售票员需判断造成车票无效的原因。若属于乘客自身原因，则回收乘客手中的无效票，在半自动售票机上给乘客发售一张付费出站票供乘客出站；若属于轨道交通设备原因，则回收乘客手中的无效票，按规定处理乘客票务事务：在半自动售票机上给乘客发售一张免费出站票供乘客出站，并填写"乘客事务处理单"。

五、无票乘车

1. 丢失车票的处理

乘客在付费区声称车票丢失要求出站时，按丢失车票进行补票出站。不同的城市轨道交通运营企业对丢失车票的处理规定有一定的差异，如某地铁运营公司对乘客丢失车票要求出站的处理是，按出站所在线网最高票价补票后方能正常出站。

2. 恶意逃票的处理

乘客在付费区故意通过不正当行为（如翻越自动检票机或隔离栏杆、跟随他人）出站时，按恶意逃票进行处理。不同的城市轨道交通运营企业对恶意逃票的处理规定有一定的差异，如某地铁运营公司对恶意逃票的处理是，按出站所在线网最高票价的 5~20 倍进行罚款处理。

知识链接

在实际生活中，绝大多数乘客都是遵守规则的，但也有乘客逃票，这不仅破坏了规则，而且可能对逃票乘客自身造成严重伤害。请扫码 5-1 观看视频，思考不正当的乘车行为会造成什么影响，并通过视频来理解诚实做人及遵章守纪的重要意义。

5-1 翻越自动检票机逃票事件

六、出站自动检票机扇门被误用

1. 持单程票的乘客反映扇门被误用的处理

付费区持单程票的乘客反映本人的单程票已被自动检票机回收，但自己未能及时出站时，车站工作人员核实情况属实后，给乘客发放免费出站票，按规定填写"乘客事务处理单"，并由客运值班员或以上级别人员确认后，乘客持免费出站票正常出站。

2. 持储值票的乘客反映扇门被误用的处理

付费区持储值票的乘客反映本人的储值票已扣费，但自己未能及时出站时，车站工作人员需通过半自动售票机分析储值票，如车票显示乘客刚从本站出站或车费已扣除，则给乘客发放免费出站票，按规定填写"乘客事务处理单"，并由客运值班员或以上级别人员确认后，乘客持免费出站票正常出站。

实操模块

[实训任务]

根据可能发生的车票异常造成的票务事务，以小组的形式设计不同的情景对话，分岗位模拟不同类型票务事务的处理流程。

[实训目的]

掌握实体票异常的票务事务处理规定。

[实训环境]

车站综合实训室。

[实训指导]

依照车票超程、超时、进出次序错误、无效的处理流程，模拟售票员完成相应的票务事务处理过程。

> 乘车码及交通联合卡出现异常应如何处理？

（一）乘车码异常

随着信息技术的迅速发展，电子支付及乘车码乘车在城市轨道交通方面的应用越来越广泛。以某地铁运营公司为例，乘车码包括地铁发行的电子单程票乘车码、一卡通乘车码、云闪付乘车码等。乘客使用乘车码乘车时发生的票务事务处理与实体票的票务处理有一定的区别。现以某地铁运营公司的规定为例进行介绍。

1. 电子单程票乘车码

（1）电子单程票由地铁 App 生成，由乘客使用 App 生成的二维码直接在自动检票机上扫码进出站，若二维码生成后未使用则自动过期。

（2）电子单程票退款规定。使用电子单程票扫码通过进站自动检票机后，因故放弃乘坐地铁或改用其他支付方式乘坐地铁的，按扇门被误用方式消除原进站码。若超出进站更新时间范围，车站工作人员经过调查，确认应该办理退款时，可通过"乘客事务处理单"审批流程为乘客办理。具体流程如下：在"乘客事务处理单"上记录乘客账户、交易时间、退款金额、订单号，乘客在对应栏签名确认。但现场不以现金形式退款，告知乘客将于 5 个工作日内通过原支付路径退款。根据不同退款原因，车站需为"乘客事务处理单"制作附件，附件可以是"特殊审批单""服务热线回复单""情况说明"等可以说明该业务判断依据的凭证，留存备查。地铁运营公司每日将当日需办理电子单程票原路径退款的交易记录发送给线网指挥中心，由线网指挥中心核对"乘客事务处理单"记录的交易订单号和乘客扣费信息后完成退款。

2. 第三方平台生成的乘车码

目前，乘坐该城市地铁的乘客可通过"一卡通""云闪付""××市民云"App 3 种途径生成二维码进行乘车。

（1）进站事务处理。

①自动检票机提示"重复扫码"。乘客扫码时，若进站自动检票机提示"重复扫码"，说明乘客扫码成功后未及时进站或扇门被误用，按以下流程处理。

"一卡通"App：客服中心根据乘客的手机号或 App 上的个人信息二维码（非乘车二维码）在半自动售票机上进行行程查询，若确认 1 小时内有本站进站信息，可通过半自动售票机对该次行程进行撤销，然后请乘客重新扫码进站。

"云闪付"App 及"××市民云"App：车站客服中心根据乘客的手机号，在半自动售票机上进行行程查询，若确认 1 小时内有本站进站信息，可通过半自动售票机对该次行程进行撤销，然后请乘客重新扫码进站。

②自动检票机提示"二维码失效"。乘客扫码时，若进站自动检票机提示"二维码失效"，说明乘车码过期（有效期为 30 秒），可请乘客根据 App 提示刷新乘车码，重新扫码进站。

(2)出站事务处理。

①自动检票机提示"重复扫码"。乘客扫码时，若出站自动检票机提示"重复扫码"，说明乘客扫码成功后未及时出站或扇门被误用，按以下流程处理。

"一卡通"App：客服中心根据乘客的手机号或 App 上的个人信息二维码（非乘车二维码）在半自动售票机上进行行程查询，若在短时间内有本站出站信息，可使用通行卡放乘客直接出站。

"云闪付"App 及"××市民云"App：客服中心根据乘客的手机号，在半自动售票机上进行行程查询，若在短时间内有本站出站信息，可使用通行卡放乘客直接出站。

②乘客手机没电、出现故障或遗失。若乘客因手机没电、出现故障或遗失等无法出站时，客服中心通过乘客提供的手机号能查到短时间内的进站信息的，向乘客核实进站信息后在半自动售票机上为乘客补登本站信息，并使用通行卡放乘客出站；若不能查到短时间内的进站信息，则按车票遗失规定请乘客购付出站票出站。

③自动检票机提示"二维码失效"。乘客扫码时，若出站自动检票机提示"二维码失效"，说明乘车码过期（有效期为 30 秒），可请乘客根据 App 提示刷新乘车码，重新扫码出站。

④其他原因。车站工作人员可引导乘客使用 App 热线处理。若乘客短时间内无法解决且需要出站的，可使用通行卡放乘客出站，并提醒乘客根据 App 通知，及时进行行程补登。

3. 应急处理业务标准

（1）非地铁原因故障票务处理标准。发码平台故障、乘客刷卡设备异常、网络故障或其他非地铁原因导致无法正常使用二维码进出站时，按下列流程处理。

①非付费区。其他票种可以有效使用，但二维码进站功能无法使用时，请乘客直接购买单程票或使用其他票种刷卡进站。

②付费区。其他票种可以有效使用，但二维码出站功能无法使用时，使用通行卡直接放乘客出站，并提醒乘客根据 App 通知，及时进行行程补登。

（2）地铁原因票务处理标准。地铁原因（晚点、清客、票务设备故障）导致的应急情况按下列流程处理。

①非付费区。所有进站自动检票机故障导致无法正常使用二维码进站时，使用降级模式、边门等方式放乘客进站。

②付费区。地铁晚点、清客等原因导致乘客乘车超时、在本站出站时，直接使用降级模式、边门等方式放乘客出站；出站自动检票机故障导致无法正常使用二维码时，直接使用降级模式、边门等方式放乘客出站。

（二）交通联合卡异常的处理

1. 交通联合卡

交通联合卡及其相关产品是中华人民共和国交通运输部主导，具有支付功能的预付费卡，可在支持交通联合的公共交通系统（如公交车、出租车、轨道交通、轮渡等）刷卡付费。一般情况下，交通联合卡由各城市一卡通中心发行，实体卡卡面均有"交通联合"标志，如图 5-1 所示。

图 5-1 一卡通实体卡卡面标志

2. 交通联合卡异常处置流程

（1）不能正常进站。乘客持交通联合卡及其相关产品无法进站时，如属于未对公众开放的原因，则向乘客解释交通联合卡可能正处于测试阶段，还未正式对公众开放，请乘客使用其他票卡进站乘车；如已对外正式开放，先通过半自动售票机进行分析，若为乘客票务事务，则按相关处理规定在半自动售票机上进行更新处理，乘客持卡进站。

（2）不能正常出站。乘客持交通联合卡及其相关产品不能正常出站时，先通过半自动售票机查看，若为乘客票务事务，则通过半自动售票机更新处理，乘客持卡出站。在确认票卡信息无误，但无法刷卡出站时，请乘客购买同程单程票出站，并对乘客所持票卡进行强制免费更新。若无法强制免费更新，请乘客联系发卡单位处理。

目标检测

[知识目标检测]

1. 填空题

（1）车票超程是指按_____计价时，付费区乘客所持车票余值不够支付按标准计算所得的起点站至终点站的_____车费，车票不能正常通过出站自动检票机的情况。

（2）车票超时是指乘客检票进入付费区后，因_____过长，导致车票使用时间超过了系统规定的_____。

（3）车票进出次序错误是指_____所处的区域（非付费区或付费区）与_____实际所在区域不一致的情况。

（4）乘客在非付费区但车票在半自动售票机上分析为"_____"状态时，乘客在付费区但车票在半自动售票机上分析为"_____"状态时，均属于车票进出次序错误。

（5）车票无效是指车票在使用过程中，轨道交通设备原因或_____原因造成车票异常，无法正常通过进出站自动检票机，且无法通过_____进行更新处理的情况。

2. 选择题

（1）车票的进出站状态有（　　）种。
A. 1　　　　　　　　B. 2　　　　　　　　C. 3　　　　　　　　D. 4

（2）按乘客所属区域来判断，以下事件可能发生在非付费区的是（　　）。
A. 车票超程　　　　　　　　　　　　B. 车票超时
C. 车票无效　　　　　　　　　　　　D. 出站自动检票机扇门被误用

（3）乘客所持车票为"未入站"状态时，乘客可能在（　　）。
A. 站台　　　　　　　　　　　　　B. 列车上
C. 站厅付费区　　　　　　　　　　D. 站厅非付费区
（4）乘客所持车票为"已入站"状态时，乘客可能在（　　）。
A. 出入口　　　　　　　　　　　　B. 客服中心
C. 站厅付费区　　　　　　　　　　D. 站厅非付费区
（5）（　　）可能需要填写"乘客事务处理单"。
A. 车票超程　　　B. 车票超时　　　C. 车票无效　　　D. 丢失车票

3. 判断题

（1）车票超程和超时同时发生时，先处理超程再处理超时。（　　）
（2）无法正常进出站的车票就是无效票。（　　）
（3）恶意逃票乘车属于违法行为。（　　）
（4）扇门被误用视同无票乘车。（　　）
（5）丢失车票不需要重新买票，核实后可以用免费出站票出站。（　　）

[技能目标检测]

根据前述实训任务，分组模拟训练，在实训室进行考核，要求边操作边口述，以此来检测技能目标的达成度。具体检测项目、评分标准及得分如表 5-1 所示。

表 5-1　技能目标检测

序号	检测项目	评分标准	得分
1	车票超程的处理（20分）	语言标准（5分）；行为举止标准（5分）；处理事务流程准确（10分）	
2	车票超时的处理（20分）	语言标准（5分）；行为举止标准（5分）；处理事务流程准确（10分）	
3	车票进出次序错误的处理（30分）	语言标准（5分）；行为举止标准（5分）；选择区域正确（10分）；报表填写规范（10分）	
4	车票无效的处理（30分）	语言标准（5分）；行为举止标准（5分）；选择区域正确（10分）；报表填写规范（10分）	

[素质目标检测]

由教师根据学生课前预习情况、课中小组讨论及独立思考情况、课后作业及小组共同完成学习任务情况，以及技能目标检测环节的表现进行素质目标检测，如表 5-2 所示。

表 5-2　素质目标检测

序号	检测项目	评分标准	得分
1	学习能力的提升度（20分）	课前预习（5分）；课中主动回答问题（5分）；课后作业（5分）；小组作业（5分）	
2	团队协作的配合度（20分）	小组讨论发言频率（10分）；小组情景设计及模拟（10分）	
3	语言表达的清晰度（20分）	汇报问题的逻辑性（10分）；语言表达的流畅性（10分）	
4	思想意识的认知度（40分）	诚实守信的认知度（20分）；遵章守纪的认知度（20分）	

课后复习题

1. 什么是车票超程？
2. 什么是车票超时？
3. 车票进出次序错误包括哪两种形式？

任务二　自动售检票系统终端设备异常的票务事务处理

学习目标

[知识目标]

（1）掌握自动售票机卡币、卡票、找零不足、充值不成功的定义。
（2）掌握出站自动检票机吞票、卡票的处理规定。

[技能目标]

（1）能按规定处理自动售票机卡币、卡票、找零不足、充值不成功的票务事务。
（2）能按规定处理自动检票机吞票、卡票的票务事务。

[素质目标]

（1）培养严谨细致及态度端正的工作作风。
（2）培养换位思考及以人为本的服务理念。

学习引入

王先生在某地铁站的自动售票机上投入10元纸币，欲购买一张3元的车票，但自动售票机出票找零口处只有1张单程票和1张5元纸币，王先生到客服中心找售票员处理。如果你是当班售票员，你该如何处理？

教学环境

车站综合实训室。

技术模块

处理因自动售票机、出站自动检票机异常引起的票务事务时，需由客运值班员检查确认，再根据确认结果，由客服中心售票员通过半自动售票机进行相应处理。

一、自动售票机卡币

（一）自动售票机卡币的定义

自动售票机卡币主要是指乘客在自动售票机上投币购票时，自动售票机原因或乘客所投纸币（硬币）陈旧、边缘变形、粘有胶带等原因，导致纸币（硬币）被卡在自动售票机的某个部位，且自动售票机不再接收纸币（硬币）的情况。

(二)自动售票机卡币的处理

客运值班员首先检查自动售票机投币口有无纸币（硬币）堵塞，触摸显示屏是否显示卡币故障代码或是否有卡币故障小单，确认是否发生卡币的情况并做相应处理。

（1）如有，则将乘客引导至客服中心，售票员按规定填写"乘客事务处理单"，根据乘客需求，在半自动售票机上以多退少补的原则发售同等面值车票或退还相应款额给乘客，同时报专业维修人员进行处理。

（2）如没有，则询问乘客购票情况，如购票设备号，投币金额，购买车票种类、面额、数量和已取得车票的数量等，由客运值班员和另一名车站工作人员共同打开自动售票机维修门或报维修调度，查看自动售票机的最近交易记录，确认是否与乘客反映的情况一致，并根据查询情况进行处理。

①若情况一致，则按规定填写"乘客事务处理单"，根据乘客需求，在半自动售票机上以多退少补的原则发售同等面值车票或退还相应款额给乘客，同时报专业维修人员进行处理。

②若情况不一致，则表示没有卡币，向乘客解释清楚，做好服务工作。

二、自动售票机卡票

（一）自动售票机卡票的定义

自动售票机卡票主要是指自动售票机在给乘客发售单程票的过程中，自动售票机原因或单程票变形、变厚等原因，导致单程票被卡在自动售票机的某个部位，且自动售票机自动进入暂停服务模式或受限服务模式的情况。

（二）自动售票机卡票的处理

客运值班员首先检查自动售票机出票口有无卡票现象，触摸显示屏是否显示卡票故障代码或是否有卡票故障小单，确认是否发生卡票的情况并做相应处理。

（1）如有，则根据乘客需求，在半自动售票机上免费发售同等面值车票或退还相应款额给乘客，并填写"乘客事务处理单"，客运值班员或以上级别人员到现场确认，同时报专业维修人员进行处理。

（2）如没有，则询问乘客购票情况，由客运值班员和另一名车站工作人员共同打开自动售票机维修门或报维修调度，查看自动售票机的最近交易记录，确认是否与乘客反映的情况一致，并根据查询情况进行处理。

①若情况一致，则根据乘客需求，在半自动售票机上免费发售同等面值车票或退还相应款额给乘客，并填写"乘客事务处理单"，客运值班员或以上级别人员到现场确认，同时报专业维修人员进行处理。

②若情况不一致，则表示没有卡票，向乘客解释清楚，做好服务工作。

三、自动售票机找零错误

（一）自动售票机少找零

1. 自动售票机少找零的定义

自动售票机少找零是指当乘客投入自动售票机的现金金额大于实际购票金额时，自动售票机原因或找零纸币（硬币）边缘变形、粘有胶带等原因，导致找零纸币（硬币）被卡在自动售票机的某个部位，自动售票机停止找零，造成少找零的情况。

2. 自动售票机少找零的处理

客运值班员首先检查触摸显示屏是否显示少找零故障代码或是否有少找零故障小单，确认是否发生少找零的情况并做相应处理。

（1）如有，则在半自动售票机上进行处理，退还相应找零现金给乘客，并填写"乘客事务处理单"，客运值班员或以上级别人员到现场确认，同时报专业维修人员进行处理。

（2）如没有，则询问乘客购票情况，由客运值班员和另一名车站工作人员共同打开自动售票机维修门或报维修调度，查看自动售票机的最近交易记录，确认是否与乘客反映的情况一致，并根据查询情况进行处理。

①若情况一致，则在半自动售票机上进行处理，退还相应找零现金给乘客，并填写"乘客事务处理单"，客运值班员或以上级别人员到现场确认，同时报专业维修人员进行处理。

②若情况不一致，则表示没有少找零，向乘客解释清楚，做好服务工作。

（二）自动售票机多找零

车站工作人员发现自动售票机多找零、多出币的情况时，应询问乘客购票情况和查询自动售票机的交易记录。

若发现自动售票机的交易记录与实际找零数不一致，则回收多找零部分，并填写"特殊情况票款记录表"，注明购票设备号、相关金额、币种，将钱币封包保存，交给客运值班员解行，并通过电子版"情况说明"将情况告知审核人员。同时，客运值班员或以上级别人员到现场确认，并在"乘客事务处理单"上双人签名，该台故障自动售票机立即停用报修。

四、自动售票机充值不成功

（一）自动售票机充值不成功的定义

自动售票机充值不成功是指乘客在自动售票机上投币充值时，自动售票机原因或其他原因，导致自动售票机收取乘客投入的现金后，并不能将现金金额增加到票卡余值中（未将充值金额信息写入票卡）的情况。

（二）自动售票机充值不成功的处理

客运值班员与值班站长共同打开自动售票机维修门或报维修调度，查看自动售票机的最近交易记录，确认是否与乘客反映的情况一致，并根据查询情况进行处理。

（1）如有，则在半自动售票机上分析车票，根据情况核实是否确实发生自动售票机已收款但充值不成功的情况。

①若确实发生，则根据乘客需求，在半自动售票机上给乘客等额充值或退还乘客充值金额，并填写"乘客事务处理单"，请客运值班员或以上级别人员到现场确认，同时报专业维修人员进行处理。

②若没有发生，则请乘客通过乘客显示屏确认车票充值前后余值，做好服务工作，将票卡交给乘客。

（2）如没有，则通知专业维修人员到现场进行处理，客运值班员根据维修人员的判断结果进行票务事务处理。

五、出站自动检票机扣费有误

由车站工作人员询问乘客乘车和车票扣费情况，通知售票员在半自动售票机上分析车票，查询车票使用记录。

（1）如果没有发现扣费不正确的记录，则向乘客解释清楚，做好服务工作。

（2）如果确实扣费错误，则填写"乘客事务处理单"，并由客运值班员或以上级别人员到现场确认，按分析结果退还乘客现金。同时，将该台故障自动检票机设为暂停服务模式，并及时报修。

六、出站自动检票机吞票

由车站工作人员询问乘客出站情况，确认出站自动检票机是否确实处于暂停服务模式或出站自动检票机显示正常但投票口却有卡票现象。

（1）如有，则给乘客发售一张免费出站票出站，并填写"乘客事务处理单"，客运值班员或以上级别人员到现场确认，同时报专业维修人员进行处理。

（2）如没有，且自动检票机显示正常，能接收车票，则向乘客解释清楚，给乘客发售一张付费出站票出站。

▶ 实操模块

[实训任务]

（1）模拟车站发生自动售票机功能故障造成的乘客票务事务情景，并根据所学按标准进行处理。

（2）模拟车站发生出站自动检票机功能故障造成的乘客票务事务情景，并根据所学按标准进行处理。

[实训目的]

掌握自动售票机及出站自动检票机异常引起的票务事务处理规定。

[实训环境]

车站模拟实训室。

[实训指导]

（1）依照自动售票机卡币、卡票、找零错误、充值不成功的处理流程，准确模拟售票员完成相应的票务事务处理过程。

（2）依照出站自动检票机吞票、扣费错误的处理流程，准确模拟售票员完成相应的票务事务处理过程。

拓展模块

自动售票机电子支付充值失败该如何处理？

1. 无故障小单但查询有有效"购票订单"

车站工作人员在多元化支付平台上的"购票订单"中进行查询，经确认乘客所持储值票（或一卡通）充值交易失败且电子支付成功后，按电子支付原路径退款业务流程处理。

2. 无故障小单且查询无有效"购票订单"

车站工作人员在多元化支付平台上的"购票订单"中进行查询（订单状态未知或正在支付中等情况），经确认乘客所持储值票（或一卡通）无充值记录且电子支付成功后，按特殊审批流程处理原路径退款业务，并及时将此类情况反馈给票务管理室。

3. 无故障小单且查询无"购票订单"

若既无与交易匹配的故障小单，也无法在多元化支付平台上查证任何交易信息，则不处理乘客退款业务。若乘客强烈要求退款，则车站管理人员可根据现场实际情况，按特殊审批流程处理原路径退款业务。

目标检测

[知识目标检测]

1. 填空题

（1）自动售票机卡币是指乘客在自动售票机上投币购票时，_____原因或乘客所投纸币（硬币）陈旧、_____、粘有胶带原因，导致纸币（硬币）被卡在自动售票机的某个部位，且自动售票机_____的情况。

（2）自动售票机充值不成功是指乘客在自动售票机上_____时，自动售票机原因或其他原因，导致自动售票机收取乘客投入的_____后，并不能将现金金额增加到票卡余值中（未将充值金额信息写入票卡）的情况。

（3）车站工作人员发现自动售票机多找零、多出币的情况时，应询问_____和查询自动售票机的_____。

（4）如果出站自动检票机确实扣费错误，则填写"_____"，并由_____或以上级别人员到现场确认，按分析结果退还乘客现金。

（5）出站自动检票机吞票时，应给乘客发售一张_____出站。

2. 选择题

（1）处理自动售票机卡币事务时，（   ）应到现场进行确认。

　A. 售票员　　　　　B. 站务员　　　　　C. 客运值班员　　　D. 值班站长

（2）乘客在某车站自动售票机上投币 20 元，买一张 5 元车票，但自动售票机发生卡币现象，确认属实后，售票员填写"乘客事务处理单"，客运值班员或以上级别人员到现场确认后，应（   ）并报修。

　A. 收取乘客 5 元钱，发售一张 5 元车票给乘客

　B. 免费发售一张 5 元车票给乘客，同时找零 15 元

　C. 免费发售一张 5 元车票给乘客

　D. 请乘客从边门进站

（3）当发生自动售票机卡票情况时，自动售票机可能进入的服务状态是（   ）。

　A. 只充值　　　　　B. 只收硬币　　　　C. 正常服务　　　　D. 只电子支付

（4）乘客在付费区持储值票出站时，出站自动检票机扣费错误属实时，应（   ）。

　A. 退还乘客多扣除的费用　　　　　　B. 退还乘客所有乘车费用

　C. 请乘客从边门出站　　　　　　　　D. 发放免费出站票给乘客

（5）自动售票机充值不成功，会出现（   ）现象。

　A. 充值金额已收取，储值票未记录　　B. 充值金额未收取，储值票未记录

　C. 充值金额已收取，储值票已记录　　D. 充值金额未收取，储值票已记录

3. 判断题

（1）自动售票机异常只会少找零，不会多找零。（   ）

（2）自动售票机造成卡票的原因是票箱空了。（   ）

（3）自动售票机充值不成功是指乘客投入的充值钱币被退回的现象。（   ）

（4）出站自动检票机发生吞票属实时，应给乘客发售一张免费出站票出站。（   ）

（5）进站自动检票机也会发生吞票现象，此时应将边门打开让乘客进站。（   ）

[技能目标检测]

根据前述实训任务，分组模拟训练，在实训室进行考核，要求边操作边口述，以此来检测技能目标的达成度。具体检测项目、评分标准及得分如表 5-3 所示。

表 5-3　技能目标检测

序号	检 测 项 目	评 分 标 准	得分
1	自动售票机卡币的处理（20 分）	语言标准（5 分）；行为举止标准（5 分）；处理事务流程准确（10 分）	
2	自动售票机卡票的处理（20 分）	语言标准（5 分）；行为举止标准（5 分）；处理事务流程准确（10 分）	
3	自动售票机找零错误的处理（20 分）	语言标准（5 分）；行为举止标准（5 分）；处理事务流程准确（10 分）	

续表

序号	检测项目	评分标准	得分
4	自动售票机充值不成功的处理（20分）	语言标准（5分）；行为举止标准（5分）；处理事务流程准确（10分）	
5	出站自动检票机扣费有误的处理（10分）	语言、行为举止标准（5分）；处理事务流程准确（5分）	
6	出站自动检票机吞票的处理（10分）	语言、行为举止标准（5分）；处理事务流程准确（5分）	

[素质目标检测]

由教师根据学生课前预习情况、课中小组讨论及独立思考情况、课后作业及小组共同完成学习任务情况，以及技能目标检测环节的表现进行素质目标检测，如表5-4所示。

表5-4 素质目标检测

序号	检测项目	评分标准	得分
1	学习能力的提升度（20分）	课前预习（5分）；课中主动回答问题（5分）；课后作业（5分）；小组作业（5分）	
2	团队协作的配合度（20分）	小组讨论发言频率（10分）；小组情景设计及模拟（10分）	
3	语言表达的清晰度（20分）	汇报问题的逻辑性（10分）；语言表达的流畅性（10分）	
4	思想意识的认知度（40分）	严谨认真的态度（20分）；以人为本的服务理念（20分）	

课后复习题

1. 自动售票机卡票后该如何处理？
2. 简述自动售票机充值不成功的处理规定。
3. 乘客持有效单程票出站时，自动检票机回收了车票，但扇门未打开，应如何处理？

项目六 特殊情况下的票务应急处理

项目描述

为保障运营过程中出现自动售检票系统终端设备故障、自动售检票系统终端设备能力不足或出现其他系统设备故障、突发大客流、列车晚点、火灾等紧急情况下，车站能够有序地处理票务紧急问题，最大限度地保证乘客的人身安全和维护企业的运营收益，车站各岗位人员要在值班站长的统一指挥下，完成特殊情况下的票务应急处理工作，必须掌握自动售检票系统终端设备故障的票务应急处理，以及其他特殊情况下的票务应急处理办法。

由于各城市轨道交通运营企业的运营管理办法及运营组织方案有一定差异，因此本项目以某地铁运营公司为例来学习特殊情况下的票务应急处理流程。

任务一 自动售检票系统终端设备故障的票务应急处理

学习目标

[知识目标]
（1）掌握售票类设备故障的票务应急处理规定。
（2）掌握检票类设备故障的票务应急处理规定。
（3）掌握自动售检票系统终端设备大面积故障的票务应急处理规定。

[技能目标]
（1）能在售票类设备发生故障时按规定汇报及组织乘客。
（2）能在检票类设备发生故障时按规定汇报及组织乘客。
（3）能在自动售检票系统终端设备发生大面积故障时按规定汇报及组织乘客。

[素质目标]
（1）具备服从命令及听从指挥的职业素养。
（2）具备沉着冷静及灵活应变的应急处理能力。

学习引入

2020年12月25日22:00，某地铁车站站厅两端客服中心内的半自动售票机全部突发故障，造成非付费区乘客发生的进出次序错误及付费区乘客发生的超程、超时等票务事务无法正常处理。此时车站进出站客流量较大，导致站厅两端的进出站自动检票机处乘客大量聚集。作为本站的值班站长，应如何处理？

教学环境

车站综合实训室。

技术模块

一、售票类设备故障的票务应急处理

（一）半自动售票机故障的票务应急处理

当车站半自动售票机发生故障时，无法发售单程票和免费/付费出站票，且不能对无法正常通过进出站自动检票机的车票进行分析处理。因此，半自动售票机发生故障时，故障车站应及时向自动售检票系统调度报修，做好报修记录，并根据以下不同的故障类型按规定程序进行相应客流引导及车票处理。

1. 部分半自动售票机故障

当站内部分半自动售票机发生故障时，售票员应立即通知客运值班员进行处理，并在故障半自动售票机的售票窗口摆放"设备故障，暂停服务"牌；同时客运值班员安排工作人员引导需要购票及充值的乘客至自动售票机购票、充值，引导需要进行车票处理的乘客到其他客服中心（半自动售票机正常的客服中心）办理相关业务。

若车站客服中心内有其他空闲半自动售票机，售票员则可退出故障半自动售票机后，登录空闲半自动售票机进行票务作业。

2. 全部半自动售票机故障

当站内全部半自动售票机发生故障时，会影响车站内售票/充值的能力，以及处理乘客票务事务的能力。此时，售票员应立即报值班站长，值班站长报站区长现场情况，由站区长逐级向公司汇报。站区长应根据客流情况下令车站发售预制票来缓解车站的售票压力，售票员则按地铁票价表或乘客需求发售预制票。同时，车站应开启所有可用的自动售票机，并且立即启用手持验票机，对需进行乘客票务事务处理的车票进行检验，视乘客所在区域（非付费区或付费区）按规定进行后续处理。

（1）非付费区乘客。引导无法正常使用进站自动检票机的持票乘客从边门进站，并告知乘客出站时进行车票的票务事务处理。

（2）付费区乘客。对持单程票的乘客，由站务员回收其单程票并引导其从边门出站；对持储值票（或一卡通）的乘客，告知乘客本次的车程费需要在下次乘车前先到客服中心扣除，然后引导其从边门出站。

如图6-1所示为某车站半自动售票机故障的票务应急处理流程。

项目六　特殊情况下的票务应急处理

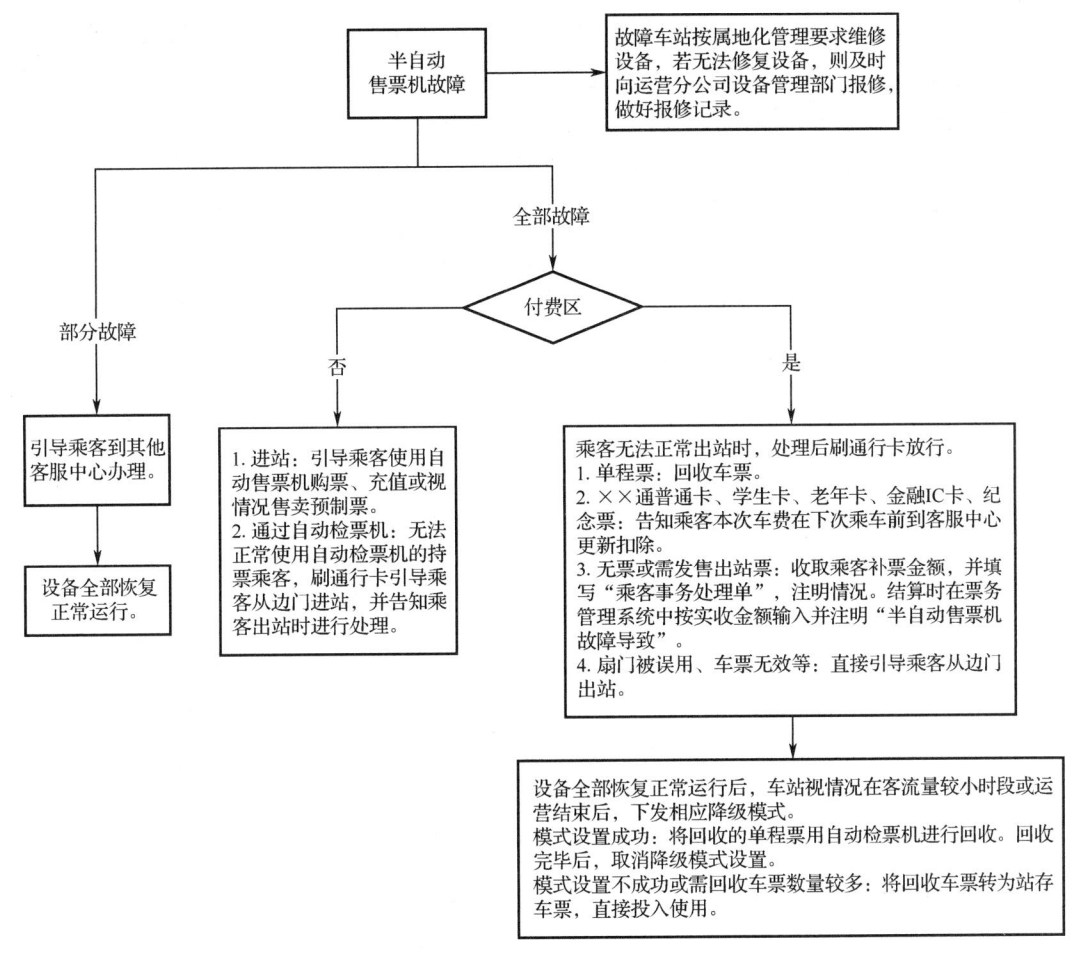

```
                    ┌─────────────┐    ┌──────────────────────────┐
                    │  半自动     │───→│ 故障车站按属地化管理要求维修 │
                    │ 售票机故障   │    │ 设备，若无法修复设备，则及时 │
                    └─────────────┘    │ 向运营分公司设备管理部门报修， │
                           │           │ 做好报修记录。              │
                           │           └──────────────────────────┘
         ┌─────────────────┼─────────────────┐
         │                 │全部故障
   部分故障│              ◇付费区◇
         │              否/        \是
         │              /           \
┌──────────┐  ┌──────────────┐  ┌──────────────────────┐
│引导乘客到其他│  │1.进站：引导乘客使用自│  │乘客无法正常出站时，处理后刷通行卡放行。│
│客服中心办理。│  │动售票机购票、充值或视│  │1.单程票：回收车票。              │
└──────────┘  │情况售卖预制票。     │  │2.××通普通卡、学生卡、老年卡、金融IC卡、纪│
     │        │2.通过自动检票机：无法│  │念票：告知乘客本次车费在下次乘车前到客服中心│
     ↓        │正常使用自动检票机的持│  │更新扣除。                      │
┌──────────┐  │票乘客，刷通行卡引导乘│  │3.无票或需售出站票：收取乘客补票金额，并填│
│设备全部恢复│  │客从边门进站，并告知乘│  │写"乘客事务处理单"，注明情况。结算时在票务│
│正常运行。  │  │客出站时进行处理。   │  │管理系统中按实收金额输入并注明"半自动售票机│
└──────────┘  └──────────────┘  │故障导致"。                    │
                                  │4.扇门被误用、车票无效等：直接引导乘客从边门│
                                  │出站。                        │
                                  └──────────────────────┘
                                             │
                                             ↓
                               ┌──────────────────────┐
                               │设备全部恢复正常运行后，车站视情况在客流量较小时段或运│
                               │营结束后，下发相应降级模式。                │
                               │模式设置成功：将回收的单程票用自动检票机进行回收。回收│
                               │完毕后，取消降级模式设置。                 │
                               │模式设置不成功或需回收车票数量较多：将回收车票转为站存│
                               │车票，直接投入使用。                     │
                               └──────────────────────┘
```

图 6-1　半自动售票机故障的票务应急处理流程

（二）自动售票机故障的票务应急处理

自动售票机故障是指自动售票机停止出售车票，乘客无法在自动售票机上购票的情况，此时会造成车站自动售票机能力不足。但自动售票机能力不足有时也是由于车站出现突发大客流等特殊情况时，现有的自动售票机数量有限，不能满足乘客的购票需要，导致大量乘客在车站非付费区滞留并等候购票造成的。自动售票机发生故障时，故障车站应及时向自动售检票系统调度报修，做好报修记录，并根据故障发生的类型按以下程序处理。

1. 部分自动售票机故障或能力不足

当站内部分自动售票机发生故障或能力不足时，站内工作人员要对乘客做好引导宣传工作。若无法满足乘客需求，则视客流情况，值班站长可下令适当加开半自动售票机，安排售票员在半自动售票机上出售单程票，以加大车站售票能力。

2. 全部自动售票机故障

当站内全部自动售票机发生故障时，客运值班员要立即向值班站长汇报，同时报修，并到站厅进行宣传疏导。值班站长下令开启所有半自动售票机出售单程票，增派售票人员，增

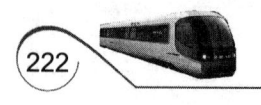

加售票窗口，加大车站的售票能力；根据客流情况，当半自动售票机不能满足乘客的购票需求时，值班站长需要报站区长确定售票员在半自动售票机上发售预制票。各种不同票价的预制票每次发售不得超过10张，并且视情况增设临时票亭发售预制票。

如图 6-2 所示为某车站自动售票机故障或能力不足的票务应急处理流程。

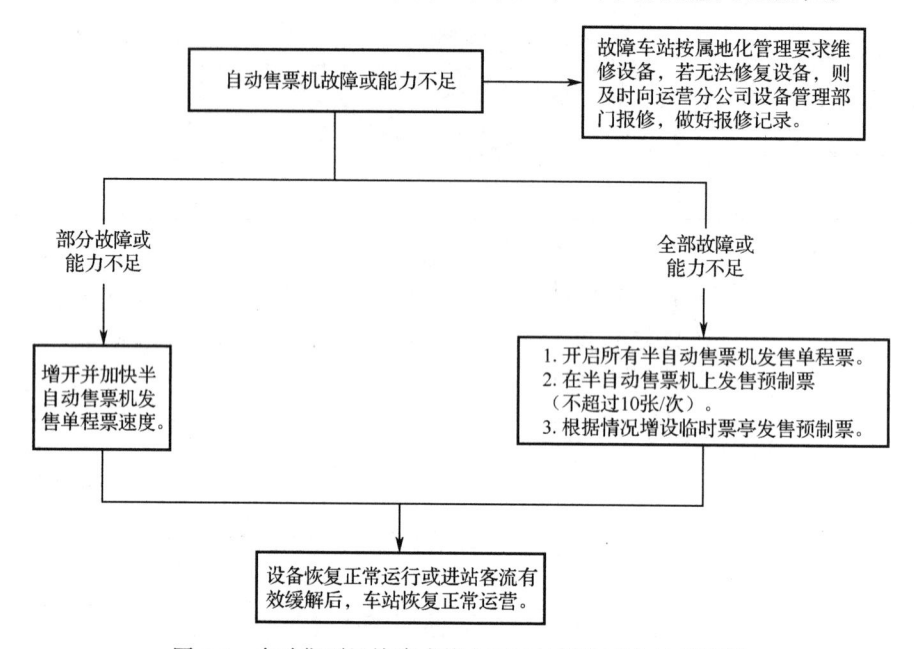

```
                   ┌──────────────────────┐       ┌────────────────────────────┐
                   │ 自动售票机故障或能力不足 │──────▶│ 故障车站按属地化管理要求维修 │
                   └──────────────────────┘       │ 设备，若无法修复设备，则及时 │
                          │                       │ 向运营分公司设备管理部门报修， │
                          │                       │ 做好报修记录。              │
                          │                       └────────────────────────────┘
         ┌────────────────┴──────────────────┐
    部分故障或                          全部故障或
    能力不足                            能力不足
         │                                   │
         ▼                                   ▼
  ┌──────────────┐              ┌──────────────────────────────────┐
  │ 增开并加快半  │              │ 1. 开启所有半自动售票机发售单程票。│
  │ 自动售票机发  │              │ 2. 在半自动售票机上发售预制票     │
  │ 售单程票速度。│              │    （不超过10张/次）。           │
  └──────────────┘              │ 3. 根据情况增设临时票亭发售预制票。│
         │                       └──────────────────────────────────┘
         │                                   │
         └────────────────┬──────────────────┘
                          ▼
                ┌──────────────────────┐
                │ 设备恢复正常运行或进站 │
                │ 客流有效缓解后，车站   │
                │ 恢复正常运营。        │
                └──────────────────────┘
```

图 6-2　自动售票机故障或能力不足的票务应急处理流程

（三）全部自动售票机和半自动售票机故障的票务应急处理

当站内全部自动售票机和半自动售票机发生故障时将无法出售单程票，乘客所持车票也不能在半自动售票机上进行分析及处理操作。

当全部自动售票机和半自动售票机发生故障时，客运值班员应立即向值班站长汇报车站设备情况，由值班站长向公司相关维修部门报修，并做好报修记录。值班站长立即将车站现场运营处置情况报站区长，并由站区长逐级上报公司。车票发售及更新处理的具体流程如下。

1. 发售预制票

若车站客运组织安全有序且在运力允许，车站站存预制票可以满足发售需求，经值班站长下令，车站发售预制票。

（1）故障发生站的票务处置。

①车站通过调度电话通知控制中心行车调度，由行车调度告知线路内其他车站做好应对准备。

②客运值班员至票务管理室将封存的预制票根据规定开封清点后配发给各售票员，并做好相关台账、报表的记录。

③客运值班员配发好预制票后，至站厅进行宣传疏导。

④售票员领取预制票，在车站客服中心或临时票亭，依照票价表及乘客需求发售预制票。

⑤车站其他工作人员做好宣传引导工作，组织乘客有序进出站。

⑥车站应通过广播、提示牌、人工宣传等方式告知乘客暂停充值业务，引导乘客购买预制票。

（2）故障发生影响站的票务处置。当其他车站被告知线路内某车站发售预制票时，值班站长要立即告知站内所有票务工作人员，如有持无进站标志预制票的乘客无法正常出站，按发售预制票的车站来执行相应票务作业；如为非当日使用的预制票，则回收原票卡，按持过期票乘车进行相应补票作业。

当部分设备恢复正常后，值班站长根据客流情况决定停止售卖预制票，并报控制中心行车调度。

2. 车票的更新处理

当站内全部自动售票机和半自动售票机发生故障时，车站应立即启用手持验票机，对需进行乘客票务事务处理的车票进行检验，并视乘客所在区域（非付费区或付费区）按规定进行处理。

（1）非付费区乘客。对非付费区乘客，引导持储值票（或一卡通）和预制票无法正常进站的乘客从边门进站，并告知乘客到出站自动检票机处进行车票的票务事务处理。

（2）付费区乘客。若乘客在付费区无法正常出站，对持单程票的乘客，由站务员回收其单程票并引导其从边门出站；对持储值票（或一卡通）的乘客，则先告知乘客本次车费在下次乘车前到客服中心扣除，再引导其从边门出站。

如图6-3所示为某车站全部自动售票机和半自动售票机故障的票务应急处理流程。

二、检票类设备故障的票务应急处理

（一）部分自动检票机故障的票务应急处理

当站内部分自动检票机不能正常进行进站检票及出站检票时，厅巡岗站务员应立即报告客运值班员。客运值班员对职责范围内的简单故障应能及时处理，若非职责范围内的故障或职责范围内但无法直接处理的故障，故障车站应及时向自动售检票系统调度报修，并做好报修记录。在故障自动检票机通道处摆放"设备故障，暂停服务"牌，引导乘客使用正常自动检票机进出站。

若乘客进出站速度缓慢，可视情况，将车站的双向自动检票机人工设置为所需的方向。

1. 部分进站自动检票机故障

当站内部分进站自动检票机发生故障时，车站的进站检票速度将会受到影响，此时值班站长可视车站的进站客流情况，下令减缓售票或减少售票窗口；如有需要，可适当关闭站内部分自动售票设备及售票窗口，以减轻车站的进站压力。

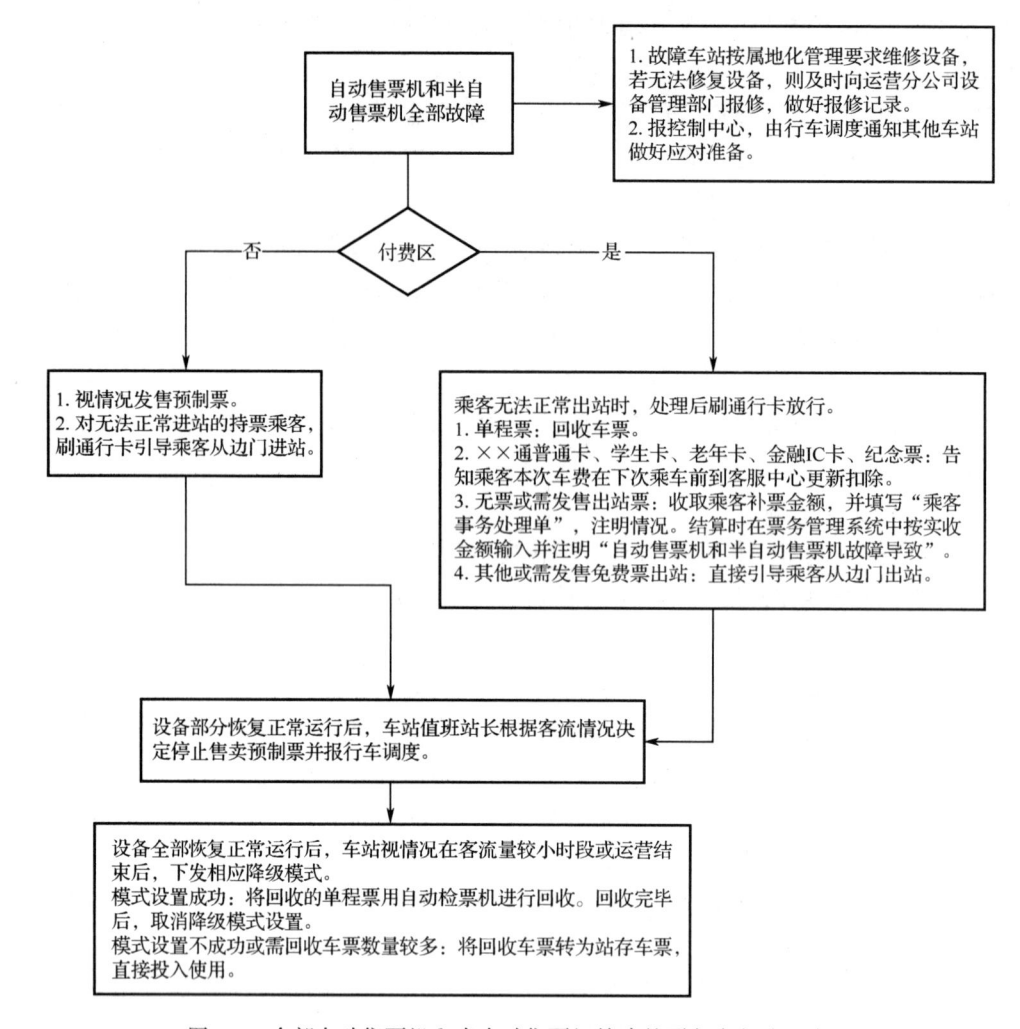

```
┌─────────────────┐         ┌──────────────────────────────────┐
│ 自动售票机和半   │────────▶│ 1. 故障车站按属地化管理要求维修设备,│
│ 自动售票机全部故障│         │   若无法修复设备,则及时向运营分公司│
└────────┬────────┘         │   设备管理部门报修,做好报修记录。  │
         │                  │ 2. 报控制中心,由行车调度通知其他车站│
         ▼                  │   做好应对准备。                  │
      ◇付费区◇              └──────────────────────────────────┘
    否 /     \ 是
      /       \
     ▼         ▼
```

图 6-3 全部自动售票机和半自动售票机故障的票务应急处理流程

若车站 70%及以上的进站自动检票机故障且无法及时修复,可按车站突发进站大客流进行处理。

2. 部分出站自动检票机故障

当站内部分出站自动检票机发生故障时,在车站条件允许的情况下,可打开故障的出站自动检票机通道,用人工回收车票的方式组织持回收类车票的乘客出站,同时宣传引导持非回收类车票的乘客到正常的出站自动检票机处刷卡出站。

若车站 70%及以上的出站自动检票机故障且无法及时修复,可按车站突发出站大客流进行处理。

(二) 全部自动检票机故障或能力不足的票务应急处理

1. 全部进站自动检票机故障或能力不足

全部进站自动检票机故障是指全部进站自动检票机停止检票,导致本站大量乘客无法通过进站自动检票机正常进站的情况。进站自动检票机能力不足是指当车站出现突发进站大客流等特殊情况时，由于现有的进站自动检票机数量有限，不能满足乘客的进站需要，导致大量乘客在非付费区滞留并等候进站的情况。

知识链接

当某车站突发进站大客流时，车站将会出现进站自动检票机能力不足的现象。为了保证运营安全，此时车站应对进站客流实施引导或控制措施（如关闭部分自动售票机、在出入口或站厅非付费区设置迂回流线等）减缓乘客进入车站的速度，或者将自动售检票系统运营模式更改为进出站免检模式来加快乘客流动的速度。如果车站组织不力，则有可能导致乘客人身受到伤害及票务收益受到损失。

6-1 三级客流控制

请扫码 6-1 观看某车站突发进站大客流时实施三级客流控制措施视频，分析客流控制措施对保证乘客乘车安全的重要性。

当站内全部进站自动检票机发生故障或能力不足时按以下程序处理。

（1）故障发生站的客流引导及票务处置。

①客运值班员立即向值班站长汇报车站的设备情况，向自动售检票系统调度报修，做好报修记录。

②值班站长视车站实际情况下令车站通过调度电话通知控制中心行车调度，行车调度确认后，通知自动售检票系统调度改变运营模式，设置影响站为进出站免检模式，并由行车调度告知线路内其他车站做好应对准备。在进出站免检模式下，允许乘客使用一张未编写进站信息的车票出站。

③车站工作人员做好宣传引导工作，引导乘客从边门进站，若客流量过大，边门无法满足需求，可将部分自动检票机扇门设为常开状态，人工验票，组织持票乘客进站。

④设备恢复正常运行或进站客流有效缓解后，车站恢复正常运营，并报控制中心行车调度。

（2）故障发生影响站的票务处置。影响车站在接到行车调度通知后，若进出次序免检模式设置成功，则乘客可持车票正常通过自动检票机出站；若模式设置不成功，则引导乘客到客服中心逐张进行车票的进站码更新处理；若有车票超程，则收取超程费用后更新，再引导乘客持更新后的车票通过出站自动检票机正常出站。

如图 6-4 所示为某车站全部进站自动检票机故障或能力不足的票务应急处理流程。

2. 全部出站自动检票机故障或能力不足

全部出站自动检票机故障是指全部出站自动检票机停止检票，导致本站大量乘客无法通过出站自动检票机正常出站的情况。出站自动检票机能力不足是指当车站出现突发出站大客流等特殊情况时，由于现有的出站自动检票机数量有限，不能满足乘客的出站需要，导致大量乘客在付费区滞留并等候出站的情况。

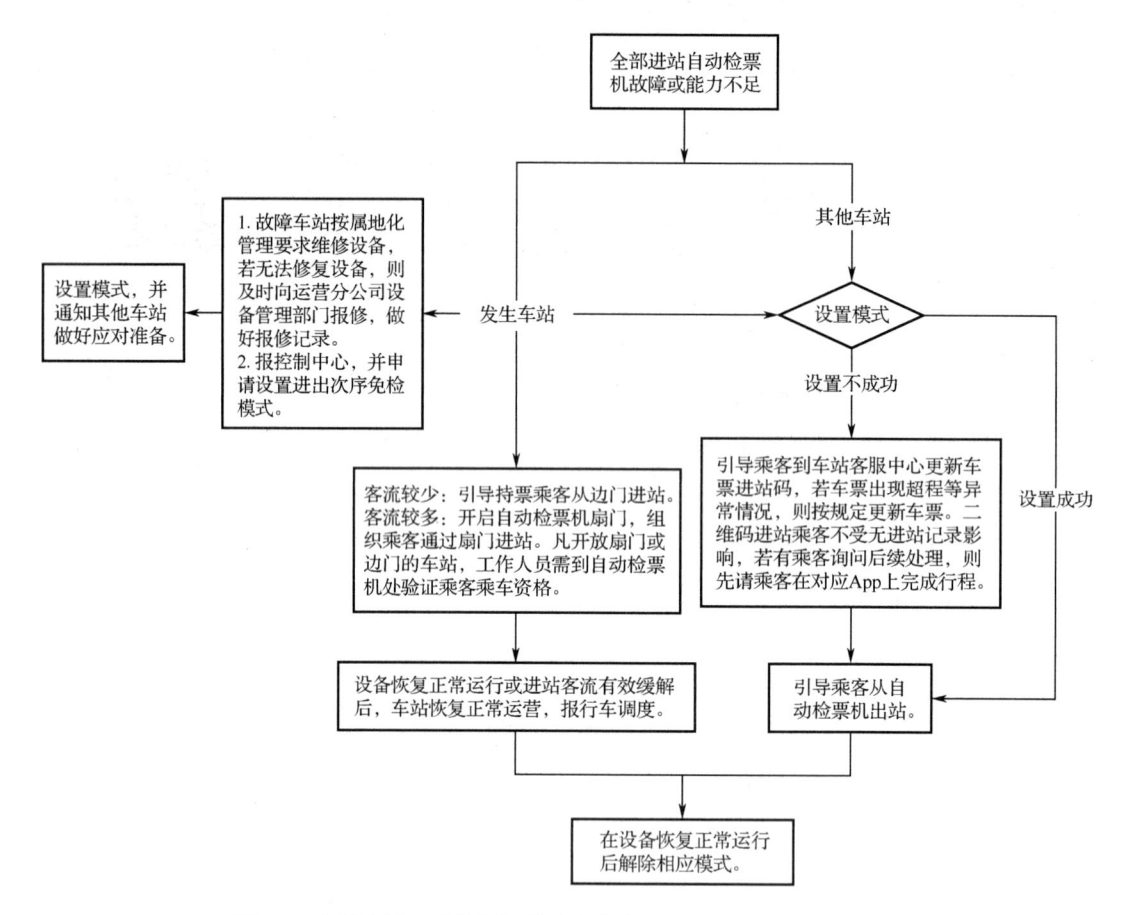

图 6-4 全部进站自动检票机故障或能力不足的票务应急处理流程

当车站全部出站自动检票机故障或能力不足时，客运值班员要立即向值班站长汇报车站的设备情况，向自动售检票系统调度报修，做好报修记录；值班站长及时报控制中心行车调度；车站将出站自动检票机扇门全部开启，车站工作人员到已打开扇门的出站自动检票机处值守，对持单程票的乘客，回收其单程票并记入当天站存；对持储值票（或一卡通）的乘客，告知其本次车程费在下次乘车前到客服中心扣除。

设备恢复正常运行或出站客流有效缓解后，车站恢复正常运营，并报控制中心行车调度。

如图 6-5 所示为某车站全部出站自动检票机故障或能力不足的票务应急处理流程。

项目六　特殊情况下的票务应急处理

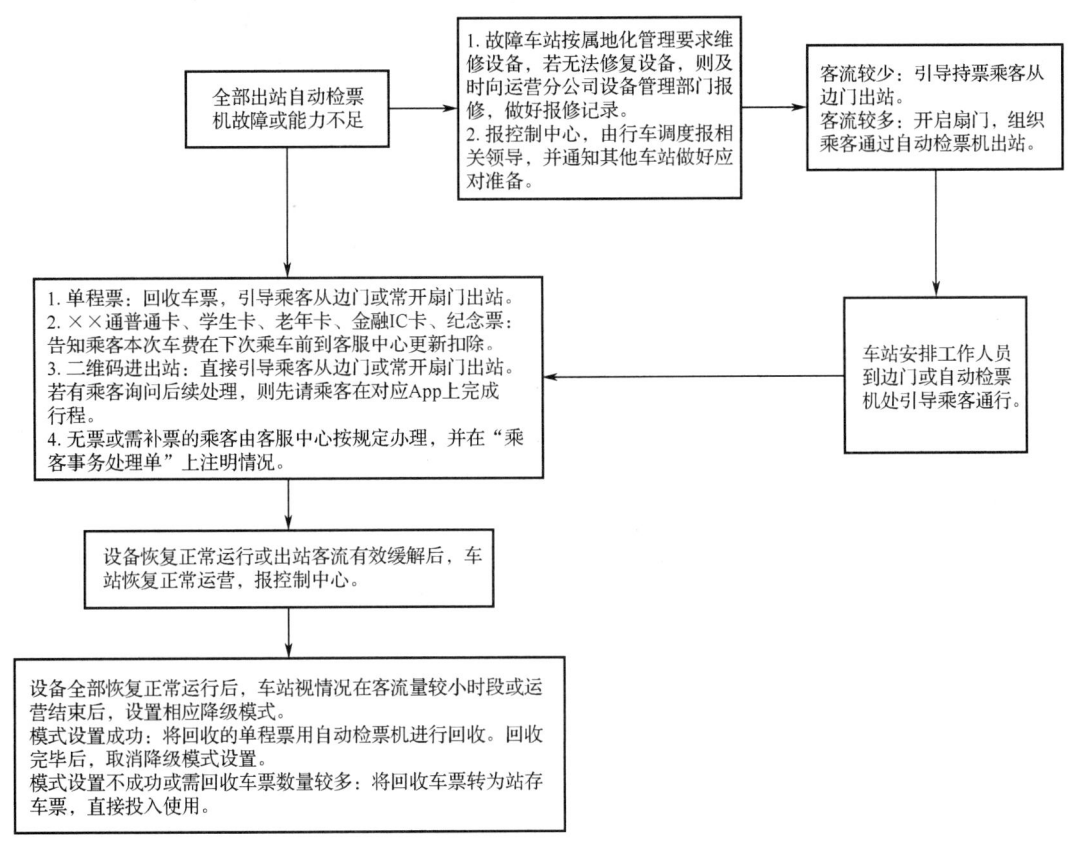

```
                                 ┌─────────────────────────┐
                                 │ 1.故障车站按属地化管理要求维│
                                 │ 修设备,若无法修复设备,则及│      ┌──────────────────┐
┌──────────────┐                │ 时向运营分公司设备管理部门报│      │客流较少:引导持票乘客从│
│全部出站自动检票│──────────────▶│ 修,做好报修记录。        │─────▶│边门出站。         │
│机故障或能力不足│                │ 2.报控制中心,由行车调度报相│      │客流较多:开启扇门,组织│
└──────────────┘                │ 关领导,并通知其他车站做好应│      │乘客通过自动检票机出站。│
        │                        │ 对准备。                  │      └──────────────────┘
        ▼                        └─────────────────────────┘               │
┌────────────────────────────────────────────┐                            │
│1.单程票:回收车票,引导乘客从边门或常开扇门出站。│                            │
│2.××通普通卡、学生卡、老年卡、金融IC卡、纪念票: │                            │
│  告知乘客本次车费在下次乘车前到客服中心更新扣除。│      ┌──────────────────┐│
│3.二维码进出站:直接引导乘客从边门或常开扇门出站。│◀─────│车站安排工作人员    ││
│  若有乘客询问后续处理,则先请乘客在对应App上完成│      │到边门或自动检票    │◀┘
│  行程。                                      │      │机处引导乘客通行。  │
│4.无票或需补票的乘客由客服中心按规定办理,并在"乘│      └──────────────────┘
│  客事务处理单"上注明情况。                     │
└────────────────────────────────────────────┘
        │
        ▼
┌──────────────────────────────────────┐
│设备恢复正常运行或出站客流有效缓解后,车│
│站恢复正常运营,报控制中心。             │
└──────────────────────────────────────┘
        │
        ▼
┌──────────────────────────────────────────────┐
│设备全部恢复正常运行后,车站视情况在客流量较小时段或运│
│营结束后,设置相应降级模式。                        │
│模式设置成功:将回收的单程票用自动检票机进行回收。回收│
│完毕后,取消降级模式设置。                          │
│模式设置不成功或需回收车票数量较多:将回收车票转为站存│
│车票,直接投入使用。                                │
└──────────────────────────────────────────────┘
```

图 6-5　全部出站自动检票机故障或能力不足的票务应急处理流程

三、自动售检票系统终端设备大面积故障的票务应急处理

当单站或多站一半以上自动售检票系统终端设备发生故障,在任何模式下均无法正常使用自动检票机且短时间内无法修复时,应根据客流情况将扇门常开,引导乘客通行。

当乘客进出站均发生自动售检票系统终端设备大面积故障时,引导乘客进出站即可,无须购票;当乘客进站正常,出站发生自动售检票系统终端设备大面积故障时,乘客需购票进站,出站时直接回收单程票,储值票下次乘车时扣费;当乘客进站出现自动售检票系统终端设备大面积故障,出站车站运营正常时,原则上进站自动检票机开放,要求乘客出站补票、补交易金额刷卡出站。

如图 6-6 所示为某车站自动售检票系统终端设备大面积故障的票务应急处理流程。

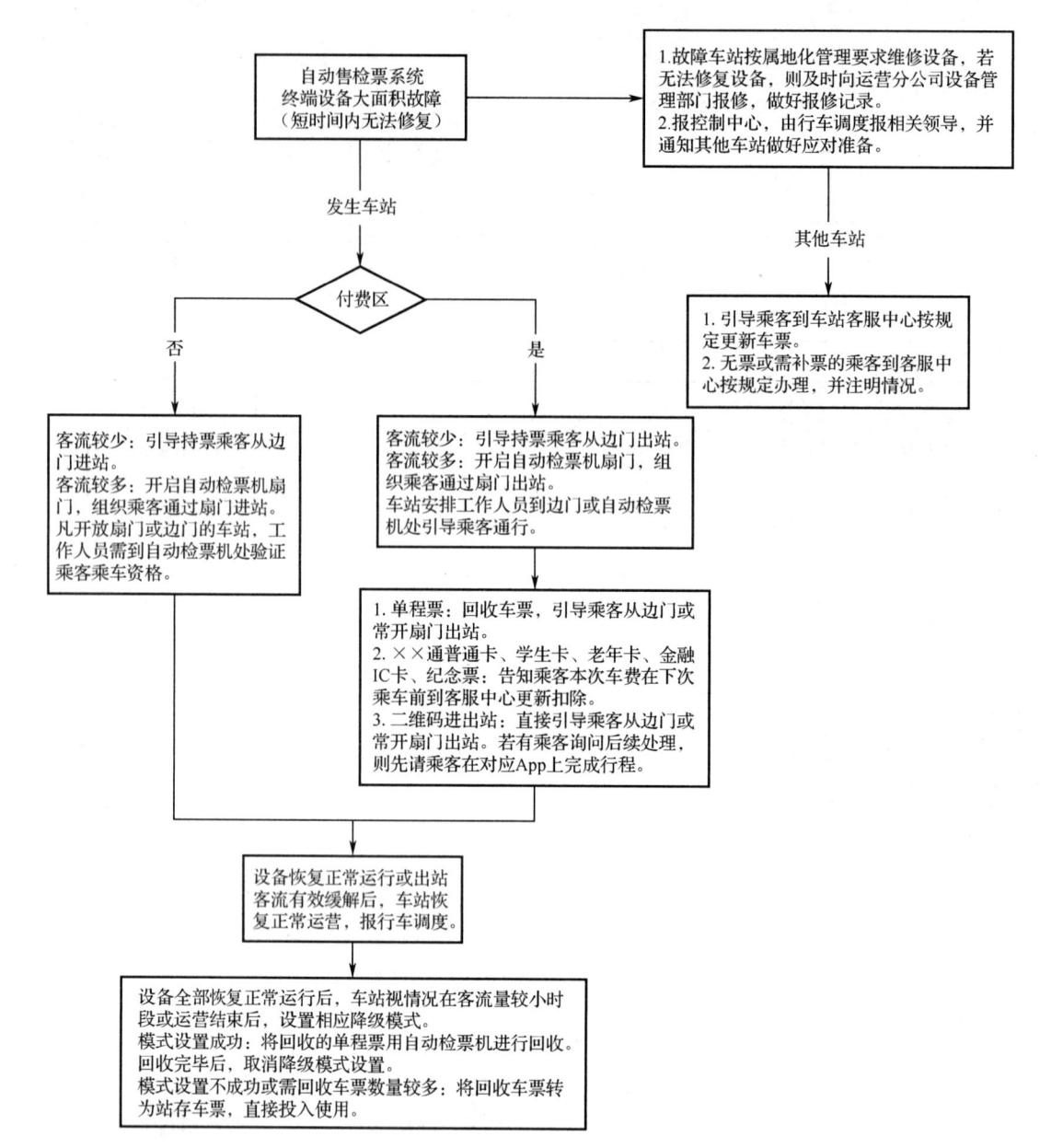

图 6-6　自动售检票系统终端设备大面积故障的票务应急处理流程

实操模块

[实训任务]

售票类设备故障的票务应急处理。

[实训目的]

（1）掌握部分或全部半自动售票机故障的票务应急处理流程。

（2）掌握部分或全部自动售票机故障的票务应急处理流程。

（3）掌握全部自动售票机和半自动售票机故障的票务应急处理流程。

[实训环境]

车站综合实训室。

[实训指导]

（1）依照部分或全部半自动售票机故障的票务应急处理流程，先进行分岗位桌面演练，然后进行角色扮演，模拟本小组设计的情景，在实训室完成不同区域的客流引导工作及车票处理任务。

（2）依照部分或全部自动售票机故障的票务应急处理流程，先进行分岗位桌面演练，然后进行角色扮演，模拟本小组设计的情景，在实训室完成不同区域的客流引导工作及车票处理任务。

（3）依照全部自动售票机和半自动售票机故障的票务应急处理流程，先进行分岗位桌面演练，然后进行角色扮演，模拟本小组设计的情景，在实训室完成不同区域的客流引导工作及车票处理任务。

拓展模块

一、售票类设备日常维护及常见故障排除

（一）自动售票机日常维护作业及常见故障排除

1. 日常维护作业

为了保证自动售票机的运行稳定可靠，应加强预防性维护保养工作。自动售票机的维护是自动售检票系统专业维护人员，遵循对应线路车站的自动售检票系统维修手册进行的专业软件更新升级与维护、设备定期维护、故障维修等工作，其中定期维护包括日作业、周作业、月作业。

（1）日作业。自动售票机日常维护作业包括检查自动售票机的耗材是否充足、清洁设备内/外部灰尘、检查设备内/外部固定螺钉是否松动、检查设备内/外部接线是否松动、补充打印机纸等易耗品、清空硬币模块、清空单程票发售模块、废票箱数据清零/清账等步骤。

（2）周作业。

①清洁外面板。自动售票机在使用过程中其外部难免被弄脏，因此需定期对自动售票机的外部进行清洁。一般情况下可使用普通表面清洁剂或者稀释的清洗剂溶液按要求清洁外面板表面。

②清洁触摸显示屏。触摸显示屏在使用过程中难免有灰尘、水渍等粘在表面，因此需定期按要求对触摸显示屏进行清洁。

③清洁硬币接收器。硬币接收器识别头在使用过程中由于不断地与硬币接触，难免被弄脏，因此需定期按要求对硬币接收器进行清洁。

④清洁接收器识别模块。使用湿润的无棉绒布清洁接收器识别模块内部的两面，然后使用干的无棉绒布擦干净。清洁后关上接收器的识别模块，把硬币接收器放回自动售票机。

注意，所有的清洁工作都禁止使用腐蚀性、酸性、碱性或氯化清洁剂（如苯、汽油、丙酮、四氯化碳），禁止使用擦洗钢丝、刀片或类似工具擦伤表面。

（3）月作业。

①清洁机柜内部。自动售票机在使用过程中难免有灰尘或风沙进入机柜内部，因此需定期按要求对自动售票机进行内部清洁。清洁时注意不能使用腐蚀性、酸性、碱性或氯化清洁剂；要谨慎，避免水滴入模板的电路板上。

②打印机介质的储存。为了获得最佳打印效果，应将备用纸供应品保存在凉爽、干燥且无尘的环境中，在需要使用此用品之前，最好将用品保存在原始包装材料中。

2. 常见故障排除

当自动售票机发生故障后，应及时报自动售检票系统维修人员进行维修，但对于一些简单的常见故障，站务人员应能排除。常见故障及其解决办法如表6-1所示。

表6-1　自动售票机常见故障及其解决办法

序号	故障现象	可能的故障原因	解决办法
1	开机无显示	1. 无电源输入 2. 部件连接异常	1. 检查电源及显示屏、部件连接情况 2. 联系专业维护人员
2	提示暂停服务（非上级系统控制）	1. 单程票处理单元异常 2. 硬币单元和纸币单元同时异常 3. 后维护门在开启状态或后维护门状态 4. 检测传感器异常，连续出废票	1. 检查部件电源及通信连接 2. 关闭后维护门 3. 登录后维护再退出 4. 联系专业维护人员
3	提示只接收硬币方式	1. 纸币识别单元异常或找零硬币不足 2. 纸币钱箱满或离位	维持此方式运行，并联系专业维护人员
4	维护界面显示屏没有画面信息	主控程序未启动	启动主控程序
5	登录不成功	1. 输入密码错误 2. 维护单元与主机的连接线故障 3. 维护单元硬件故障	1. 重新输入密码 2. 检查连接情况 3. 联系专业维护人员
6	设备报警	1. 未在限定时间内登录 2. 三次登录均失败 3. 未进行更换钱箱登录而直接挪走钱箱 4. 更换钱箱后未归位	1. 重新登录 2. 人工重新验证用户信息，输入操作密码重新登录 3. 人工重新验证用户信息，输入操作密码重新登录，再按正规流程进行更换钱箱操作（重新归位）并确认完成
7	未完成购票操作而钱币被退出	操作超时	重新进行购票操作
8	卡票	1. 出票漏斗（歪嘴）处 2. 电磁铁闸口处 3. 出票通道和金属通道衔接处	1. 拧开出票漏斗滚花螺钉，打开漏斗，取出被卡的票 2. 用非金属物体拨动通道或电磁铁闸门，让票进废票箱或出票口 3. 轻轻向后拉开票卡发售机构，取出被卡的票，再将票卡发售机构推到位

续表

序号	故障现象	可能的故障原因	解决方法
9	卡币	1. 出票找零口处 2. 出票漏斗内 3. 硬币鉴币器入口处 4. 硬币鉴币器内 5. 其他位置	1. 直接取出 2. 通过维护命令使硬币退到出票找零口 3. 报专业维护人员处理
10	纸币被夹，回收箱不能推到位，纸币钱箱不能上锁	1. 纸币有可能被夹在纸币单元内 2. 箱盖内的复位销未拨到上位 3. 推进时纸币钱箱指示灯为红色	1. 报专业维护人员处理 2. 将箱盖内的复位销拨到上位再装入 3. 打开纸币钱箱侧面再锁上，此时应指示绿灯，轻轻把纸币钱箱推到位，锁紧纸币钱箱，此时应指示红灯，操作完毕

（二）半自动售票机日常维护作业及常见故障排除

1. 日常维护作业

定期的维护保养可有效地延长半自动售票机的使用寿命，提高其工作效率，并且要针对设备的运行情况，有计划地实施日保养、月保养和大保养。日保养主要保证设备每日运行的稳定性和票卡处理的准确性，月保养主要保证设备组件及内部的清洁和各组件运转的稳定性，大保养主要对设备进行性能的检查及维修。

（1）半自动售票机外部清洁。设备清洁的内容包括清洁工控机主机、读写器、打印机、操作员显示屏、乘客显示屏、键盘、鼠标等。清洁时禁止使用的清洁剂有苯、汽油、丙酮、四氯化碳及任何类型的脱漆剂。清洁后，设备表面不得残留灰尘、污物、纸屑等。

操作员显示屏和乘客显示屏应使用柔软的干布清洁。

（2）半自动售票机状态检查。检查指示灯是否正常显示，如发现无指示或指示异常，应及时检查或处理。

操作员显示屏、乘客显示屏均应亮度适中，无缺损，无漂移、摇晃、色差和功能缺失等现象，如发现异常，应及时调节或更换。

2. 常见故障排除

半自动售票机的主机采用的是标准的工控机，各种外设也采用比较成熟的通用产品，因此没有多少维护内容。可能发生的常见故障及其解决办法如表6-2所示。

表6-2 半自动售票机常见故障及其解决办法

序号	故障现象	解决办法
1	主界面上显示读卡器故障	1. 检查读卡器是否开启 2. 检查读卡器的串口线是否接在多串口卡的USB上，并且检查连接是否松开
2	打印机不能打印票据	1. 检查打印机是否开启 2. 检查是否缺纸、卡纸，色带是否用完，连接是否松开 3. 检查打印机的串口线是否接在多串口卡的第1个串口上，并且检查连接是否松开
3	乘客显示屏不能正常显示内容	检查乘客显示屏的电源是否接好

二、检票类设备日常维护及检查

(一)设备部件寿命

专业维修人员应掌握自动检票机部件损坏、使用寿命到限时间及更换配件所需要的维护时间,适时巡视检查,才能保证自动检票机处于良好的运行状态。自动检票机部件使用寿命及内部磨损部件的说明如表6-3所示。

表6-3　自动检票机部件使用寿命及内部磨损部件的说明

序号	项目	更换周期	更换所需时间
1	中央处理器板	100000 小时	1 分钟
2	直流电源板	100000 小时	5 分钟
3	电源	100000 小时	10 分钟
4	出闸控制板	100000 小时	5 分钟
5	进闸控制板	100000 小时	5 分钟
6	扇门	1000000 次	15 分钟
7	综合控制器板	100000 小时	5 分钟
8	液晶显示模块	20000 小时	15 分钟

(二)定期维护及检查

根据自动检票机各部件的使用寿命情况,按推荐的时间间隔,对自动检票机进行定期维护和检查,可提高自动检票机的可靠性。按定期维护时间间隔,分为1个月和6个月两个时间段。自动检票机的外部清洁应1个月1次;模块的清洁周期参照定期维护。

1. 自动检票机间隔1个月定期维护操作

自动检票机间隔1个月定期维护项目包括乘客检测传感器、乘客监控等,每个项目所需维护时间不同,具体如表6-4所示。

表6-4　自动检票机间隔1个月定期维护项目

序号	项目	周期	所需时间
1	乘客检测传感器	1个月	30 分钟
2	乘客监控	1个月	5 分钟
3	主控器风扇	1个月	5 分钟
4	出闸模块	1个月	10 分钟

2. 自动检票机间隔6个月定期维护操作

自动检票机间隔6个月定期维护项目主要包括CPU板及其风扇的清洁,维护时间约为10分钟。

3. 扇门模块检查

扇门是对乘客进出站进行阻挡及放行的重要功能部件,站务员要严格按自动检票机的扇门检查规程进行检查作业。扇门模块检查项目与内容的周期、时间如表6-5所示。

表 6-5　扇门模块检查项目与内容的周期、时间表

序号	项目	内容	周期	所需时间
1	扇门外形检查	检查扇门的损坏、变形及固定状态	每天	1 分钟
2	检查扇门动作状态	检查是否正确动作	每天	3 分钟
3	检查扇门弹簧及关联轴承	检查变形、损坏及轴的状态	1 个月	3 分钟
4	检查微动开关	检查滚子的磨损状态	1 个月	3 分钟
5	润滑	润滑各个轴	1 个月	5 分钟
6	检查链接组件的状态	检查是否转动正常，是否变形或损坏，清除异物	1 个月	5 分钟
7	检查门支架	检查是否变形或损坏	5 个月	5 分钟
8	检查传动齿轮	检查传动装置的齿轮磨损状态	5 个月	5 分钟
9	检查是否腐蚀	全方面检查是否腐蚀并采取措施	5 个月	5 分钟

目标检测

[知识目标检测]

1．填空题

（1）当站内全部半自动售票机发生故障时，会影响车站内_____的能力，以及处理_____的能力。

（2）当站内部分半自动售票机发生故障时，售票员应立即通知客运值班员进行处理，在故障半自动售票机的售票窗口摆放"_____"牌。

（3）当站内全部自动售票机发生故障，半自动售票机不能满足乘客的购票需求时，值班站长需报站区长确定售票员在半自动售票机上出售_____。

（4）当站内全部自动售票机和半自动售票机发生故障时，在非付费区引导持储值票和预制票无法正常进站的乘客从_____进站。

（5）当站内全部售票类设备发生故障时，应通过_____通知控制中心行车调度，由行车调度告知线路内其他车站做好应对准备。

（6）当站内部分自动检票机发生故障时，客运值班员应对_____的简单故障能及时处理。

（7）当站内部分自动检票机发生故障时，可视情况，将车站的_____人工设置为所需的方向。

（8）当站内部分出站自动检票机发生故障时，在车站条件允许的情况下，可打开故障的出站自动检票机通道，用人工回收车票的方式组织持_____的乘客出站。

（9）进站自动检票机能力不足时会导致大量乘客在_____滞留并等候进站的情况。

（10）出站自动检票机能力不足时会导致大量乘客在_____滞留并等候出站的情况。

2. 选择题

（1）当站内全部自动售票机发生故障时，（　　）要立即通知值班站长，同时报修，并到站厅进行宣传疏导。

　　A. 客运值班员　　　　　　　　B. 厅巡岗站务员
　　C. 行车值班员　　　　　　　　D. 售票员

（2）当站内部分自动售票机发生故障或能力不足时，（　　）可下令适当加开半自动售票机来加大售票能力。

　　A. 客运值班员　　　　　　　　B. 值班站长
　　C. 行车值班员　　　　　　　　D. 售票员

（3）当站内全部半自动售票机发生故障时，站区长应根据客流情况下令车站发售（　　）来缓解车站的售票压力。

　　A. 普通单程票　　　　　　　　B. 纪念单程票
　　C. 预制票　　　　　　　　　　D. 优惠单程票

（4）当站内全部售票类设备发生故障，值班站长决定发售预制票时，以下叙述不正确的是（　　）。

　　A. 本站售票员领取预制票，在车站客服中心内依照票价表发售预制票
　　B. 车站通过广播、提示牌、人工宣传等方式告知乘客暂停充值业务，引导乘客购买预制票
　　C. 行车值班员配发好预制票后，至站厅进行宣传疏导
　　D. 车站工作人员做好宣传疏导工作，组织乘客有序进出车站

（5）当站内全部进站自动检票机发生故障时，车站工作人员可引导乘客从（　　）进站。

　　A. 故障自动检票机扇门　　　　B. 防火门
　　C. 边门　　　　　　　　　　　D. 防淹门

（6）当站内全部进站自动检票机发生故障时，行车调度确认后可通知自动售检票系统调度设置影响站为（　　）。

　　A. 超程免检模式　　　　　　　B. 进出次序免检模式
　　C. 超时免检模式　　　　　　　D. 紧急放行模式

（7）使用半自动售票机提前出售赋值的单程票属于（　　）。

　　A. 普通单程票　　B. 纪念单程票　　C. 预制票　　D. 优惠单程票

（8）当车站（　　）及以上的进站自动检票机故障且无法及时修复时，可按车站发生突发进站大客流进行处理。

　　A. 70%　　　　　B. 80%　　　　　C. 90%　　　　D. 60%

（9）当车站（　　）及以上的出站自动检票机故障且无法及时修复时，可按车站发生突发出站大客流进行处理。

　　A. 60%　　　　　B. 70%　　　　　C. 80%　　　　D. 0%

（10）当车站出站自动检票机恢复正常运行或出站客流有效缓解后，车站恢复正常运营，并报控制中心（　　）。

A. 行车调度　　　　B. 维修调度　　　　C. 信息调度　　　　D. 电力调度

3. 判断题

（1）当站内全部售票类设备发生故障时，引导在非付费区持储值票（或一卡通）和预制票无法正常进站的乘客从边门进站。（　　）

（2）当 A 站全部售票类设备发生故障时，在 B 站出站时，有乘客持无进站标志的预制票无法正常出站时，按超程进行处理。（　　）

（3）当站内全部售票类设备发生故障时，为了加大售票能力，值班站长可以下令在临时票亭发售预制票。（　　）

（4）预售单程票与预制票都是为了缓解车站售票能力使用的车票，因此其功能特征完全一致，没有任何区别。（　　）

（5）当值班站长下令可以发售预制票时，售票员根据客流情况可以在半自动售票机上一次性发售不同票价 20 张及以上的预制票。（　　）

（6）当站内全部进站自动检票机发生故障时，受影响的车站若进出次序免检模式设置不成功，则乘客持车票不能正常出站。（　　）

（7）当站内全部出站自动检票机发生故障或能力不足时，车站工作人员到已打开的出站自动检票机处值守，人工回收出站乘客的车票。（　　）

（8）当站内全部进站自动检票机发生故障时，受影响的车站若进出次序免检模式设置成功，则乘客持车票能正常出站。（　　）

（9）车站出站自动检票机能力不足会导致车站乘客滞留在非付费区无法进站。（　　）

（10）当站内全部进站自动检票机发生故障时，受影响的车站若模式设置不成功，则需引导乘客到客服中心逐张进行车票更新。（　　）

[技能目标检测]

根据前述实训任务，分组模拟训练，在实训室进行考核，要求边模拟边口述，以此来检测技能目标的达成度。具体检测项目、评分标准及得分如表 6-6 所示。

表 6-6　技能目标检测

序号	检测项目	评分标准	得分
1	半自动售票机部分或全部故障处理的情景模拟（30 分）	情景设计合理（5 分）；语言标准（5 分）；行为举止标准（5 分）；处理事务流程准确（15 分）	
2	自动售票机部分或全部故障处理的情景模拟（30 分）	情景设计合理（5 分）；语言标准（5 分）；行为举止标准（5 分）；处理事务流程准确（15 分）	
3	半自动售票机和自动售票机全部故障处理的情景模拟（40 分）	情景设计合理（5 分）；语言标准（5 分）；行为举止标准（5 分）；处理事务流程准确（25 分）	

[素质目标检测]

由教师根据学生课前预习情况、课中小组讨论及独立思考情况、课后作业及小组共同完成学习任务情况，以及技能目标检测环节的表现进行素质目标检测，如表6-7所示。

表6-7　素质目标检测

序号	检测项目	评分标准	得分
1	学习能力的提升度（20分）	课前预习（5分）；课中主动回答问题（5分）；课后作业（5分）；小组作业（5分）	
2	团队协作的配合度（20分）	小组讨论发言频率（10分）；小组情景设计及模拟（10分）	
3	语言表达的清晰度（20分）	汇报问题的逻辑性（10分）；语言表达的流畅性（10分）	
4	应变能力的提升度（20分）	沉着冷静的素质（10分）；灵活应变的体现（10分）	
5	思想意识的认知度（20分）	服从命令的体现（10分）；听从指挥的体现（10分）	

课后复习题

1. 简述站内半自动售票机故障的票务应急处理流程。
2. 简述站内自动售票机能力不足的票务应急处理流程。
3. 简述站内部分自动检票机故障的票务应急处理流程。
4. 简述站内全部进站自动检票机故障或能力不足的票务应急处理流程。

任务二　非正常运营情况下的票务应急处理

学习目标

[知识目标]

（1）掌握列车晚点、越站（跳停）的票务应急处理。
（2）掌握运营故障的票务应急处理。
（3）掌握火灾、毒气袭击等紧急情况下的票务应急处理。

[技能目标]

（1）能在发生突发事件时按规定流程汇报及处理。
（2）能根据不同的情况设置合适的降级运营模式。

[素质目标]

（1）具备服从命令、听从指挥及遵章守纪的职业素养。
（2）具备沉着冷静及灵活应变的应急处理能力。

学习引入

2021年10月20日18:26，某地铁2号线D站站务员发现站台至站厅E1自动扶梯有明显烟雾冒出，车站立即向行车调度申请列车不停站通过。18:41，行车调度发令各次列车在D站越站通过。18:55，D站前方站C站和后方站E站的自动售检票系统均执行超程免检模式。请问C站和E站的出站自动检票机对出站乘客的车票检验哪些信息？

教学环境

车站综合实训室。

技术模块

通常情况下，自动售检票系统在正常运营模式下自动运行。当在运营过程中出现列车晚点、越站（跳停）、运营故障需清客、火灾等意外事件时，自动售检票系统的中央计算机系统或车站计算机系统可以下达命令，将某车站或全部车站的终端设备设置成自动售检票系统降级运营模式，配合车站降级运营情况下的票务组织和客流组织，提高轨道交通应急处理效率和管理水平。在故障消除后，设备再自动向上一级系统报告后进入正常运营模式或关闭模式。车站计算机系统保存相关故障信息和修复信息，并形成相关报表。

一、列车晚点的票务应急处理

当列车运行基础设备发生故障或车站突发进站大客流等造成列车未按时到达时，乘客无法及时到达目的站。为了避免造成乘客出站发生票卡超时现象，可根据现场情况下达更改自动售检票系统运营模式命令，即将正常运营模式变更为降级运营模式——时间免检模式，使出站的乘客正常出站，并做好受晚点影响的已购票乘客的退票工作。

设置了时间免检模式车站的出站自动检票机对所有车票不检验车票上次的进站时间，但仍检验车票的票值、进站码、日期等，所有车票均按正常票价扣费。

如图6-7所示为某车站发生列车晚点的票务应急处理流程。

二、列车越站（跳停）的票务应急处理

当某车站发生特殊情况（如突发疫情、雨水浸入、火灾、站台门故障等）造成列车必须越过此站才能停车时，应该在本站下车的乘客只能在下一站下车，导致乘客的乘车距离增加。为了避免造成乘客出站发生票卡超程现象，可根据现场情况下达更改自动售检票系统运营模式命令，即将正常运营模式变更为降级运营模式——超程免检模式，使出站的乘客正常出站，并做好受越站影响的已购票乘客的退票工作。

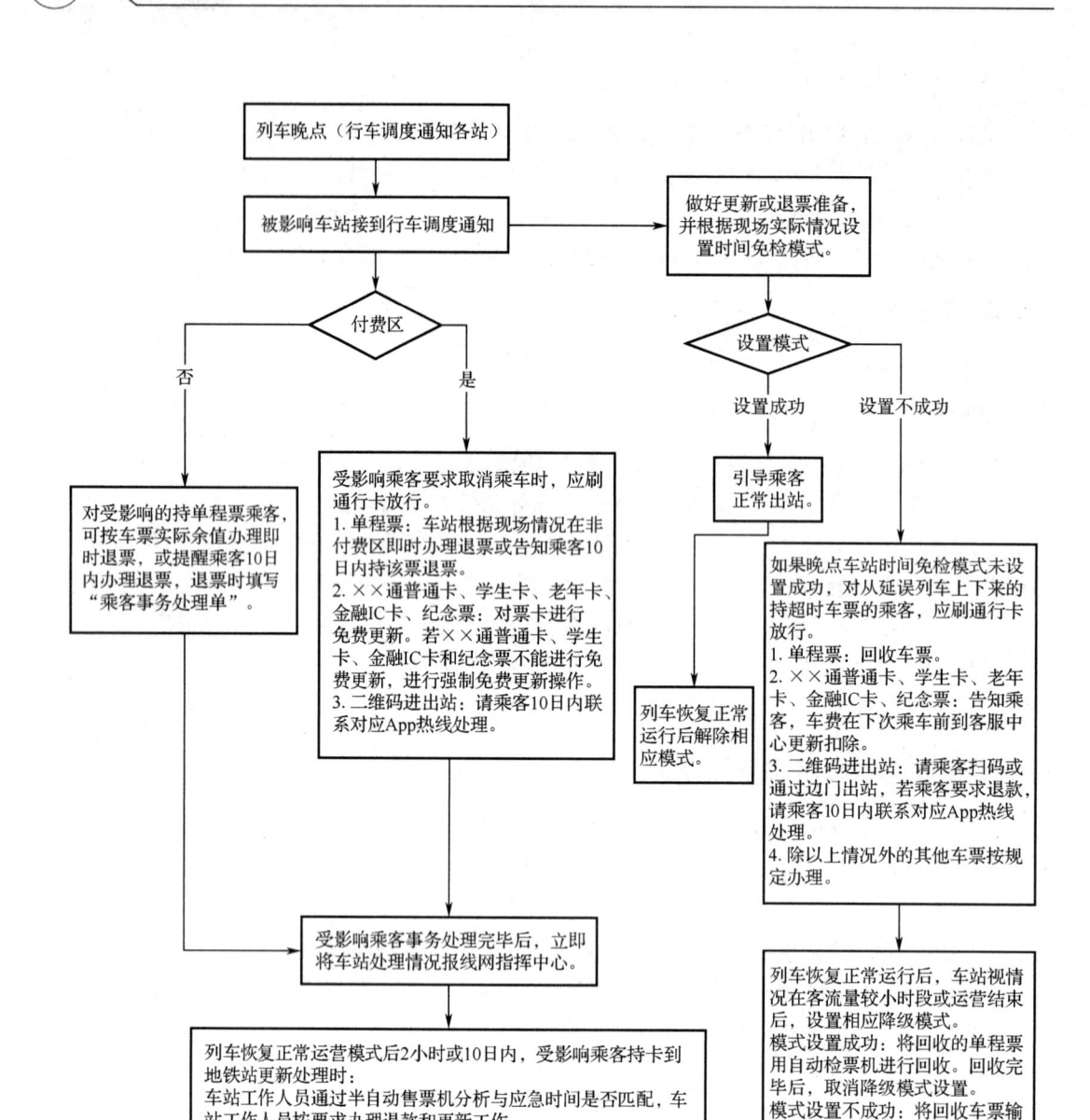

```
                    ┌─────────────────────────────┐
                    │  列车晚点（行车调度通知各站）  │
                    └──────────────┬──────────────┘
                                   ▼
        ┌──────────────────────────────────────┐      ┌──────────────────────────────┐
        │   被影响车站接到行车调度通知          │─────▶│ 做好更新或退票准备，          │
        └──────────────┬───────────────────────┘      │ 并根据现场实际情况设          │
                       ▼                              │ 置时间免检模式。              │
                  ◇ 付费区 ◇                          └──────────────┬───────────────┘
              否  ╱       ╲  是                                      ▼
                ╱           ╲                                   ◇ 设置模式 ◇
```

图 6-7　列车晚点的票务应急处理流程

设置超程免检模式车站的出站自动检票机不检验车票的余值，但仍检验车票的进站码、时间、日期等其他信息，储值票扣最低车费，乘次票扣除一个乘次，单程票回收。

如图 6-8 所示为某车站发生列车越站的票务应急处理流程。

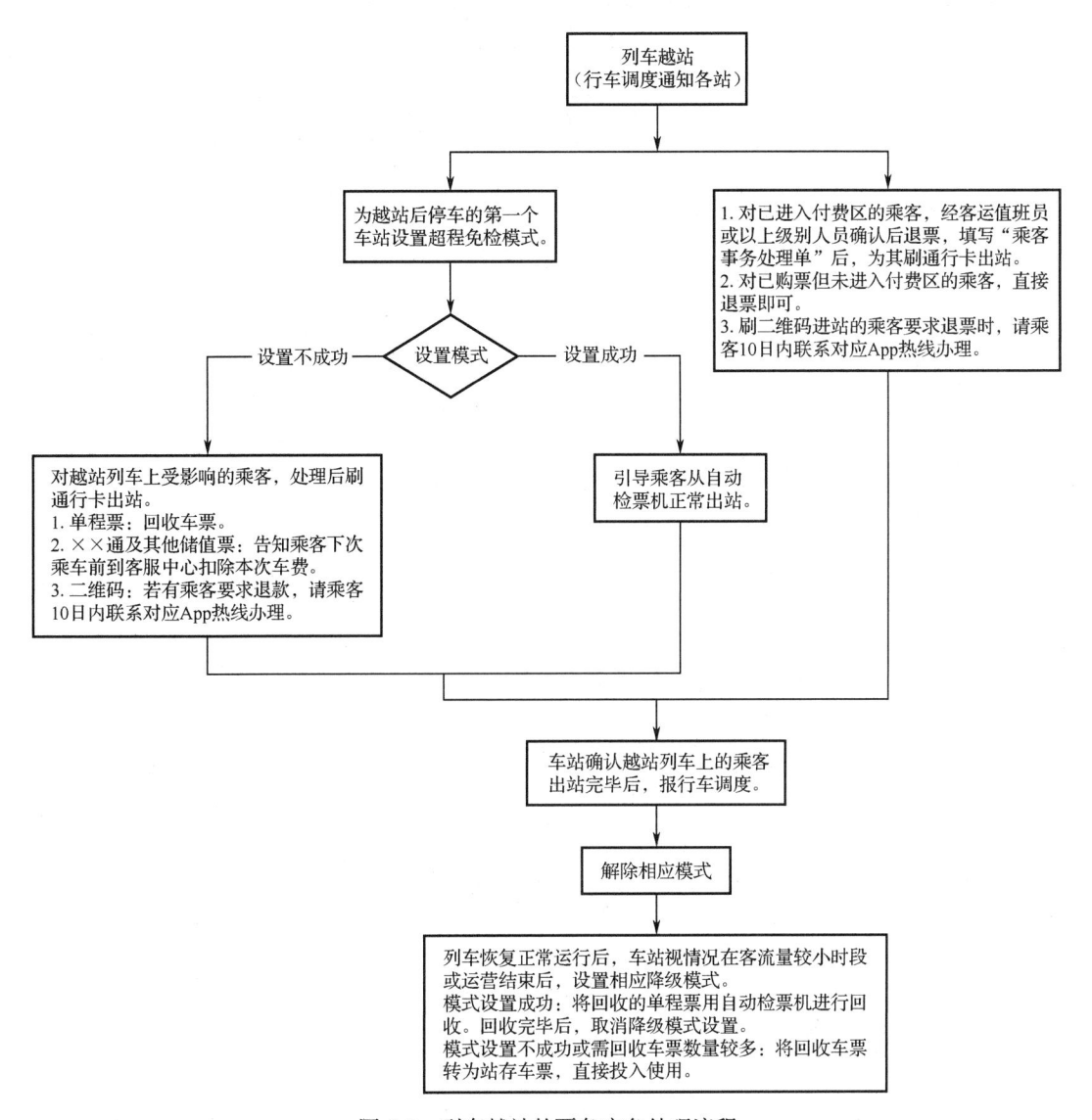

图 6-8 列车越站的票务应急处理流程

三、发生运营故障需清客的票务应急处理

当列车或车站出现运营故障而使部分车站暂时中止运营服务时，会造成大量乘客滞留在车站，此时应减缓车站售票速度，限制乘客进站。情况严重时停止一切售票作业，同时做好受清客影响的已购票乘客的退票工作。如图 6-9 所示为某车站发生运营故障需清客的票务应急处理流程。

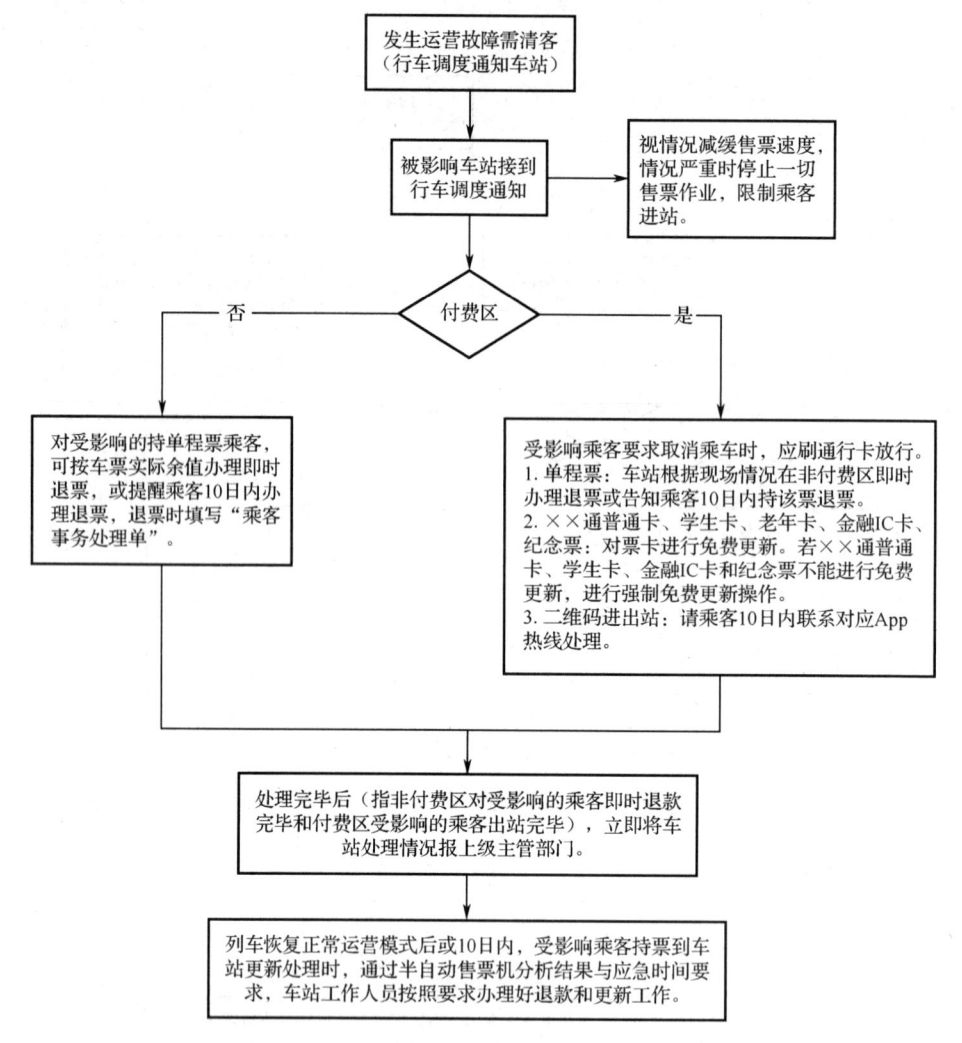

图 6-9　发生运营故障需清客的票务应急处理流程

知识链接

城市轨道交通运营故障是指由于人为因素、自然因素或设备自身因素等造成运营设备设施故障而导致部分或全部线路中断运营的现象。当线路中断运营时，除了要做好设备设施维修、客流组织、票务管理等工作外，还应组织乘客与其他交通方式接驳运输。请扫码6-2~6-5对比学习不同车站应急公交接驳演练方案，分析运营故障情况下公交接驳的重要性，并思考接驳方案应体现什么服务理念。

6-2　车站长时间无车乘客中暑导致换乘通道受阻启动公交接驳应急方案演练

6-3　广州火车站公交接驳演练方案

6-4　公交接驳细化方案

6-5　鱼胡路站交路临时调整及清客困难、公交接驳应急组织复合演练

四、火灾等紧急情况的票务应急处理

当车站发生火灾、毒气袭击、大面积停电等紧急情况时，值班站长根据应急情况启动紧急放行模式，站内所有设备停止运转，自动检票机全部开放通行，同时做好乘客安抚及引导工作，取消紧急放行模式由站区长视现场情况决定。

在紧急放行模式下，车站的所有自动检票机将不对车票进行处理，同时自动检票机扇门全部打开或所有转杆可自由转动、落杆，方便乘客紧急疏散，乘客不需要使用车票，可直接快速离开车站。系统将允许这些车票在一段时间内能正常使用。

如图 6-10 所示为某车站发生火灾等紧急情况的票务应急处理流程。

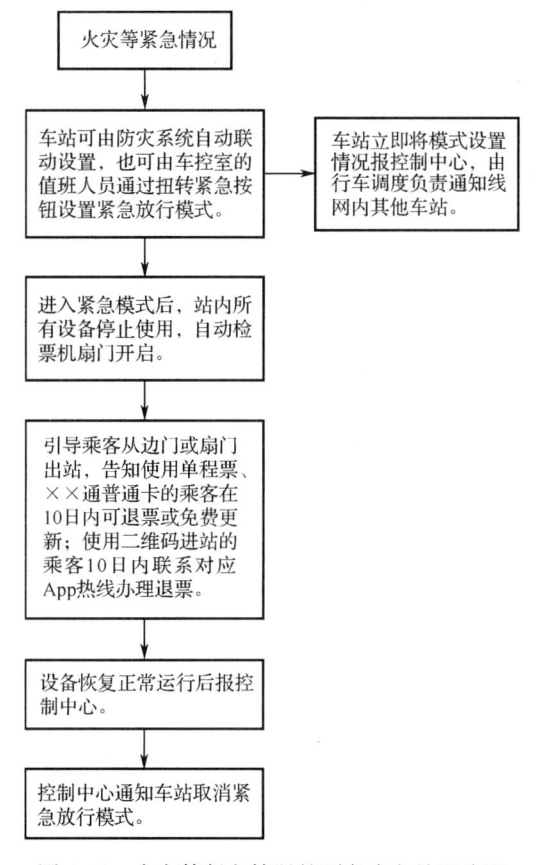

图 6-10 火灾等紧急情况的票务应急处理流程

实操模块

[实训任务]

列车晚点及越站的客流组织和票务应急处理。

[实训目的]

（1）掌握列车晚点及越站的票务应急处理流程。

（2）掌握因列车晚点及越站设置降级运营模式后对车票的处理流程。

[实训环境]

车站综合实训室。

[实训指导]

依照列车晚点及越站的处理流程设计工作情景，分岗位情景模拟完成相应的降级运营模式设置过程及车票处理过程。

拓展模块

自动售检票系统的降级运营模式和紧急放行模式是怎样的？

常见的自动售检票系统降级运营模式和紧急放行模式主要包括运营故障模式、进出站免检模式、时间免检模式、日期免检模式、超程免检模式、紧急放行模式等，其设备的表现、客流组织及票务处理按以下规定实施。

（一）运营故障模式

当列车或车站出现运营故障而使部分车站暂时中止运营服务时，暂停服务的车站需根据相关规定通过中央计算机系统、车站计算机系统将车站终端设备设置为运营故障模式，在运营故障模式下，进站自动检票机不允许乘客进入暂停运营的车站。

1. 设备的表现

（1）中央计算机系统工作站上要明显地显示该车站的名称及模式，如文字或颜色闪烁等，以便进行监控。

（2）设置了运营故障模式的车站计算机系统应在显著位置用明确的文字或符号显示所设置的模式，并用明确的文字或符号显示车站内的哪些设备已进入运营故障模式。

（3）在收到车站计算机系统下达的命令后，车站终端设备按运营故障模式的要求进入相应状态，并对车票进行处理。

2. 车站终端设备对车票的处理

（1）设置运营故障模式时，出站自动检票机应根据车票的票种及进站地点做不同处理。

①对本站或其他车站进站的单程票及乘次票不扣除车费或乘次，单程票不回收，并写入运营故障模式信息。

②对本站或其他车站进站的其他类型车票不扣除车费，写入出站码和运营故障模式信息。

（2）运营故障模式结束后，所有车站自动检票机对车票的处理。

①若单程票或乘次票具有运营故障模式信息，并在规定的时间段内（系统设置），则应允许在任何车站进站使用，出站时按实际车费进行检验，车费不足时乘客应到客服中心进行超程更新处理。

②储值票等其他车票可正常使用和扣费。

（二）进出站免检模式

应根据运营工作需要及相关规定通过中央计算机系统、车站计算机系统将车站终端设备设置为进出站免检模式，在进出站免检模式下，允许乘客使用一张未编写进站信息的车票出站。

1. 设备的表现

（1）中央计算机系统工作站上要明显地显示该车站的名称及模式，如文字或颜色闪烁等，以便进行监控。

（2）设置了进出站免检模式的车站计算机系统应在显著位置用明确的文字或符号显示所设置的模式，并用明确的文字或符号显示车站内的哪些设备已进入进出站免检模式。

（3）在收到车站计算机系统下达的命令后，车站终端设备按进出站免检模式的要求进入相应状态，并对车票进行处理。

2. 车站终端设备对车票的处理

（1）在设置了进出站免检模式的车站，所有进站自动检票机均开放，不检验任何车票，乘客可直接进站。

（2）当对某个车站的车票实行免检时，所有未编写进站信息的车票在其他车站或本站出站时，系统均自动认为是由指定车站（进站自动检票机开放的车站）进站的，不检验车票进出次序，出站自动检票机将自动扣除相应的车费，其他处理与正常模式相同。

（3）若有大于两个车站的进站自动检票机对车票实行免检，则乘客出站时，出站自动检票机按扣费最低的车站进行扣费。

（4）当所有车站的进站自动检票机对车票实行免检时，对所有车票都不检验进出次序，储值票将被扣除最低车程费，乘次票被扣除一个乘次，单程票将被回收并不检验票值。

（三）时间免检模式

应根据运营工作需要及相关规定通过中央计算机系统、车站计算机系统将车站终端设备设置为时间免检模式。

1. 设备的表现

（1）中央计算机系统工作站上要明显地显示该车站的名称及模式，如文字或颜色闪烁等，以便进行监控。

（2）设置了时间免检模式的车站计算机系统应在显著位置用明确的文字或符号显示所设置的模式，并用明确的文字或符号显示车站内的哪些设备已进入时间免检模式。

（3）在收到车站计算机系统下达的命令后，车站终端设备按时间免检模式的要求进入相应状态，并对车票进行处理。

2. 车站终端设备对车票的处理

设置了时间免检模式车站的出站自动检票机对所有车票均不检验上次的进站时间，但仍检验车票的票值、进站码、日期等，所有车票均按正常票价扣费。

（四）日期免检模式

应根据运营工作需要及相关规定，通过中央计算机系统、车站计算机系统将车站终端设备设置为日期免检模式。在此模式下允许过期的车票继续使用。

1. 设备的表现

（1）中央计算机系统工作站上要明显地显示该车站的名称及模式，如文字或颜色闪烁等，以便进行监控。

（2）设置了日期免检模式的车站计算机系统应在显著位置用明确的文字或符号显示所设置的模式，并用明确的文字或符号显示车站内的哪些设备已进入日期免检模式。

（3）在收到车站计算机系统下达的命令后，车站终端设备按日期免检模式的要求进入相应状态，并对车票进行处理。

2. 车站终端设备对车票的处理

设置了日期免检模式车站的出站自动检票机对所有车票均不检验有效日期，但仍检验车票的票值、进站码等其他信息，所有车票均按正常票价扣费。

（五）超程免检模式

根据运营工作需要及相关规定，通过中央计算机系统、车站计算机系统将车站终端设备设置为超程免检模式。

1. 设备的表现

（1）中央计算机系统工作站上要明显地显示该车站的名称及模式，如文字或颜色闪烁等，以便进行监控。

（2）设置了超程免检模式的车站计算机系统应在显著位置用明确的文字或符号显示所设置的模式，并用明确的文字或符号显示车站内的哪些设备已进入超程免检模式。

（3）在收到车站计算机系统下达的命令后，车站终端设备按超程免检模式的要求进入相应状态，并对车票进行处理。

2. 车站终端设备对车票的处理

设置了超程免检模式车站的出站自动检票机不检验车票的余值，但仍检验车票的进站码、时间、日期等其他信息，储值票扣最低车费，乘次票扣除一个乘次，单程票回收。

（六）紧急放行模式

应根据运营工作需要及相关规定，通过中央计算机系统、车站计算机系统、车站控制室紧急按钮及检票机本机控制等多种方式将车站终端设备设置为紧急放行模式。

1. 设备的表现

（1）中央计算机系统工作站上要明显地显示该车站的名称及模式，如文字或颜色闪烁等，以便进行监控。

（2）设置了紧急放行模式的车站计算机系统应在显著位置用明确的文字或符号显示所设置的模式，并用明确的文字或符号显示车站内的哪些设备已进入紧急放行模式。

（3）在收到车站计算机系统下达的命令后，车站终端设备按紧急放行模式的要求进入相应状态，并对车票进行处理。

（4）半自动售票机可正常运作，但操作员显示屏上显示紧急信息。自动售票机处于暂停服务模式。

（5）检票机扇门全部打开或所有转杆可自由转动、落杆，保证乘客无阻碍地离开付费区。同时，所有检票机的乘客显示屏显示紧急信息，所有进站自动检票机方向指示器闪烁显示"禁止通行"标志，所有出站自动检票机方向指示器闪烁显示"通行"标志。

2. 车站终端设备对车票的处理

在紧急放行模式下，车站的所有检票机将不对车票进行处理，同时检票机扇门全部打开或所有转杆可自由转动、落杆，方便乘客紧急疏散，乘客不需要使用车票，可直接快速离开车站。系统将允许这些车票在一段时间内能正常使用。

（七）组合模式

上述6种模式都可以单独实现车站发生特殊情况时的客流组织及票务处理，但有些意外情况发生时，需要两种及以上模式联合出现才能应对客流组织，因此需要设置组合模式，具体如下。

（1）超程免检模式+时间免检模式。当设置超程免检模式+时间免检模式的组合降级运营模式时，设备表现为这两种模式相互独立运作。对于车票的处理，出站自动检票机对车票的余值及时间信息不检验，但检验车票类其他信息，其扣费方式则按超程免检模式进行处理。

（2）超程免检模式+日期免检模式。当设置超程免检模式+日期免检模式的组合降级运营模式时，设备表现为这两种模式相互独立运作。对于车票的处理，出站自动检票机对车票的余值及有效日期信息不检验，但检验车票类其他信息，其扣费方式则按超程免检模式进行处理。

（3）超程免检模式+进出站免检模式。当设置超程免检模式+进出站免检模式的组合降级运营模式时，设备表现为这两种模式相互独立运作。对于车票的处理，出站自动检票机对车票的余值及进出次序信息不检验，但检验车票类其他信息，其扣费方式则按超程免检模式进行处理。

（4）时间免检模式+日期免检模式。当设置时间免检模式+日期免检模式的组合降级运营模式时，设备表现为这两种模式相互独立运作。对于车票的处理，出站自动检票机对车票的时间及有效日期信息不检验，但检验车票类其他信息。

（5）时间免检模式+进出站免检模式。当设置时间免检模式+进出站免检模式的组合降级运营模式时，设备表现为这两种模式相互独立运作。对于车票的处理，出站自动检票机对车票的时间及进出次序信息不检验，但检验车票类其他信息。

（6）日期免检模式+进出站免检模式。当设置日期免检模式+进出站免检模式的组合降级运营模式时，设备表现为这两种模式相互独立运作。对于车票的处理，出站自动检票机对车票的有效日期及进出次序信息不检验，但检验车票类其他信息。

（7）超程免检模式+时间免检模式+日期免检模式。当设置超程免检模式+时间免检模

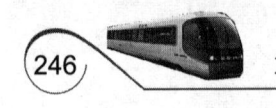

式+日期免检模式的组合降级运营模式时,设备表现为这 3 种模式相互独立运作。对于车票的处理,出站自动检票机对车票的余值、时间及有效日期等信息不检验,但检验车票类其他信息,其扣费方式则按超程免检模式进行处理。

(8)超程免检模式+日期免检模式+进出站免检模式。当设置超程免检模式+日期免检模式+进出站免检模式的组合降级运营模式时,设备表现为这 3 种模式相互独立运作。对于车票的处理,出站自动检票机对车票的余值、有效日期及进出次序信息不检验,但检验车票类其他信息,其扣费方式则按超程免检模式进行处理。

(9)时间免检模式+日期免检模式+进出站免检模式。当设置时间免检模式+日期免检模式+进出站免检模式的组合降级运营模式时,设备表现为这 3 种模式相互独立运作。对于车票的处理,出站自动检票机对车票的时间、有效日期及进出次序信息不检验,但检验车票类其他信息。

(10)超程免检模式+时间免检模式+日期免检模式+进出站免检模式。当设置超程免检模式+时间免检模式+日期免检模式+进出站免检模式的组合降级运营模式时,设备表现为这 4 种模式相互独立运作。对于车票的处理,出站自动检票机对车票的余值、时间、有效日期、进出次序信息不检验,但检验车票类其他信息。

目标检测

[知识目标检测]

1. 填空题

(1)常见的自动售检票系统降级运营模式主要包括运营故障模式、_____、_____、_____、超程免检模式、紧急放行模式等。

(2)当列车或车站出现运营故障而使部分车站暂时中止运营服务时,暂停服务的车站可以设置终端设备为_____,来帮助车站进行客流组织。

(3)设置了运营故障模式的车站自动检票机对从其他车站进站的单程票不_____,且不回收。

(4)在规定的时间段内(系统设置),具有运营故障模式信息的单程票或乘次票,应允许在_____车站进站使用。

(5)当车站发生危及乘客生命安全的紧急情况时,可通过中央计算机系统、车站计算机系统等多种方式将车站终端设备设置为_____。

2. 选择题

(1)当车站发生设备故障或其他特殊情况,造成列车不能在本站停车时,则列车越站(跳停)后停车,会使部分持单程票的乘客产生(　　),可设置车站终端设备为(　　)模式。

　　A. 超程,超程免检　　　　　　　　B. 超时,时间免检
　　C. 车票过期,日期免检　　　　　　D. 进出次序错误,进出站免检

(2)当车站突发大客流、进站自动检票机能力不足或全部故障无法立即修复而导致大量进站乘客在非付费区聚集等候进站的情况时,可设置(　　)模式。

A．超程免检　　　B．时间免检　　　C．日期免检　　　D．进出站免检

（3）若有大于两个车站的进站自动检票机对车票实行免检，则乘客出站时，出站自动检票机按扣费（　　）的车站进行扣费。

A．最低　　　　　B．最高　　　　　C．适中　　　　　D．平均

（4）在列车延误、时钟错误或其他城市轨道交通运营企业自身原因导致大量持票乘客（　　）无法出站的情况下，可设置车站终端设备为（　　）模式。

A．超程，超程免检　　　　　　　B．超时，时间免检
C．车票过期，日期免检　　　　　D．进出次序错误，进出站免检

（5）对所有车票不检验上次的进站时间，但仍检验车票的票值、进站码、日期等其他信息，所有车票均按正常票价扣费，这是（　　）模式。

A．超程免检　　　B．时间免检　　　C．日期免检　　　D．进出站免检

3．判断题

（1）当所有车站的进站自动检票机对车票实行免检时，出站自动检票机对所有车票都不检验进出次序，不扣除任何车票的车程费。（　　）

（2）在紧急放行模式下，车站的所有检票机将不对车票进行处理，乘客不需要使用车票，可直接快速地离开车站。（　　）

（3）设置了日期免检模式车站的出站自动检票机对所有车票均不检验车票上的进站时间，但仍检验车票的票值、进站码等其他信息，所有车票均按正常票价扣费。（　　）

（4）设置了超程免检模式车站的出站自动检票机不检验车票的余值，但仍检验车票的其他信息是否有效。（　　）

（5）由于城市轨道交通运营企业自身原因导致乘客所持车票过期时，应根据相关规定，将车站终端设备设置为时间免检模式。（　　）

[技能目标检测]

根据前述实训任务，分组模拟训练，在实训室进行考核，要求边操作边口述，以此来检测技能目标的达成度。具体检测项目、评分标准及得分如表6-8所示。

表6-8　技能目标检测

序号	检 测 项 目	评 分 标 准	得分
1	列车晚点的票务应急处理（50分）	情景设计合理（10分）；处理过程语言标准（5分）；行为举止标准（5分）；处理事务流程的准确性（30分）	
2	列车越站的票务应急处理（50分）	情景设计合理（10分）；处理过程语言标准（5分）；行为举止标准（5分）；处理事务流程的准确性（30分）	

[素质目标检测]

由教师根据学生课前预习情况、课中小组讨论及独立思考情况、课后作业及小组共同完成学习任务情况，以及技能目标检测环节的表现进行素质目标检测，如表6-9所示。

表 6-9　素质目标检测

序号	检测项目	评分标准	得分
1	学习能力的提升度（20分）	课前预习（5分）；课中主动回答问题（5分）；课后作业（5分）；小组作业（5分）	
2	团队协作的配合度（20分）	小组讨论发言频率（10分）；小组情景设计及模拟（10分）	
3	语言表达的清晰度（20分）	汇报问题的逻辑性（10分）；语言表达的流畅性（10分）	
4	应变能力的提升度（20分）	沉着冷静的素质（10分）；灵活应变的体现（10分）	
5	思想意识的认知度（20分）	服从命令的体现（10分）；遵章守纪的体现（10分）	

课后复习题

1. 何种情况下需设置进出站免检模式，在此模式下设备如何进行车票处理？
2. 何种情况下需设置超程免检模式，在此模式下设备如何进行车票处理？
3. 何种情况下需设置紧急放行模式，自动售检票系统终端设备如何表现？

项目七　票务安全管理

项目描述

票务安全管理是城市轨道交通运营企业票务管理的重要组成部分，主要包括票务安全管理影响因素分析、票务工作风险识别、票务违章处理及票务稽查等内容。为了减少和杜绝在日常票务工作中的票务违章行为，站务人员必须能识别票务工作风险源、掌握票务违章处理的相关规定、掌握票务稽查的主要内容，以便在票务工作中规范操作票务设备，保证票务规章制度的正确贯彻执行，保障票务工作的顺利进行和确保公司票务收益的安全。

任务一　票务安全认知

学习目标

[知识目标]

（1）理解票务安全管理的主要内容及其影响因素。
（2）了解票务工作的风险源类别及其辨识方法。
（3）掌握票务安全管理的方针及原则。

[技能目标]

（1）能分析票务安全工作的影响因素。
（2）能辨识票务安全工作的危险源。

[素质目标]

（1）树立安全第一及预防为主的意识。
（2）培养分析问题及解决问题的能力。

学习引入

2017年10月26日，某车站票务清分中心根据B站上报的预制票售卖情况表及车站盘点表，发现预制票账实不符，随后展开调查，发现存在以下情况。

9月29日，客服中心调入B站5元及7元预制票各5000张，当班客运值班员王某未按要求输入系统且未进行交班，导致预制票数量差异较大；10月1日、10月3日、10月7日、10月8日B站在售卖预制票时，配票及结账过程中未认真确认系统，错将预制票数

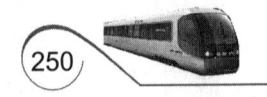

量输入为××通赋值车票数量,导致预制票数量差异进一步扩大;同时,车站日常"客运值班员交接班本""预制票登记本"均存在错填、漏填的情况。

思考:哪些原因造成了此案例中的情景?如何及时识别这些工作中存在的风险?

教学环境

多媒体教室或合作式教室。

理论模块

一、票务安全管理的主要内容

票务安全管理是城市轨道交通运营企业票务管理的重要组成部分,主要包括车票及现金的安全管理、票务收益的安全管理、票务设备设施的安全管理。当票务安全不能得到保证时就会造成国家财产损失、企业服务质量下降、乘客信任度降低。因此,在工作人员开展票务工作及乘客乘车过程中,应严格执行相关规定,按各项作业标准及程序操作相关票务设备,完成相关票务工作任务,从而减少票务违章行为。

二、票务安全工作的影响因素

1. 人的因素

人的因素是指乘客、城市轨道交通工作人员(站务人员、维修人员等)及其他人员在城市轨道交通系统内产生的不安全行为。乘客在乘车过程中的一些不合理的行为,如不支付车程费、不正确使用自动售票机或自动检票机等,会造成票款收入损失及设备损坏。工作人员擅自移动监控设备或故意规避监控设备进行票务操作、不按标准作业流程操作自动售检票系统终端设备、不按规定使用工具和器具执行相关票务作业,也会造成票款收入的损失、票务设备及工具和器具的损坏及票务钥匙丢失等。

2. 物的因素

物的因素是指设备设施、工具和器具等的不安全状态,在票务工作领域主要是指设备设施故障或设计缺陷。当自动售检票系统终端设备维护不及时时会经常发生故障(如自动检票机发生故障会夹伤进出站的乘客),造成客伤。例如,自动售检票系统终端设备设计有缺陷或漏洞,少数有投机心理的工作人员则会利用漏洞侵占公司票务收益。票务工具和器具及票务钥匙损坏、丢失,也会给票务工作带来安全隐患。

3. 环境因素

环境因素是指环境的不安全状态,包括自然环境和社会环境。当发生自然灾害或其他特殊情况造成车站突发进站或出站大客流,则会使车站售检票能力不足。为了缓解车站进出站压力,车站会采取一定措施(如设置进出次序免检模式)安全组织乘客,这会在某种程度上造成一定票款收入的损失。当有人故意通过破坏公共设施来发泄心中不满情绪时(如故意破坏自动售票机),也会导致票款损失。

4. 管理因素

管理因素是指不符合安全的管理措施、制度、预案等，包括对人的管理和对设备的管理。制定岗位职责及作业标准、工作流程等，都是对工作人员有效管理的重要措施。制定设备维护保养规定、设备标准操作流程等既是对人的管理规定，也是对设备的管理规定。

三、票务工作风险源及风险分析

1. 风险源与风险

风险源又称危害，是指在一定条件下能够引起伤害的事物、行为或情景，即可能导致人员伤害、财产损失、环境破坏或这些情况组合的事物、行为或情景。风险源可能存在安全隐患，也可能不存在安全隐患，即当一定条件发生时，才会产生安全隐患。例如，行驶中的汽车这个风险源，当超速行驶这个条件发生时，就会存在安全隐患，有可能导致车祸发生，造成人员伤害、财产损失或者环境破坏。

风险是发生伤害的可能性，是指当暴露于危害时，伤害发生的可能性与结果的综合。例如：在高处作业是行为性风险源，有可能发生人员坠落的风险，至于风险的高低，则取决于现场的作业条件及其安全防护措施的有效性，即如果现场作业条件好，安全防护措施有效，则不会发生人员坠落。

因此，风险源（危害）可以不变，而风险是可以变化的，即随着周围条件的改变，风险可以升高也可以降低。根据风险的特性，可以通过识别风险源来更好地管理风险。

2. 票务工作风险源及风险

导致票务工作不安全的因素（人的因素、物的因素、环境因素及管理因素），对应的危险源有人的因素和管理因素产生的心理或生理性风险源（危害）、行为性风险源（危害）；物的因素造成的物理性风险源（危害）；环境因素造成的其他一些风险源（危害）等。例如：自动售票机、自动检票机、半自动售票机等设备故障是风险源，导致进站售票能力不足、进出站检票能力不足，有可能造成乘客投诉、客伤产生等结果；工作人员因操作失误、违章操作等行为性风险源，导致票务违章事件发生，有可能造成乘客投诉、客运服务质量降低、票款损失等结果；由于天气原因突发进站大客流等风险源，导致售票能力不足、乘客滞留在站台、客伤、乘客投诉等结果。票务工作风险点及其诱发因素和后果如表 7-1 所示。

表 7-1　票务工作风险点及其诱发因素和后果

分　类	风　险　点	诱　发　因　素	后果（可能导致的事故）
物理性风险源	车站售票能力不足且无法处理乘客票务事务	设备故障、通信故障、进站大客流等	发生客伤、有责乘客投诉、票款收入损失等
	进站检票能力不足	设备故障、通信故障、进站大客流等	发生客伤、有责乘客投诉等
	出站检票能力不足	设备故障、通信故障、出站大客流等	发生客伤、有责乘客投诉、票款收入损失等

续表

分　类	风　险　点	诱　发　因　素	后果（可能导致的事故）
行为性风险源	工作人员自动售检票系统终端设备操作不规范	身心状态不好、责任心差、业务不熟练等	发生设备损坏、票务收益损失等
	工作人员不按规定执行车票、现金的管理及票务备品的使用	身心状态不好、责任心差、业务不熟练等	发生票务收益损失、备品损坏等
	工作人员票务政策执行或向乘客解释不到位	身心状态不好、责任心差、业务不熟练等	发生有责乘客投诉、票务收益损失等
	乘客不遵守乘车规则	身心状态不好或素质较差等	发生无责乘客投诉、客伤等
其他风险源	特殊情况下的票务应急处理	自然灾害、社会因素等造成列车停运、车站关闭等	发生乘客投诉、客伤、票务收益损失、设备损坏等

四、票务工作安全管理的原则

在城市轨道交通车站的日常票务运作中，为了减少票务违章行为，对票务工作进行安全管理时应遵循以下原则。

（1）"四不放过"原则，即票务违章原因分析不清不放过、责任者和员工未受到教育不放过、未制定防范措施不放过、责任者未受到处理不放过。

（2）实事求是原则，即处理票务违章时应以规章为准绳、以事实为依据，力求客观、公正。

（3）逐级考核、落实到人原则，即票务安全管理应实行层级管理，制定考核指标及办法，部门考核到室，室考核到班组，再由班组考核到人。

（4）有责赔偿原则，即因票务差错或事故造成的公司损失由责任人赔偿。

（5）尽职尽责原则，即票务相关人员须认真履行本岗位的工作职责，对发现问题隐瞒不报、不如实反映情况，或者对票务违章分析处理拖延、推脱责任、姑息纵容、不配合调查的各级人员，都要追究其经济责任和管理责任。

一般管理责任规定：站区长对本站的票务运作负有直接管理责任；值班站长对本班的票务运作负有直接管理责任；票务管理部门承担车站票务收益的核对工作，确保票务收益的安全；车站管理部门负责对票务违章行为进行调查处理、防范和整改工作；稽查部门应该制定票务违章行为的处理办法，加大稽查力度，保障票务运作的正常秩序。

实操模块

[实训任务]

设计票务工作情景不少于3个，识别票务安全工作风险源及可能产生的工作结果。

[实训目的]

（1）能分析票务安全工作的影响因素。

（2）能识别票务安全工作中的风险源。

[实训环境]

车站综合实训室。

[实训指导]

依照票务各岗位工作职责及票务设备设施功能，小组设计分岗位某车站 3 个相对独立票务工作情景，要求每个工作情景不少于 3 个岗位参与及不少于 3 个设备参与，识别这 3 个工作情景中的风险源并分析有可能产生的结果及其产生的原因，并根据原因制定预防措施。

拓展模块

让我们一起学习票务收益风险源及其管控的相关知识吧！

票务收益的安全管理是票务工作安全管理的重要内容，因此对于票务收益安全管理，各地铁运营公司制定的规章制度较多。下面就某地铁票务收益安全管理内容进行拓展学习。

（一）票务收益双人作业安全管理

票务收益作业在大多数情况下需要双人执行。对不同的作业内容，双人的类型及作业的重点内容也有一定的区别。如表 7-2 所示为某地铁运营公司要求的票务收益双人作业的主要内容。

表 7-2　票务收益双人作业的主要内容

序号	作业项目	主　要　内　容
1	票务钥匙使用	使用自动售票机补币箱座钥匙、自动售票机加币箱上盖钥匙、自动售票机加币箱抽板钥匙时，由客运值班员在值班站长及值班站长指定人员的监控下操作
		自动售检票系统维修人员对自动售票机进行故障处理涉及设备票款时，需由车站客运值班员持自动售票机维修门钥匙配合维修，如特殊情况可由站务人员办理签借后持自动售票机维修门钥匙配合维修
2	配票和备用金、结账、交接班	客运值班员给售票员配票和备用金（含增配）、结账时，双人当面清点确认后输入票务管理系统，严禁代输密码
		售票员、客运值班员交接（两名兼任客运值班员的值班站长交接除外）均需由第三人监督
3	自动售票机/日次票售卖机补币及更换钱箱、日次票售卖机补票、钱箱清点	客运值班员与值班站长或其指定站务人员双人作业
4	打包、兑零	客运值班员与值班站长（值班站长兼任客运值班员时可指定一名站务正式员工）双人清点确认、打包。送包由值班站长指定双人（其中包含一名站务正式员工）使用本站专用封箱运送待解行票款项或兑零备用金，封箱运送要求双人共同办理并严格按车站要求走行路径，且必须全程在有效监控范围内
5	有值车票、现金运送	运送途中，一律放在上锁的售票盒、票箱或封闭手推车中，由两名员工负责安全运送

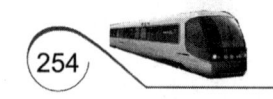

续表

序号	作业项目	主要内容
6	车票、现金、钥匙开封、加封及盘点	车票开封、加封及盘点工作由客运值班员和站务员及以上级别人员双人进行，值班站长复核盘点结果
		备用金盘点工作由客运值班员与站区长或其指定的专工双人进行
		备用票条钥匙盘点由客运值班员、值班站长、站区长/专工三人进行；如需启用则需站区长同意后，由当班值班站长及客运值班员双人开封
7	涉及交易的异常票务事务	电子支付单边交易、自动售票机交易纠纷处理、票务事务审批事项等涉及收益异常票务事务，应由客运值班员或以上级别人员到现场确认处理；特殊乘客票务事务需指定人员同意后处理

（二）票务收益风险源识别及其管控

票务收益风险源识别是指进一步明确票务收益风险点，强化员工票务收益安全意识，加强关键环节把控，促进作业流程标准化，强化票务收益过程管控，保障票务收益安全。如表 7-3 所示为某地铁运营公司票务收益风险源及其管控措施。

表 7-3 票务收益风险源及其管控措施

序号	风险源	风险源描述	管控措施
1	违规操作自动售检票系统终端设备，造成票务收益损失或侵占票务收益	1. 车站工作人员未按规范流程及规章制度执行，造成票务收益流失。 2. 站区未按规章制度做好内部员工的卡控	1. 车站操作自动售检票系统终端设备严格按规定、规范操作流程、标准规章制度执行，实习生严禁操作自动售检票系统终端设备，钱箱回收、补币、电子支付原路径退款等相关操作，需由当班客运值班员和值班站长或者值班站长指定的正式员工双人执行，严禁单人操作。 2. 发现自动售检票系统终端设备故障，站务人员需及时到现场进行维修，修复后及时建立快速工单，留下记录。若遇不能修复故障，立即报修并建立工单；待自动售检票系统工班维修人员到现场后，在车站明确故障不涉及设备现金时，由自动售检票系统工班维修人员到车站客运值班员处借用钥匙进行维修。若故障涉及设备票款，需由车站客运值班员持自动售票机维修门钥匙配合维修，如遇特殊情况可由站务人员办理签借后持自动售票机维修门钥匙配合维修。 3. 如遇对自动售检票系统终端设备有影响的施工，车站需立即响应并按相应流程对自动售检票系统终端设备进行送断电操作。如遇自动售检票系统终端设备无法正常送断电，需及时按要求报上级部门。 4. 站区做好自动售检票系统终端设备升级、测试等期间的管理和风险点卡控，严禁自动售检票系统专业或委外人员违规操作设备

续表

序号	风险源	风险源描述	管控措施
2	违章占有、挪用任何车票、截流备用金、截留票款	1. 私自挪用车站备用金，并采取其他手段隐瞒。 2. 客运值班员在收到自动售检票系统维修人员、站务员上交的现金（在自动售票机出币/出票口或自动售票机内部拾获）或在现金安全管理区域内拾获不明来源的现金后，未按规定输入系统。 3. 售票员更新超程、超时票或需发售付费出站票给乘客时，违规改发免费出站票且将乘客现金截留。 4. 拾获现金或处理设备卡币截留票款	1. 车站现金只能存放在车站的现金安全管理区域，车站现金安全管理区域包括票务管理室、客服中心（含临时票亭，下同）及自动售票机钱箱；对于车票的安全管理，在任何时间，车票只能存放于票务管理室、客服中心、自动售票机票箱、半自动售票机票箱、出站自动检票机票箱、车票回收箱，任何人员不得私自挪用现金和车票。 2. 车站备用金、票款必须由双人在票务管理室的有效监控范围内进行清点，清点无误后方可完成交接，交接过程中值班站长必须全程卡控、参与对现金的清点和计算。 3. 对于需加封的现金严格执行双人清点确认制度，确认无误后双人在骑缝处签名确认。 4. 所有钱、票都必须做好双人有效加封及保管，保证一经拆封，将无法复原，交接时确认加封异常时，必须拆封清点。 5. 车站拾获现金或处理设备卡币等，严格按《客运服务标准》《车站票务操作手册》执行，严禁将拾获或卡币现金放于客服中心或车站控制室，导致出现截留票款事件
3	私自制作、使用现金管理钥匙、自动售检票系统密钥卡，违规将现金管理钥匙带离票务管理室	1. 利用监控漏洞，单人私自使用现金钥匙打开钱箱盗取票款，造成票务收益流失。 2. 站务员、自动售检票系统专业维修人员、承包商维修设备时，遗失或私自制作自动售检票系统密钥卡。 3. 违规将现金管理钥匙带离票务管理室	1. 车站现金管理钥匙分别由当班客运值班员（打开钱箱钥匙）、当班行车值班员（取下钱箱钥匙）进行保管，不使用时，打开钱箱钥匙十字加封放置在票务管理室上锁的保险柜里，取下钱箱钥匙十字加封由当班行车值班员保管；要使用时需当班客运值班员和当班值班站长或值班站长指定的正式员工共同在票务管理室/车站控制室里拆封取出。 2. 站区长及车站分管票务值班站长定期检查票务钥匙签借台账，检查员工使用现金管理钥匙的规范，客运分部不定期进行抽查。 3. 车站做好移动半自动售票机、手持验票机等含密钥卡的票务设备密钥卡管理，严禁私自将设备里面的密钥卡取出或复制，含密钥卡设备遗失时立即报机电车间注销，并报客运分部。 4. 除票务规章规定的票务钥匙可以借给专业维修人员外，其他钥匙严禁外借。因设备故障需要将打开钱箱的钥匙带出票务管理室时，车站值班站长报站区分管票务的管理人员同意后，由值班站长陪同客运值班员共同到现场处理
4	售票员携带私款、车票、具备支付功能的设备等上岗	1. 售票员上岗时将订餐所需现金携带在身上。 2. 乘客拾获的现金或车票交给售票员后放在客服中心，售票员未及时上交。	1. 售票员严禁携带私款、私票（员工卡、车站通行卡除外）及具备电子支付功能的设备进入客服中心。除配备用金及收取的票款外，售票员不得接收其他来源的现金。对于乘客遗留的现金，应及时通知值班站长到现场处理。 2. 乘客拾到的单程票需及时投入自动检票机或者单程票回收箱，严禁将车票散放在客服中心。 3. 乘客拾到的××通普通卡、学生卡、老年卡等，需及时通知客运值班员或以上级别人员放在车站控制室交接，不得放在客服中心。

续表

序号	风险源	风险源描述	管控措施
4	售票员携带私款、车票、具备支付功能的设备等上岗	3. 售票员携带具备电子支付功能的电子手表或手机上岗。 4. 售票员上岗中途离开客服中心后，再次返回客服中心并携带私款、车票、具备支付功能的设备等上岗	4. 客运值班员在给售票员配票前，需在有效监控范围内检查售票员有无携带私款或私票及具备电子支付功能的设备。 5. 严禁售票员使用票款买水、垫付饭钱，站区及客运分部将不定期进行抽查。 6. 售票员长时间离开客服中心再次上岗，值班站长或客运值班员要做好携带私款、私票及具备支付功能的设备的检查并留存检查记录
5	利用职务之便，通过通行卡谋取利益	1. 使用车站通行卡或电子锁专用卡对须补票乘客进行开边门或刷自动检票机出站处理，并向乘客收取现金。 2. 委外单位或者站务人员违规授权门禁系统且违规使用。 3. 车站通行卡、电子锁专用卡违规外借	1. 使用车站通行卡、电子锁专用卡对乘客进行开边门或刷自动检票机处理时，必须报车站控制室，经车站控制室允许后再进行处理。 2. 行车值班员需做好监控工作，对员工使用通行卡、电子锁专用卡的情况进行检查。 3. 每周通过录像对员工使用通行卡的情况进行检查核对，且需重点检查未常态化开启的边门或者其他无人值守的边门。 4. 除安检、站务人员可以借用车站通行卡及电子锁专用卡外，严禁其他人员借用。 5. 车站通行卡、电子锁专用卡严禁借给委外人员，售票员及安检人员借专用卡时，严禁携带手机上岗，站区定期做好督查工作
6	擅自处理备用金长短款、售票/充值错误，冒用他人账号进行票务操作，私自变造账目、报表或其他虚假行为以填平账目或规避长短款	1. 擅自移动监控设备或故意规避监控设备进行清点钱箱、补充硬币等票务操作，并未按实点金额及数量输入系统，以此填平账目。 2. 售票员私自核算当班应收金额，发现短款，私自乱收乘客现金填平账目。 3. 售票员或者客运值班员操作失误，导致长短款，为避免被发现，填平账目	1. 台账填写必须真实、准确、完整、及时，台账填写完毕，填写人员必须签名确认。 2. 严格按《车站票务操作手册》中的台账改错规定执行。 3. 车站需确保所保管台账的安全，同时，将设备打印小单与所对应的"乘客事务处理单"妥善保管。 4. 车站工作人员必须如实输入票务管理系统，需双人核实的地方必须双人核实清楚，严禁使用他人账号操作设备及系统。 5. 因工作失误导致账实不符等情况时，严格按流程上报并做好补救措施，严禁通过私自修改台账、替换车票等方式隐瞒，导致恶性票务违章
7	利用漏洞，侵占公司票务收益	1. 站务人员发现票务漏洞，未及时上报。 2. 利用内部或外部人员，侵占公司票务收益	1. 结合规章、案例、后果宣贯等方式加强票务收益廉洁教育，强化员工"不敢为、不能为"的意识。 2. 站区应定期对车站自动售票机交易数据进行分析，如发现可疑交易数据，车站需立即展开多维度调查。 3. 发现票务管理系统漏洞需立即上报管理人员，否则按知情不报，严肃处理。管理人员多与员工进行谈心谈话，了解员工思想动态，掌握员工实际工作中遇到的困难，及时给予帮助和协调

目标检测

[知识目标检测]

1. 填空题

（1）票务安全工作的影响因素包括人的因素、_____、_____和管理因素。

（2）人的因素是指乘客、_____及其他人员在城市轨道交通系统内产生的不安全行为。

（3）风险源又称危害，是指可能导致_____、_____、_____或这些情况组合的事物、行为或情景。

（4）票务工作安全管理的原则有"四不放过"原则，_____，逐级考核、落实到人原则，_____及尽职尽责原则。

（5）"四不放过"原则，即票务违章原因分析不清不放过、责任者和员工未_____不放过、未_____不放过、责任者未受到处理不放过。

2. 选择题

（1）客运值班员与银行在完成票款解行任务时，由于当时工作太忙将现金交款单金额填写错误，造成票款收益损失，此违章行为是由（　　）造成的。

　　A．人的因素　　　B．物的因素　　　C．环境因素　　　D．管理因素

（2）售票员出入客服中心未及时加锁客服中心门，此风险属于（　　）。

　　A．物理性风险源　　　　　　　B．化学性风险源
　　C．其他风险源　　　　　　　　D．行为性风险源

（3）以下能造成票款收入损失的风险源是（　　）。

　　A．自动检票机维修门钥匙管理不当　　B．违规操作自动售票机
　　C．进站检票能力不足　　　　　　　　D．违规使用应急备用金

（4）（　　）对本站的票务运作负有直接管理责任。

　　A．行车调度　　　　　　　　　B．客服中心主任
　　C．站区长　　　　　　　　　　D．值班站长

（5）以下能造成客伤发生的风险源是（　　）。

　　A．出站检票能力不足　　　　　B．自动售票机钥匙管理不当
　　C．票款违规解行　　　　　　　D．日常备用金兑零错误

3. 判断题

（1）票务安全管理应实行层级管理，制定考核指标及办法，部门考核到室，室考核到班组，再由班组考核到人。（　　）

（2）风险源一定存在安全隐患。（　　）

（3）票务相关人员对发现问题隐瞒不报、不如实反映情况、不配合调查的各级人员，都要追究其经济责任和管理责任，这指的是遵循票务工作安全管理的有责赔偿原则。（　　）

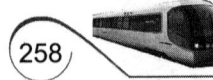

（4）客运值班员对本班的票务运作负有直接管理责任。（　　）

[技能目标检测]

根据前述实训任务，分组模拟训练，在实训室进行考核，要求边操作边口述，以此来检测技能目标的达成度。具体检测项目、评分标准及得分如表7-4所示。

表7-4　技能目标检测

序号	检 测 项 目	评 分 标 准	得分
1	3个工作情景设计（30分）	情景设计合理（10分）；岗位工作流程准确（10分）；设备设施使用规范（10分）	
2	风险源识别及其可能产生的工作结果（30分）	风险源类型判断准确（10分）；风险源后果分析合理（20分）	
3	影响因素分析及其预防措施的制定（40分）	影响因素分析全面（20分）；预防措施合理（20分）	

[素质目标检测]

由教师根据学生课前预习情况、课中小组讨论及独立思考情况、课后作业及小组共同完成学习任务情况，以及技能目标检测环节的表现进行素质目标检测，如表7-5所示。

表7-5　素质目标检测

序号	检 测 项 目	评 分 标 准	得分
1	学习能力的提升度（20分）	课前预习（5分）；课中主动回答问题（5分）；课后作业（5分）；小组作业（5分）	
2	团队协作的配合度（20分）	小组讨论发言频率（10分）；小组情景设计及模拟（10分）	
3	语言表达的清晰度（20分）	汇报问题的逻辑性（10分）；语言表达的流畅性（10分）	
4	思想意识的认知度（40分）	安全第一、预防为主的认知度（20分）；遵章守纪、顾全大局的认知度（20分）	

课后复习题

1. 简述影响票务安全工作的因素。
2. 简述票务工作风险源的类型及可能产生的后果。

任务二　票务违章处理

学习目标

[知识目标]

（1）掌握票务差错的类型及其处理规定。

（2）掌握票务事故的类型及其处理规定。

[技能目标]
（1）能判别票务差错的类型，会分析原因及制定整改措施。
（2）能判别票务事故的类型，会分析原因及制定整改措施。

[素质目标]
（1）培养廉洁奉公的精神。
（2）强化遵章守纪的工作作风。

学习引入

2015年5月31日，某车站售票员王某在票务管理室结账时，将抄完车票编号的3张赋值纪念票放入自己口袋并带出票务管理室。客运值班员在交接班清点车票及现金时，发现纪念票实际数比票务管理系统报表的账面数少了3张。车站立即组织调查，客运值班员想到当天结账的售票员只有王某回收了3张赋值纪念票，经售票员王某同意后打开其更衣柜，在制服口袋内找到了该3张赋值纪念票。

思考：售票员王某的这种行为属于什么行为？客运值班员发现这种行为后应如何处理？

教学环境

多媒体教室或合作式教室。

理论模块

票务违章是指所有违反票务管理规章制度进行违规操作的行为。根据违章行为的主体，票务违章包括工作人员在日常票务运作过程中的票务违章行为和乘客乘车过程中的票务违章行为。根据工作人员违章造成的票务工作影响、票务收益损失的大小及违规人员的主观意识不同，可将票务违章分为票务差错和票务事故两大类。

在车站的日常票务工作中，因各城市轨道交通运营企业的票务管理规章制度不同，所以对工作人员票务违章行为的处理也不同，但最终目的都是规范车站的票务作业，减少不必要的差错，杜绝票务事故，确保票务收益的安全。下面以某城市轨道交通运营企业制定的票务差错、票务事故管理办法为例来学习票务违章。

一、票务差错

（一）定义

票务差错是指与票务有关的各岗位人员在日常票务运作过程中，因工作疏忽违反票务管理规章制度、违规操作而造成轻微损失和影响的票务违规行为。

（二）定性原则

违反票务规章制度，且符合以下任意一项的，定性为票务差错。
（1）违反票务规章制度，但未给票务工作造成较大影响或损失。

（2）违反票务规章制度，其行为非当事人主观故意，且未构成个人或集体获取利益。

（三）票务差错的分类

以某地铁运营公司为例，根据票务违章行为造成的票务差错对公司票务运作的影响程度，可将票务差错分为3类，并且从一类到三类的影响程度依次增加。

1. 一类票务差错

一类票务差错指在公司的票务运作中，凡是由于管理、设备操作、作业等过程中出现的违章，或造成直接经济损失1~50元（包括50元）或因人为误操作导致数据差异为500元以下的票务违章行为。

（1）未按规定及时处理长短款。

（2）未按规定程序将票款解行。

（3）员工收到乘客丢弃或遗留的车票未按规定上交。

（4）未按要求做好出入库单的填写及签收工作。

（5）在票务管理室的监视系统盲区摆放未清点的钱箱。

（6）未按要求加封现金和车票，车票和现金的保管不符合安全管理规定。

（7）车票和现金放在非现金安全管理区域或车票和现金在运送途中没有放在上锁的售票盒、票箱或上锁的手推车中。

（8）车站客服中心（票亭）的房门未锁闭。

（9）无正当理由未按时上交票务报表。

（10）票务监控设备、自动售检票系统终端设备故障或其他自动售检票系统备品损坏，未报修和跟进。

（11）丢失设备测试票，数量在50张以下；丢失车票（含纸质车票），金额合计在10~50元（包括50元）的行为。

（12）车票编码人员错误编写车票信息（非设备原因），数量在2张以上、100张以下（本条所称的"以上"包括本数，所称的"以下"不包括本数，下同），或涉及金额在1~50元（包括50元）的行为。

（13）票务管理室的车票没有分类摆放，中心票库的车票没有分区存放，票柜、保险柜、钥匙柜未上锁。

（14）客运值班员在交接班时，发现站存车票或现金有误，没有及时报站长或值班站长，涉及金额在1~50元（包括50元）的行为。

（15）检查工作组认定的其他违规行为。

2. 二类票务差错

二类票务差错指在公司的票务运作中，凡是由于管理、设备操作、作业等过程中出现的违章，或造成直接经济损失50（不包括50元）~100元（包括100元）或因人为误操作导致数据差异为500~1000元（包括1000元），造成较严重影响的票务违章行为。

（1）丢失样票，数量在5张以下，或涉及金额在50（不包括50元）~100元（包括100元）的行为。

（2）未按规定办理借出车票和现金手续，未造成损失的行为。

（3）未按规定办理票务钥匙交接或外借手续，或违反保管要求。

（4）与票务工作无关的人员进出票务管理室、客服中心（票亭）、制票间，或人员进出制票间未按规定登记。

（5）售票员当班期内身上带有私款或地铁车票（本人员工票除外）。

（6）车票编码人员离开制票间未锁门。

（7）车站工作人员操作完票务工作站或半自动售票机后没有及时注销。

（8）丢失设备测试票，数量在 50 张以上、200 张以下；丢失车票（含纸质车票），金额合计在 50（不包括 50 元）～100 元（包括 100 元）的行为。

（9）车票编码人员错误编写车票信息（非设备原因），数量在 100 张以上、1000 张以下，或涉及金额在 50（不包括 50 元）～100 元（包括 100 元）的行为。

（10）客运值班员在交接班时，发现站存车票或现金有误，没有及时报站长或值班站长，涉及金额在 50（不包括 50 元）～100 元（包括 100 元）的行为。

（11）检查工作组认定的其他违规行为。

3. 三类票务差错

三类票务差错指在公司的票务运作中，凡是由于管理、设备操作、作业等过程中出现的违章，或造成直接经济损失 100（不包括 100 元）～200 元（包括 200 元）或因人为误操作导致数据差异为 1000 元以上，造成较严重影响的票务违章行为。

（1）没有在指定的地点两人同时负责开封清点车票和现金及钱箱中的票款。

（2）在票务管理室的监视系统盲区打开钱箱或票箱，或者清点车票和现金（舞弊行为不列此类）。

（3）丢失样票，数量在 5 张以上、10 张以下，或涉及金额在 100（不包括 100 元）～200 元（包括 200 元）的行为。

（4）车票编码人员错误编写车票信息（非设备原因），数量在 1000 张以上、4000 张以下，或涉及金额在 100（不包括 100 元）～200 元（包括 200 元）的行为。

（5）丢失设备测试票，数量在 200 张以上；丢失车票（含纸质车票），金额合计在 100（不包括 100 元）～200 元（包括 200 元）的行为。

（6）客运值班员在交接班时，发现站存车票或现金有误，没有及时报站长或值班站长，涉及金额在 100（不包括 100 元）～200 元（包括 200 元）的行为。

（7）检查工作组认定的其他违规行为。

（四）票务差错的处理

一类、二类、三类票务差错原则上由当事部门负责调查处理，根据本部门相关的考核细则对当事人进行考核，制定规范和整改措施，处理结果报票务稽查部门备案。

二、票务事故

（一）定义

票务事故是指与票务有关的各岗位人员在日常票务运作过程中，因工作疏忽违反票务管理规章制度、违规操作而造成公司票务收益损失或严重危及公司票务收益安全的票务违规行为，以及损失轻微但违规人员带有恶意企图的票务违规行为。

（二）定性原则

违反票务规章制度，且符合以下任意一项的，定性为票务事故。
（1）给票务工作造成较大影响或损失。
（2）其行为是当事人主观故意造成的。
（3）获取个人或集体利益。

（三）票务事故的分类

以某地铁运营公司为例，根据票务违章行为造成的票务事故所导致的直接损失或间接损失的大小，对票务收益安全的危害程度，或当事人的行为动机，可将票务事故由低至高分为4类。

1. 一类票务事故

（1）票务设备的管理和操作。

①违规操作自动售检票系统终端设备，造成票务收益流失或损失，合计价值在200元以上、1000元及以下。

②非客服中心（票亭）营业时间，违规进入并违规使用票务设备。

（2）票务钥匙、票务备品的管理和使用。

①丢失票务钥匙：票务用房钥匙、保险柜钥匙、设备门/设置钥匙、模块钥匙、其他票务相关钥匙丢失。

②丢失价值在200元以上、1000元及以下的票务备品。

（3）车票的管理和使用。

①车票编码人员错误编写车票信息（非设备原因），数量在4000张以上、8000张以下，或涉及金额在200元以上、1000元及以下。

②丢失样票，数量在10张以上，或涉及金额在200元以上、1000元及以下。

③未按规定要求办理地铁专用票的发放手续，造成错误发放、遗漏回收的情况。

④车票的注销及销毁出错，涉及金额在200元以上、1000元及以下。

⑤丢失车票（含纸质车票），金额合计在200元以上、1000元及以下。

2. 二类票务事故

（1）票务设备的管理和操作。违规操作自动售检票系统终端设备，造成票务收益流失或损失在1000元以上、10000元及以下。

（2）票务备品的管理和使用。丢失价值在1000元以上、10000元及以下的票务备品。

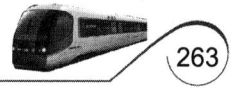

（3）车票的管理和使用。

①车票编码人员未按规定要求执行票务相关规定，造成错误编码车票信息，给票务工作造成较大影响。

②车票编码人员错误编写车票信息（非设备原因），数量在 8000 张以上，延误车票及时发行。

③非设备原因导致车票的注销及销毁出错，涉及金额在 1000 元以上、10000 元及以下。

④丢失车票（含纸质车票），金额合计在 1000 元以上、10000 元及以下。

（4）票务取证资料的管理。票务工作中违反相关规定，导致系统数据或监控录像等重要取证资料缺失或不全，影响三类、四类事故嫌疑的调查取证。

3. 三类票务事故

（1）票务报表的填写和管理。变造账目、报表或其他虚假行为填平账目。

（2）票务设备的管理和操作。

①违规操作自动售检票系统终端设备，造成票务收益流失或损失在 10000 元以上、100000 元及以下。

②故意使用他人密码操作票务设备。

③利用自动售检票系统终端设备违规操作，引起数据混乱或丢失。

（3）票务钥匙、密钥卡、票务备品的管理和使用。

①私自制作、使用票务钥匙或自动售检票系统密钥卡。

②丢失已注册成功的密钥卡。

③丢失价值在 10000 元以上、100000 元及以下的票务备品。

（4）车票和现金的管理和使用。

①未经批准注销或销毁车票。

②车票的注销及销毁出错，涉及金额在 10000 元以上、100000 元及以下。

③丢失车票、成本和押金，金额合计在 10000 元以上、100000 元及以下。

④私自补交短款。

4. 四类票务事故

（1）现金、车票、票务收益的管理和使用。

①违章占有、挪用任何现金、车票或截流现金。

②任何蓄意导致城市轨道交通运营企业票务收益流失或侵占城市轨道交通运营企业票务收益的行为。

③丢失车票、成本和押金，金额合计在 100000 元以上。

④车票的注销及销毁出错，涉及金额在 100000 元以上。

（2）票务报表的填写和管理。变造账目和报表等，被查出有个人或集体违规获利事实的行为。

（3）票务设备、票务备品的管理和操作。

①违规操作自动售检票系统终端设备，造成票务收益流失或损失，价值合计在 100000

元以上。

②蓄意破坏自动售检票系统终端设备，造成公司财产损失，价值合计在 100000 元以上。

③丢失价值在 100000 元以上的票务备品。

（四）票务事故处理程序

票务事故原则上由车站管理部门处理。车站管理部门负有对车站票务事故进行检查、统计、分析，以及制定控制措施的职责。对事故的处理视情节的严重程度分级别处理。

1. 一类、二类票务事故的处理

（1）事发部门自查发现的一类、二类票务事故，原则上由当事部门自行调查处理，制定规范和整改措施，处理结果报相关部门备案。

（2）对票务稽查在日常检查和票务稽查中发现（或收到举报、上报）的，稽查部审核为一类、二类票务事故的，需移交当事部门调查处理，票务稽查跟踪处理进度。

2. 三类、四类票务事故的处理

（1）对发现（或收到举报、上报）的三类、四类票务事故，由安全质量部票务稽查立案调查。

（2）立案后，安全质量部应成立由两名或两名以上人员组成的调查组，对案件进行全面、客观、公正的调查，收集有关证据，必要时可组织相关部门的相关人员共同参与调查。

（3）调查取证的方法如下。

①要求被调查人员提供书面材料和证明。

②收集有关物证，勘查事故现场。

③使用录音、录像、监控设备等取证。

④要求相关部门提供必要的数据及技术支持。

⑤其他合法的调查方法。

（4）调查结束后，调查人员应对调查结果和有关证据材料进行分析，做出初步定性，并写出案件调查报告，调查报告内容包括案由、案情、违章事实、处理意见、防范措施等。

（五）票务事故的处罚

1. 对当事人和当事人部门的处罚

（1）一类票务事故：给予当事人部门内通报，扣发当月绩效工资的 30%，并由其承担全部或部分经济损失。

（2）二类票务事故：给予当事人警告处分，在部门内通报，扣发当月绩效工资的 50%，并由其承担全部或部分经济损失。

（3）三类票务事故：视情节轻重给予当事人记过、记大过处分，在城市轨道交通运营企业范围内通报，扣发当月绩效工资，并由其承担全部或部分经济损失。

（4）四类票务事故：贪污票款、造成城市轨道交通运营企业重大损失或恶劣影响，给予解除劳动合同处理，情节严重并触犯法律的，移交司法机关依法处理。

（5）同一票务事故的情节涉及两条或两条以上的票务事故条款时，以事故情节最严重或危害最大的事故条款进行定性和处理。

（6）其他行为由计划财务部门分步组织调查，根据性质或实际损失程度报城市轨道交通运营企业确定处理意见。

2. 对管理者和责任部门的处罚

（1）对定性为票务事故的责任部门按运营公司归口管理考核分解表进行考核。

（2）对于车站票务管理工作中发生的问题隐瞒不报、不及时处理的各级管理人员，应追究其监督、管理责任。

（3）对一类、二类票务事故中负有直接管理责任的相关部门领导、站长等管理人员给予警告，并扣发当月绩效工资的20%。

（4）对三类、四类票务事故中负有直接管理责任的相关部门领导、站长等管理人员给予通报批评，并扣发当月绩效工资的40%。

（5）若半年之内（指从发生第一起票务事故的时间算起）出现两起同类型的二类以上票务事故，对相关部门领导通报批评，并建议城市轨道交通运营企业对部门负责人进行考核。

（6）相关部门没有按规章要求执行，将按实际情况报城市轨道交通运营企业对相关部门进行考核。

（7）事故调查人员泄露举报材料和举报人情况或通过不正当手段进行调查，将给予行政处分。

（8）对部门间检查中发现的违反票务规章的情况，如相关部门没有及时做出相应整改，应对相关部门按城市轨道交通运营企业的规定进行绩效考核。

知识链接

由于城市轨道交通运营管理规定有一定的地方管理特性，因此不同城市轨道交通运营企业对于票务违章事件定性及处罚决定也有一定的区别。请扫码7-1～7-3学习文档，了解不同类型的票务违章案例，对比分析各类票务违章处理的特点，并能引以为戒，以便在进入工作岗位后，做到诚实守信、遵章守纪。

7-1 城市轨道交通票务违章典型案例库1

7-2 城市轨道交通票务违章典型案例库2

7-3 城市轨道交通票务违章典型案例库3

案例模块

一、票务差错处理案例

1. 事件概况

2016年1月16日16:00，受春节年货会的影响，A站站厅乘客逐渐增多，当班值班站

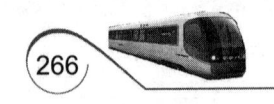

长张××及时组织售卖预制票。当班客运值班员刘××为售票员王×配相应的预制票。为避免卖错车票，售票员王×在票务管理室便将配好的预制票提前拆封，并拿便利贴将票价标签贴在预制票盒上。由于3元预制票盒上遗留有以前配票时写的"4元"字样，而售票员王×又未确认预制票盒上封条所写票价，因此在3元预制票盒上贴上了"4元"字样的便利贴，最终导致227张3元预制票被当作4元预制票出售的发售错误。

由于A站错误发售预制票，C站、D站、E站等车站出现大量因车票超程无法出站的乘客。刚开始时，C站、D站、E站根据乘客反映卖错票的情况，未询问乘客是否在临时票亭处购买的车票，便直接特殊审批为乘客发放免费出站票出站。在得知A站大量预制票发售错误后才对车票进行超程更新，让A站补超程费用到相应车站。

2. 原因分析

（1）预制票岗王×接到上岗通知后，在张贴票价便利贴时，未认真确认预制票盒封条所写的车票金额，最终导致售错预制票，对此事件负主要责任。

（2）当班客运值班员刘××对售票员监控不到位，未监督售票员张贴便利贴，对此事件负次要责任。

（3）站区长陈××、A站当班值班站长张××组织不力，对现场预制票的售卖情况监控不到位，对此事件负管理责任。

3. 处理决定

（1）根据《票务稽查管理办法》的规定，本次事件定性为三类票务差错。

（2）此事件对全线车站服务质量造成较大影响，按《车站客运服务质量考核办法》对A站扣除服务管理方面10分。

（3）售票员王×工作不认真，导致大量预制票发售错误，给予站务段通报批评，按《车站客运服务质量考核办法》第××条的规定，扣除当月绩效工资70元。

（4）值班站长张××、客运值班员刘××按《车站客运服务质量考核办法》第××条的规定，扣除当月绩效工资50元。

（5）站区长陈××按《车站客运服务质量考核办法》第××条的规定，扣除当月绩效工资30元。

4. 整改措施

（1）组织全员学习此通报，教育员工吸取教训，避免再犯类似错误。

（2）现场拆封预制票后，及时确认封条加封票价和数量，将车票放在专用的塑料票盒内，并在塑料票盒上贴上准确的票价，确认票价无误后才能出售。

（3）客运值班员配票时，务必将盒子上的无关数字涂去，以免员工看错。

（4）当乘客反映卖错票时，车站员工必须询问乘客购票车站，以及是否在预制票点购买的车票。车站员工需根据乘客反映的情况向售卖预制票的车站了解情况，若确实是由于卖错预制票而导致车票超程，则出站车站需对车票进行超程处理，费用由发售车站补齐，严禁通过审批发放免费出站票的方式处理。

（5）各站需慎重对待特殊审批，不能为了免除"麻烦"而随意审批。

二、票务事故处理案例

1. 事件概况

2018年10月1日20:30，客运值班员张××与杨××交接班，清点票务钥匙时，张××发现少了一把补币箱钥匙，杨××立即进行查找，但找不到，于是交班让张××继续帮忙寻找后离站，张××将情况上报分管站长。10月2日，车站对票务钥匙进行了全面核查，并继续查找。由于班中没有人借用补币箱钥匙，杨××估计该钥匙从抽屉后方空隙掉到抽屉下方放置的垃圾桶内被保洁清理垃圾时倒掉了。于是车站立即联系保洁，保洁回复垃圾已被收走。最终车站没有找到遗失的补币箱钥匙，并在10月3日上报相关部门。

2. 原因分析

（1）客运值班员杨××工作责任心不强，当班期间未认真做好票务钥匙的保管工作，并且在遗失钥匙后思想上不重视，没有积极进行全面查找，错失找回钥匙的时机，是造成本次事件的根本原因，对本次事件负全部责任。

（2）值班站长王××未能及时发现班中员工遗失钥匙，对本次事件负当班管理责任。

（3）分管票务的副站长刘××负管理责任。

3. 处理决定

（1）根据《票务稽查管理办法》的规定，本次事件定性为一类票务事故。

（2）客运值班员杨××当班期间因保管不到位导致遗失补币箱钥匙，经部门考评领导小组研究决定给予杨××部门通报批评，扣发当月绩效工资的30%。

（3）对值班站长王××、副站长刘××给予警告，扣发当月绩效工资的20%。

4. 整改措施

（1）组织全体站务人员学习这起一类票务事故，吸取教训，加强各层级人员的票务安全意识。

（2）严格执行《票务管理手册》中有关票务钥匙管理的相关规定。钥匙借用人负责钥匙的使用安全和保管。

（3）客运值班员及以上级别人员须按《票务管理手册》中的规定保管、交接票务钥匙。

（4）站务各部、中心站（站区）加大自查力度，防止出现同类票务事故。

实操模块

[实训任务]

查找某地铁发生的实际违章案例，分析票务违章行为产生的原因并判断其类型，根据案例情景做出处理，制定相应的整改措施，并按岗位模拟标准的工作流程。

[实训目的]

掌握票务差错、票务事故产生的类型及处理方法，并能实际运用。

[实训环境]

合作式教室。

[实训指导]

依照票务差错、票务事故的分类及其处理方法、原则进行案例分析，制定整改措施。

拓展模块

票务违章事件是如何调查的？

当发生票务违章事件后，应及时开展调查工作，包括：成立调查小组并确定其职责，按调查要求及内容实施调查，最终形成调查报告，并根据调查结果对相关当事人进行相应的处罚。

（一）成立调查小组

1. 调查组组成原则

事件调查组成员应当与所调查事件无直接利害关系。凡与发生事件有直接关系或与涉及人员有亲属关系、直接上下级关系的人员都应主动申明，申请回避，不得担任调查组成员。根据事件调查需要，调查组可邀请党群、纪检等部门及有关专家参与。

2. 调查组人员构成

（1）由运营公司负责调查分析的事件，由分管领导担任事件调查组组长，调查人员由保卫部、客运管理部及业务指导或主管部门组成。

（2）由下属单位负责调查分析的事件，调查组组长由下属单位主要负责人或授权人员担任，调查组成员由调查组组长根据调查工作需要抽调组成。

（3）依据事件类型及调查需要，调查组可下设现场取证、问询笔录、资料收集、技术分析等专业小组，并由事件调查组组长指定各小组组长。

3. 调查组职责

（1）查明事件发生的经过、原因及造成的影响和损失。

（2）认定事件的类别、性质及责任。

（3）提出对事件责任单位、部门及责任人的处理意见。

（4）总结事件教训，提出防范和整改措施。

（5）提交事件调查报告。

（二）实施调查

1. 调查要求

（1）事件调查组有权向相关单位和个人了解事件的相关情况，并要求其提供对应文件和资料，配合调查单位和个人不得拒绝、阻碍及干涉。

（2）在事件调查过程中，事件调查组必须严格遵守相关保密制度，不得擅自透露调查内容及涉密文件信息。

（3）在事件调查过程中，严禁打听、泄露及传播未经公开的任何调查内容。

（4）事发单位在调查组到达前，保存可疑证物，做好记录，配合调查组做好调查的前期准备工作。在调查组到达后，配合做好调查取证工作。

（5）在事件调查过程中，所有笔录、录音、物证等材料必须由专人建立档案，统一留存。

2. 调查内容

（1）认真检查现场资料，注意是否有人为破坏痕迹，详细检查事件的有关材料，根据调查需要留存图片、录音及录像资料，形成文字记录。

（2）听取事件相关人员的陈述，收集有关资料及物证。

（3）根据事件的性质、情节和调查需要，可对当事人进行单独调查，责成其写出书面材料。

（4）对事件关系人、现场见证人调查询问，并详细记录。

（5）检查有关台账和报表的填写情况，必要时将原件或其复印件附在调查记录内。

（6）调取相关录像资料。

（三）形成调查报告

根据调查分工及工作职责，前往现场了解事件经过，勘查取证、收集材料，查明事件的经过、原因及影响等内容，形成初步调查报告，调查报告的内容如下。

（1）事件概况。

（2）事件发生的经过和调查情况。

（3）事件造成的影响及直接经济损失。

（4）事件发生的原因和性质。

（5）事件责任的认定及对责任者的处理情况。

（6）针对该事件需采取的防范措施和整改措施。

（7）其他需说明的情况。

（四）处理决定

票务违章事件责任可分为全部责任、主要责任、同等责任、次要责任和一定责任、无责任。全部责任是指负有事件（故）损失及其不良影响100%的责任；主要责任是指负有事件（故）损失及其不良影响60%～90%的责任；同等责任是指各方均负有事件（故）损失及其不良影响的相同份额的责任；次要责任是指负有事件(故)损失及其不良影响30%～40%的责任；一定责任是指负有事件（故）损失及其不良影响10%～20%的责任；如果造成事件（故）的全部原因为运营公司外部单位或人员，则运营公司相关中心或部门定为无责任，该事件（故）统计为其他事件（故）。

为教育广大干部职工，避免或减少事件的发生，凡造成各类事件的责任部门的主管、直接责任人、相关负责人和事件直接责任人、主要责任人，均应按有关规定给予经济处罚或行政处分。导致事件发生的有关责任人，给予警告、记过或记大过处分；情节较重的，

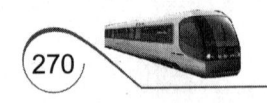

给予降级、撤职或者留用察看处分；情节严重的，给予开除处分。

目标检测

[知识目标检测]

1. 填空题

（1）票务差错是指与票务有关的各岗位人员在日常票务运作过程中，因_____违反票务管理规章制度、违规操作而造成_____的票务违规行为。

（2）票务差错中违反票务规章制度的行为为非当事人_____，且未构成个人或集体获取_____定性为票务差错。

（3）一类、二类、三类票务差错原则上由_____负责调查处理，根据本部门相关的考核细则对_____进行考核。

（4）票务事故是指与票务有关的各岗位人员在日常票务运作过程中，因工作疏忽违反票务管理规章制度、违规操作而造成公司票务收益损失或严重危及公司票务收益安全的票务违规行为，以及_____但违规人员带有_____的票务违规行为。

（5）票务事故原则上由_____处理，负有对车站票务事故进行检查、统计、分析，以及制定_____。

2. 选择题

（1）某地铁运营公司根据票务差错行为对公司票务运作的影响程度，可将票务差错分为（　　）类。
A. 二　　　　　B. 三　　　　　C. 四　　　　　D. 五

（2）无正当理由未按时上交票务报表的票务违章行为，造成（　　）。
A. 一类票务差错　　　　　B. 二类票务差错
C. 三类票务差错　　　　　D. 一类票务事故

（3）根据票务违章行为造成的票务事故所导致的直接损失或间接损失的大小，对票务收益安全的危害程度，或当事人的行为动机，可将票务事故由低至高分为（　　）类。
A. 二　　　　　B. 三　　　　　C. 四　　　　　D. 五

（4）丢失价值在1000元以上、10000元及以下的票务备品和违章行为，造成（　　）。
A. 三类票务差错　　　　　B. 一类票务事故
C. 二类票务事故　　　　　D. 三类票务事故

（5）故意使用他人密码操作票务设备的违章行为，造成（　　）。
A. 一类票务事故　　　　　B. 二类票务事故
C. 三类票务事故　　　　　D. 四类票务事故

3. 判断题

（1）变造账目、报表或其他虚假行为填平账目的票务违章行为造成二类票务事故。（　　）

（2）未经批准注销或销毁车票的票务违章行为造成三类票务事故。（　　）

（3）票务违章行为使个人或集体获取利益金额较小，则定性为票务差错。（   ）
（4）对发现的三类、四类票务事故，原则上由当事部门自行调查处理。（   ）
（5）在票务违章事件调查过程中，严禁打听、泄露及传播未经公开的任何信息。（   ）
（6）处理票务违章应以规章为准绳、以事实为依据，力求客观、公正。（   ）

[技能目标检测]

根据前述实训任务，分组模拟训练，在实训室进行考核，要求边操作边口述，以此来检测技能目标的达成度。具体检测项目、评分标准及得分如表7-6所示。

表7-6　技能目标检测

序号	检 测 项 目	评 分 标 准	得分
1	违章案例原因分析（20分）	原因分析全面（20分）	
2	整改措施的制定（20分）	整改措施合理（20分）	
3	处罚措施的制定（20分）	处罚措施有原则（20分）	
4	预防措施的制定（20分）	预防措施可实施（20分）	
5	标准作业情景模拟（20分）	情景模拟正确（20分）	

[素质目标检测]

由教师根据学生课前预习情况、课中小组讨论及独立思考情况、课后作业及小组共同完成学习任务情况，以及技能目标检测环节的表现进行素质目标检测，如表7-7所示。

表7-7　素质目标检测

序号	检 测 项 目	评 分 标 准	得分
1	学习能力的提升度（20分）	课前预习（5分）；课中主动回答问题（5分）；课后作业（5分）；小组作业（5分）	
2	团队协作的配合度（20分）	小组讨论发言频率（10分）；小组情景设计及模拟（10分）	
3	语言表达的清晰度（20分）	汇报问题的逻辑性（10分）；语言表达的流畅性（10分）	
4	思想意识的认知度（40分）	诚实做人的认知度（20分）；遵章守纪的认知度（20分）	

课后复习题

1. 什么是票务差错？
2. 不同票务差错类型的处理规定有哪些？
3. 什么是票务事故？
4. 不同票务事故类型的处理规定有哪些？

任务三　票务稽查

学习目标

[知识目标]

（1）理解票务稽查工作的重要意义。
（2）掌握票务稽查工作的主要内容及组织架构。
（3）掌握票务稽查工作的原则及规定。

[技能目标]

（1）能辨识票务工作存在的违章行为。
（2）能自我约束避免违章行为产生。

[素质目标]

（1）培养科学严谨的工作作风。
（2）坚定诚实守信的做人原则。

学习引入

某地铁清分中心在核对车站电子支付数据时发现：某车站2017年1月15日20:12、1月16日9:08、2月8日19:26、2月9日20:16各有1笔1000元消费记录，共计4笔4000元消费记录。后经清分中心调查该站均无1000元乘客交易情况，该4笔交易为该站售票员吴某1、易某、张某1、吴某2当班期间在值班站长张某2的要求下，使用POS机为张某2进行消费操作后兑换现金产生的交易记录。

思考：此站为什么会在其直接管理者不知情的情况下连续发生了4笔使用POS机进行消费的操作？

教学环境

多媒体教室或合作式教室。

理论模块

一、票务稽查工作的主要内容

票务稽查是票务管理工作的重要步骤和环节，是对票务工作者及执行者进行检查监督的一种形式，可确保票务运作的安全和稳定，维护正常票务秩序，消除票务运作过程中的违章舞弊现象，防范票务收益损失。

票务稽查工作从稽查对象来看，包括对内票务稽查和对外票务稽查。对内票务稽查主要包括城市轨道交通运营企业票务相关部门（单位）对票务运作过程中系统性、制度性、流程性等问题进行定期排查，对票务运作过程、票务政策执行情况进行定期监督检查，对未遵守规章制度、违反操作规范的行为进行调查处理 3 部分内容。对外票务稽查是指城市轨道交通运营企业工作人员在乘客服务区域内对免费乘车、持优惠票卡及地铁专用票卡等人员的身份进行核对，对无票或持无效票、冒用他人乘车证件、持伪造证件乘车或者采用其他方式逃票的行为进行核查处理的过程。

二、票务稽查工作机制

以某地铁票务稽查工作机制为例，其对内票务稽查工作是实施"三级票务稽查体系"，对外票务稽查工作是实施"全员票务稽查"。

三级票务稽查体系是指实行三级管理，即总部级、分（子）公司级、站区（车间）。总部级稽查主要指由保卫部、客运管理部、票务清分中心等部门独立或牵头组织，其他部门参与开展的监督检查；分（子）公司级稽查主要指由各分（子）公司票务主管部门独立或牵头组织，其他部门参与开展的监督检查；站区（车间）级检查主要指由各站区（车间）独立或牵头组织，站区（车间）指定牵头负责人，按城市轨道交通运营企业票务相关规定、站区（车间）相关要求开展监督检查工作，包含班组级检查。根据检查工作的需要，对内稽查工作包括日常检查工作及专项检查工作。

全员票务稽查是指实行"全员稽查"工作机制，即城市轨道交通运营企业全体员工有引导乘客文明乘车、制止乘客逃票的对外稽查职责。根据检查工作的需要，对外稽查又分为常态化稽查和专项稽查。

三、票务稽查工作职责及流程

（一）对内票务稽查

1. 工作职责

（1）各部门（单位）监督检查发现的问题，参照相关规定进行违章定性，依据各单位的处罚细则进行定责处理。

（2）各级票务稽查人员应自觉遵守票务规章制度及各项操作规程，严格按票务要求开展票务的监督检查工作，妥善收集、保管各类书面材料、录音及录像，严格执行保密规定，发现违反作业纪律及操作流程的情况，按"四不放过"原则进行处理。

（3）各级票务稽查人员有权调阅、复印及复制与票务相关的账表、凭证、文件等资料，有权要求被检查单位及个人介绍情况、接受调查，对能证明违章事实的相关资料有权进行封存，线网票务收入、清分结果等敏感资料除外。

（4）票务稽查工作中发现违规行为，应当场予以制止，开具整改通知书或问题检查表，责任单位需及时整改。

2. 工作流程

各级票务稽查人员在稽查过程中发现违章或隐患问题时，应立即通报责任单位，责任单位应及时开展调查分析。若初判为票务违章事件，应及时封存与违章事件有关的车票、报表及录像等资料，涉及设备损坏的，应保护好现场。若为设备隐患问题，应及时停用相应设备，安排专业人员开展调查分析。责任单位完成调查分析后，应及时制定整改防范措施，避免隐患风险扩大、收益损失。

3. 检查的形式

票务稽查在执行检票工作时，有明查和暗查（访）两种形式。明查是指开展稽查工作时，稽查人员佩戴票务稽查相应标志，根据需要向车站提出票务检查的要求，一般适用于票务收益、车票和现金安全管理、票务备品管理等方面的检查。暗查（访）是指票务稽查人员隐藏自己的稽查身份到车站开展稽查工作，一般适用于工作人员工作标准及流程、服务态度等方面的检查。

（二）对外票务稽查

1. 常态化稽查

常态化稽查工作的主体为各车站站务人员，其余非站务人员均有协助车站开展稽查工作的义务，当发现乘客逃票时，须立即制止，并联系站务人员处理。

常态化稽查工作是根据车站客流特点及优惠卡使用情况组织开展的。一般情况下，在平低峰时段可根据情况适时组织稽查工作；在早晚高峰时段有针对性地组织稽查工作。通过在不同时段开展不同内容的检查工作，从而形成常态化稽查。

2. 专项稽查

专项稽查是指发生违章事件后或有违章事件苗头产生时开展的专项工作，有时也是在特殊客流发生前，为保证客流组织效率、减少票务违章行为产生而开展的集中整治工作。一般情况下，专项稽查由保卫部等安全管理部门牵头实施，组织在重点车站、重点时段开展。

四、票务稽查考评激励

（一）稽查工作考评

对内稽查工作由于稽查工作组织不力，被主流媒体负面报道，造成负面舆情或有责投诉的，将按相关规定进行考核。同时，也要定期将对外稽查工作的开展情况进行督查，并对稽查率（站区查处量/站区进站客流量）进行分析，对于成效不佳的站区（车间）及时给予指导。

（二）稽查工作激励

城市轨道交通运营企业票务稽查激励按激励对象分为站区（车间）激励与员工激励两部分，实施正向激励。

1. 站区（车间）激励

各地铁运营公司依据稽查率对站区（车间）进行排名，并根据绩效规定对稽查工作组织排名靠前的站区（车间）进行奖励。

2. 员工激励

为了鼓励与提升员工稽查主动性，各分（子）公司牵头，站区（车间）具体负责，由站区（车间）依据自身票务稽查组织实际情况，制定员工票务稽查激励规则，并通过绩效或其他方式落实对员工的奖励，以此激发员工参与票务稽查工作的主动性和积极性。

实施激励时，须遵循公开、公平、公正原则，结合自身管理实际，灵活应用激励措施与激励方式，努力提升票务稽查效果。

实操模块

[实训任务]

设计对内稽查及对外稽查情景，以某地铁运营公司票务稽查的身份模拟开展对内票务稽查和对外票务稽查工作。

[实训目的]

（1）理解票务稽查工作的重要性。

（2）掌握对内、对外票务稽查工作的主要内容。

[实训环境]

车站综合实训室。

[实训指导]

小组设计车站对内及对外票务稽查情景，通过模拟情景完成对内及对外票务稽查工作任务。要求全面设计有关岗位语言表达的内容及操作行为的具体流程。

拓展模块

> 对内票务稽查日常检查工作有哪些？

对内票务稽查日常检查工作应从以下 4 个方面开展，对每个项目都提出检查要求，同时每个项目都由若干检查条目组成，而每个检查条目都有具体的检查内容，并对有可能产生的违章行为做出了提示。

（一）票务钥匙检查

票务钥匙的检查工作一般按以下检查频率执行。

（1）站区长及专工每月至少检查两次录像和现场，月度覆盖各自然站。

（2）车站分管票务的值班站长每周至少检查一次录像和现场（钱箱清点当周应将相应项目纳入必查项）。

（3）当班值班站长每班至少检查一次本站录像和现场。

具体检查内容及可能产生的违章行为如表 7-8 所示。

表 7-8　票务钥匙管理日常检查内容

序号	检查条目	检查内容	违章行为
1	钥匙保管存放规范	自动售票机开钱箱（硬币、纸币、硬币补币、纸币补币）钥匙由客运值班员和值班站长或值班站长指定站务人员使用时是否为双人拆封、加封	1. 私自制作、使用现金管理钥匙、自动售检票系统密钥卡，违规将现金管理钥匙带离票务管理室。 2. 未按规定进行票务双人作业或"低岗顶高岗"进行票务作业
		自动售票机开钱箱（硬币、纸币、硬币补币、纸币补币）钥匙不清点钱箱时是否加封存于保险柜内；开钱箱清点钥匙是否曾带离票务管理室	
		安装钱箱钥匙是否在行车值班员处加封保管，是否有借用记录，是否与车站控制室其他钥匙记录簿分开填写	
		站区集中保管的票务钥匙是否规范加封保管于分管车站票务管理人员驻站站点	
2	钥匙借还规范	票务钥匙操作时间与借用时间逻辑是否相符，使用完毕是否及时归还	
		票务钥匙借用是否有记录或借用数量与记录是否相符	
3	钥匙盘点规范	日常使用钥匙是否按月进行盘点，备用钥匙是否按季度进行盘点，盘点后是否在"票务钥匙总清单"上记录	
		"票务钥匙总清单"上登记的备用钥匙数量与车站加封的备用钥匙种类、数量是否一致，损坏钥匙有无盘点及跟踪记录	
		日常使用、备用钥匙，行车值班员/客运值班员处钥匙是否账实相符	

（二）公共区票务作业录像检查

公共区票务作业包括客服中心的车票发售、充值、兑零及票务事务处理、行政事务处理等，其检查频率要求如下。

（1）站区长及专工每月至少检查两次录像和现场，月度覆盖各自然站。

（2）车站分管票务值班站长每周至少检查一次录像和现场，每日至少抽查 3 项内容进行检查（钱箱清点当周应将相应项目纳入必查项）。

（3）每周六白班值班站长每日至少抽查 3 项内容进行检查。

具体检查内容及可能产生的违章行为如表 7-9 所示。

表 7-9　公共区票务作业日常检查内容

序号	检查条目	检查内容	违章行为
1	票亭交接规范	交接班售票员是否不同时处于客服中心，有无安排人员在交接时乘客进行引导；交接时间是否在 5 分钟以内；离岗 5 分钟以上是否安排人员顶岗	未经允许私自离开服务岗位
		监督交接人是否起到监控作用	
		监督人员是否对交接售票员进行接送	
2	补币、补票工作规范	补币工作是否由客运值班员和值班站长或值班站长指定人员双人共同清点、装箱、补币	未按规定进行票务双人作业或"低岗顶高岗"进行票务作业

项目七　票务安全管理

续表

序号	检查条目	检查内容	违章行为
2	补币、补票工作规范	补币时是否为双人共同确认补币金额并输入数据	未按规定进行票务双人作业或"低岗顶高岗"进行票务作业
		补币前是否对自动售票机前面乘客进行引导并摆牌	
		清点时是否在有效监控范围内有倒空钱箱动作	
3	自动售票机、自动检票机门管理规范	设备故障是否及时维修（涉及站务人员维修的故障，原则上5分钟内必须有人员到现场处理；涉及乘客票务事务的故障，必须3分钟内有人员到现场处理；故障存在原则上不超过20分钟）	1. 私自制作、使用现金管理钥匙、自动售检票系统密钥卡，违规将现金管理钥匙带离票务管理室。 2. 违章占有、挪用任何车票，截流备用金，截留票款。 3. 违规操作自动售检票系统终端设备，造成票务收益损失或侵占票务收益
		设备故障维修时是否摆放提示牌	
		设备故障维修后是否及时建立快速工单或故障工单	
		自动售票机故障不涉及设备现金时，是否由自动售检票系统维修人员到车站客运值班员处借用钥匙进行维修	
		若故障涉及设备票款，是否由车站客运值班员持自动售票机维修门钥匙配合维修；如有特殊情况，是否由站务人员办理签借后持自动售票机维修门钥匙配合维修	
		自动检票机回收是否逐台进行	
		自动售票机后门关闭后是否立即锁闭	
		自动检票机维修或回收车票后是否锁闭	
		保洁、维修人员、客运值班员交接等进入客服中心，是否及时锁闭客服中心房门	
4	车票回收规范	车票回收箱回收操作是否规范	1. 侵占票款、未按规定进行票务双人作业或"低岗顶高岗"进行票务作业。 2. 擅自移动监控设备或故意规避监控设备进行票务操作。 3. 未按规定进行票务双人作业或"低岗顶高岗"进行票务作业。 4. 擅自处理备用金长短款，售票/充值错误，冒用他人账号进行票务操作，私自变造账目、报表或其他虚假行为以填平账目或规避长短款
		车票回收时间是否符合规定，尽量不影响乘客现场使用	
5	钱箱回收规范	钱箱回收是否双人共同回收、运送钱箱	
		回收时间是否符合规定	
6	现金、车票运送规范	现金运送途中是否被放到售票盒、票箱及票务手推车里，由双人推出票务管理室	
		钱箱、补币箱、售票盒是否随意放置在公共区，无人监控	
7	原路径退款检查规范	是否有客运值班员或以上级别人员到现场确认；现场是否有乘客办理并签名确认	
		结合现场录像查看是否为普通乘客退款，是否有工作人员有试图侵占公司利益行为	
8	车站通行卡使用规范	是否存在违规使用车站通行卡及电子锁专用卡的行为，重点检查未常态化开启的边门或者其他无人值守的边门，严禁使用NFC功能	利用职务之便，通过通行卡谋取利益
		边门录像每半个月检查一次，每次检查覆盖站区各自然站，每站检查日期不少于4日，每日录像检查时间不少于30分钟，检查结果及时输入PMS（绩效管理系统）	
		当班配备的票务备品，如车站工作卡、通行卡、电子锁专用卡等是否在位且随时可用，借用是否有借用记录	

(三) 票务管理室录像检查

票务管理室是车站重要的运营管理场所,也是现金、车票及票据存放的主要区域。在日常票务检查工作中一般按以下检查频率执行。

(1) 站区长及专工每月至少检查两次录像和现场,月度覆盖各自然站。

(2) 车站分管票务值班站长每周至少检查一次录像和现场,每日至少抽查 3 项内容进行检查(钱箱清点当周应将相应项目纳入必查项)。

(3) 夜班值班站长每日至少抽查 3 项内容进行检查。

具体检查内容及可能产生的违章行为如表 7-10 所示。

表 7-10 票务管理室日常检查内容

序号	检查条目	检查内容	违章行为
1	客运值班员交接班规范	是否对现金、车票、有价证券、票务钥匙、备品等进行全面清点;是否双人确认系统	1. 擅自处理备用金长短款,售票/充值错误,冒用他人账号进行票务操作,私自变造账目、报表或通过其他虚假行为填平账目或规避长短款。 2. 未按规定进行票务双人作业或"低岗顶高岗"进行票务作业
		客运值班员交接是否有第三人监督(两名兼任客运值班员的值班站长交接除外)	
		现金、车票是否进行系统交接	
		发票、车票有无对照台账	
		日常使用的票务钥匙有无对照台账进行清点,备用钥匙是否加封数量交接	
		票务备品是否进行清点后交接	
2	售票员配票、结算操作规范	售票员配票/结账是否进行掏包、售票盒倒空动作	
		配发/结账备用金、纪念票、日票等是否双人确认清点、输入系统,输入密码是否由本人输入	
		异常现金及车票等的处理过程中是否现场与系统核对"乘客事务处理单"内容是否属实	
		售票员上岗、结账是否按要求双人运送上锁的售票盒	
3	票务管理室安全管理规范	票务管理室门是否关闭	
		保险柜、钥匙盒、文件柜是否锁闭	
		进入人员是否符合规定并做好登记	

续表

序号	检查条目	检查内容	违章行为
4	钱箱、车票清点规范	清点钱箱是否清点一台数据输入一台数据，数据是否与输入数据一致，并双人确认	1. 违规操作自动售检票系统终端设备，造成票务收益损失或侵占票务收益。
2. 违章占有、挪用任何车票，截流备用金，截留票款。
3. 擅自移动监控设备或故意规避监控设备进行票务操作。
4. 未按规定进行票务双人作业或"低岗顶高岗"进行票务作业。
5. 擅自处理备用金长短款、售票/充值错误，冒用他人账号进行票务操作，私自变造账目、报表或通过其他虚假行为填平账目或规避长短款
		清点回收钱箱前是否确认点币机、点钞机、分钞机、票务管理室内无散落零钱	
		清点后的钱箱是否在摄像头下做倒空动作	
		故障事项是否由双人清点；钱箱回收数量是否准确；现金数量是否准确输入	
5	补币、补票工作规范	是否有补币钥匙借用登记	
		补币是否由客运值班员和值班站长或其指定人员双人共同清点和装箱	
		日次票售卖机补票工作是否由客运值班员和值班站长或其指定人员双人共同清点和装箱	
6	打包返纳工作规范	是否由客运值班员与值班站长或其指定一名站务正式员工双人确认打包	1. 擅自移动监控设备或故意规避监控设备进行票务操作。
2. 未按规定进行票务双人作业或"低岗顶高岗"进行票务作业。
3. 擅自处理备用金长短款，售票/充值错误，冒用他人账号进行票务操作，私自变造账目、报表或通过其他虚假行为填平账目或规避长短款
		打包后是否确认备用金无误	
		如出现异常是否核查	
7	票务监控状态	是否正常显示；故障是否及时报修	

（四）现场检查

现场检查主要是通过明查或暗查（访）的形式检查工作人员作业标准、票务报表填写是否规范、票务工具和器具保管与使用是否规范、票务相关业务掌握情况等。现场检查的一般频率要求如下。

（1）站区长及专工每月至少检查两次录像和现场，月度覆盖各自然站。

（2）车站分管票务值班站长每周至少检查一次录像和现场。

（3）当班值班站长每班至少检查一次。

具体检查内容及可能产生的违章行为如表7-11所示。

表7-11 票务工作现场日常检查内容

序号	检查条目	检查内容	违章行为
1	售票员岗位标准	售票员备用金、车票是否充足，有无需增补的情况	（略）
		自动检票机或半自动售票机故障售票员是否及时处置或上报	（略）
		售票员精神状态：有无斜靠椅背、抖腿、托腮、跷腿、打瞌睡等其他服务违章行为	当班睡觉、打牌、饮酒、脱岗等严重违纪行为
		唱票四部曲是否规范	
		票务管理室、客服中心6S是否符合标准	

续表

序号	检查条目	检查内容	违章行为
2	票务工具和器具保管与使用规范	损坏的票务备品有无跟进报修并在台账上记录	1. 利用职务之便，通过通行卡谋取利益。 2. 违规操作自动售检票系统终端设备，造成票务收益损失或侵占票务收益
		票务备品台账记录数据是否正确	
		发票数量与台账数据是否一致并放在上锁的文件柜中保管	
		发票每月月末盘点时是否进行清点，台账与实际数据是否一致，有无错误填写信息	
		移动半自动售票机/自动检票机使用、保管、借用是否符合规定	
		票务工具和器具、专用卡（通行卡、电子锁卡）是否按要求进行存放、保管、交接和借用	
		检查POS机、手持验票机是否在票务工具和器具台账上记录，检查实物是否有电	
3	票亭现金安全及备品安全	票亭门是否及时锁闭，售票盒是否按要求上锁	1. 售票员携带私款、车票、具备支付功能的设备等上岗。 2. 利用职务之便，通过通行卡谋取利益。 3. 擅自处理备用金长短款，售票/充值错误，冒用他人账号进行票务操作，私自变造账目、报表或通过其他虚假行为填平账目或规避长短款
		现金、车票、发票、私章、通行卡、票务钥匙是否按要求妥善进行放置	
		票亭岗是否及时出票亭巡视出站口，将遗留单程票投入自动检票机，引导乘客出站	
		票亭交接（含换岗、上厕所等需重新进入票亭的情况）、票亭巡视均需将"检查是否携带私款、私票、具备电子支付功能的设备上岗"纳入必查项，并在票亭交接班本上记录：检查售票员是否携带私款、私票、具备电子支付功能的设备上岗	
		是否存在违规使用通行卡获取利益的行为	
		"进出登记本""票亭交接登记本"等票务台账是否填写完整且准确	
		"乘客事务处理单"填写内容是否属实，有无漏填、错填、代签名等违章行为	
4	票务台账、报表填写标准	是否由规定人员填写；是否按规范填写；是否按时填写	擅自处理备用金长短款，售票/充值错误，冒用他人账号进行票务操作，私自变造账目、报表或通过其他虚假行为填平账目或规避长短款
		是否由规定人员复核	
		台账填写内容是否属实，有无漏填、错填、代签名等违章行为	
5	票务相关业务规范	抽问各类票务规定和通知等	

目标检测

[知识目标检测]

1. 填空题

（1）票务稽查工作从稽查对象来看，包括_____票务稽查和_____票务稽查。

（2）对内票务稽查工作是实施"＿＿＿＿＿＿＿＿＿＿"，对外票务稽查工作是实施"＿＿＿＿＿"。

（3）三级票务稽查体系是指实行三级管理，即总部级、＿＿＿＿＿、站区（车间）。

（4）根据检查工作的需要对外稽查又分为＿＿＿＿＿＿＿和＿＿＿＿。

（5）票务稽查激励按激励对象分为＿＿＿＿＿＿＿与＿＿＿＿两部分。

2. 选择题

（1）以下不属于对内票务稽查内容的是（　　）。

A. 定期排查票务相关部门票务运作过程中的系统性问题
B. 定期监督检查票务政策执行情况
C. 对违反自动售检票系统操作规范的行为进行调查
D. 对持地铁专用票卡人员的身份进行核对

（2）以下属于对外稽查内容的是（　　）。

A. 对持优惠卡人员的身份进行核对
B. 对违反票款结算操作规范的行为进行调查
C. 对违反使用通行卡的行为进行调查
D. 定期监督检查票务运作过程

（3）对外常态化票务稽查工作的主体为车站当班（　　）。

A. 维修人员　　B. 站务人员　　C. 保洁人员　　D. 保安人员

（4）分（子）公司级稽查主要指由各分（子）公司（　　）独立或牵头组织，其他部门参与开展的监督检查。

A. 安全主管部门　　　　　　B. 票务主管部门
C. 客运主管部门　　　　　　D. 维修管理部门

（5）以下不能直接履行"引导乘客文明乘车、制止乘客逃票"职责的岗位是（　　）。

A. 厅巡岗站务员　　　　　　B. 站台岗站务员
C. 保洁人员　　　　　　　　D. 行车值班员

3. 判断题

（1）各级票务稽查人员有权调阅、复印及复制与票务相关的账表、凭证、文件等资料，有权要求被检查单位及个人介绍情况、接受调查。（　　）

（2）"乘客事务处理单"填写是否规范属于对外票务稽查工作的内容。（　　）

（3）车站为乘客发单程票时，票务稽查检验售票作业程序执行情况，此工作内容属于对外票务稽查工作的内容。（　　）

（4）车站免费乘车人员证件由票务稽查抽查，此工作内容属于对内票务稽查工作的内容。（　　）

（5）各级票务稽查人员应妥善收集、保管各类书面材料、录音及录像，严格执行保密规定，发现违反作业纪律及操作流程的情况，按"四不放过"原则进行处理。（　　）

[技能目标检测]

根据前述实训任务，分组模拟训练，在实训室进行考核，要求边操作边口述，以此来

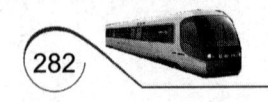

检测技能目标的达成度。具体检测项目、评分标准及得分如表 7-12 所示。

表 7-12 技能目标检测

序号	检 测 项 目	评 分 标 准	得分
1	对内票务稽查的执行（60 分）	对内检查内容的全面性（20 分）；对内检查的标准语言（20 分）；对内检查的标准流程（20 分）	
2	对外票务稽查的执行（40 分）	对外检查内容的全面性（20 分）；对外检查的标准语言（20 分）	

[素质目标检测]

由教师根据学生课前预习情况、课中小组讨论及独立思考情况、课后作业及小组共同完成学习任务情况，以及技能目标检测环节的表现进行素质目标检测，如表 7-13 所示。

表 7-13 素质目标检测

序号	检 测 项 目	评 分 标 准	得分
1	学习能力的提升度（20 分）	课前预习（5 分）；课中主动回答问题（5 分）；课后作业（5 分）；小组作业（5 分）	
2	团队协作的配合度（20 分）	小组讨论发言频率（10 分）；小组情景设计及模拟（10 分）	
3	语言表达的清晰度（20 分）	汇报问题的逻辑性（10 分）；语言表达的流畅性（10 分）	
4	思想意识的认知度（40 分）	科学严谨的意识（20 分）；诚实做人的意识（20 分）	

课后复习题

1. 简述票务稽查的主要内容。
2. 简述对内票务稽查的工作流程。